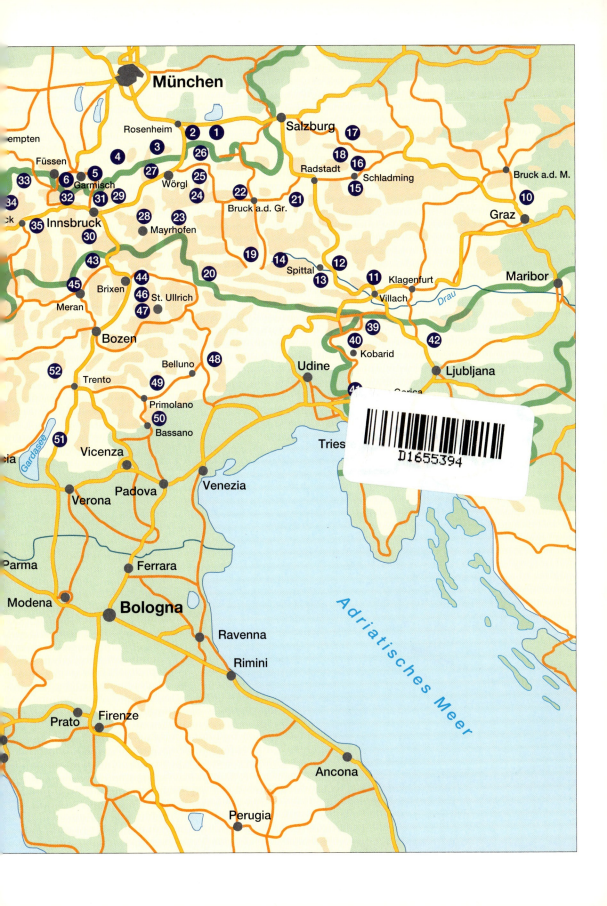

Oliver Guenay

Die schönsten Fluggebiete der Alpen

für Gleitschirm- und Drachenflieger

Oliver Guenay

Die schönsten Fluggebiete der Alpen

für Gleitschirm- und Drachenflieger

Italien • Slowenien

J. Berg bei Bruckmann

Inhalt

Das inzwischen unerläßliche Standardwerk für alle Gleitschirm- und Drachenflieger, die besser informiert sein wollen! Auf über 200 Seiten beschreibt dieser Führer 100 ausgewählte Fluggebiete der sechs Alpenländer:
- In Deutschland, Österreich, Slowenien, Italien, der Schweiz, und Frankreich
- Mit über 500 zusätzlichen Alternativen rund um die beschriebenen Fluggebiete
- Mit farbigen Karten und Aktionsbildern
- Mit wichtigen Hinweisen für Flugrouten und Streckenflüge
- Mit aktuellen Adressen und Telefonnummern von Flugschulen, Clubs, Unterkünften, Treffpunkten, Wetterinfos und vieles mehr
- Mit Bibliographie und einem fünfsprachigen Wörterbuch Deutsch – Englisch – Französisch – Italienisch – Slowenisch

Über den Autor:
Oliver Guenay, geboren 1961 in München, seit seinem Studium der Meteorologie und Geographie zunächst begeisterter Kletterer, endeckte 1986 für sich den Gleitschirm als Fortbewegungsmittel. In den letzten Jahren führten ihn zahlreiche Expeditionen in alle Welt, als Journalist und Fotograf arbeitet er für diverse Sportfachzeitschriften. Er schrieb bereits mehrere Führer zum Thema Gleitschirmfliegen. Als Testpilot und Streckenflieger ist er kein Unbekannter (1995: Alpenüberquerung), seine Leidenschaft liegt beim Tandemfliegen mit Passagieren und Piloten, das er seit 9 Jahren betreibt.

Vorhergehende Doppelseite: Abendstart über Monaco.

I. Vorwort		5
II. Erläuterungen		6
III. Fluggebiete		

Deutschland
1. Allgemeine Informationen und Übersichtskarte — 8
2. Fluggebiete
   - 1 Kampenwand — 10
   - 2 Hochries — 12
   - 3 Wallberg — 14
   - 4 Brauneck — 16
   - 5 Wank — 18
   - 6 Tegelberg — 20
   - 7 Nebelhorn — 22
   - 8 Mittag — 24
   - 9 Hochgrat — 26

Österreich
1. Allgemeine Informationen und Übersichtskarte — 28
2. Fluggebiete
   - 10 Schöckel — 30
   - 11 Gerlitzen — 32
   - 12 Tschiernock — 34
   - 13 Goldeck — 36
   - 14 Emberger Alm — 38
   - 15 Planai — 40
   - 16 Stoderzinken — 42
   - 17 Loser — 44
   - 18 Krippenstein — 46
   - 19 Zettersfeld (Lienz) — 48
   - 20 Thurntaler (Sillian) — 50
   - 21 Fulseck — 52
   - 22 Schmittenhöhe — 54
   - 23 Wildkogel — 56
   - 24 Choralpe (Westendorf) — 58
   - 25 Hohe Salve — 60
   - 26 Unterberghorn (Kössen) — 62
   - 27 Dalfaz-Alm (Achensee) — 64
   - 28 Arbiskopf (Zillertal) — 66
   - 29 Hafelekar/Seegrube — 68
   - 30 Kreuzjoch/Elfer (Stubai) — 70
   - 31 Härmelekopf — 72
   - 32 Schneefernerkopf — 74
   - 33 Neunerköpfle — 76
   - 34 Jöchelspitze — 78
   - 35 Venetberg — 80
   - 36 Predigberg (Galtür) — 82
   - 37 Kapellalpe/Sennigrat (Hochjoch) — 84
   - 38 Niedere (Andelsbuch-Bezau) — 86

Slowenien
1. Allgemeine Informationen und Übersichtskarte — 88
2. Fluggebiete
   - 39 Vitranc — 90
   - 40 Stol — 92
   - 41 Lijak — 94
   - 42 Krvavec — 96

Italien
1. Allgemeine Informationen und Übersichtskarte — 98
2. Fluggebiete
   - 43 Roßkopf — 100
   - 44 Plose — 102
   - 45 Hochmuter/Klammeben (Meran) — 104
   - 46 Seceda — 106
   - 47 Col Rodella — 108
   - 48 Rifugio Dolada — 110
   - 49 Monte Avena — 112
   - 50 Bassano/Marostica — 114
   - 51 Monte Baldo — 116
   - 52 Dosso del Sabion — 118
   - 53 Mottolino/Costaccia (Livigno) — 120
   - 54 Monte Croce di Muggio — 122
   - 55 Piana di Vigezzo — 124
   - 56 Rifugio Torino/Le Pavillon (Courmayeur) — 126
   - 57 Monte Nero/Col del Bandito/Monte Carparo (Ospedaletti) — 128

Schweiz
1. Allgemeine Informationen und Übersichtskarte — 130
2. Fluggebiete
   - 58 Hoher Kasten/Ebenalp — 132
   - 59 Chäserrugg/Hinterrugg — 134
   - 60 Gotschnagrat/Jakobshorn (Davos) — 136
   - 61 Rothorn/Piz Scalottas (Lenzerheide) — 138
   - 62 Piz Corvatsch — 140
   - 63 Cimetta — 142
   - 64 Gumen — 144
   - 65 Rigi — 146
   - 66 Haldigrat — 148
   - 67 Brunni/Fürenalp (Engelberg) — 150
   - 68 Planplatten — 152
   - 69 Niederhorn/Luegibrüggli — 154

Vorwort

70	First	156
71	Männlichen	158
72	Stockhorn	160
73	Allmenalp/Oeschinenbire (Kandersteg)	162
74	Höhi Wispile	164
75	Kühboden	166
76	Riffelberg/Unterrothorn (Zermatt)	168
77	Rinderhütte/Horlini/ Alpe Oberu	170
78	Verbier	172

Frankreich
1. Allgemeine Informationen und Übersichtskarte 174
2. Fluggebiete

79	Planpraz (Chamonix)	176
80	Pic des Mémises	178
81	Pertuiset (Mieussy)	180
82	Salève	182
83	Mont Lachat	184
84	Col de la Forclaz (Annecy)	186
85	Tête du Solaise (Val d'Isère)	188
86	Saint Hilaire	190
87	Les Deux Alpes	192
88	Le Prorel (Briançon)	194
89	Le Clamontard/ Montagne du Puy	196
90	Saint-Apôtre/ La Longeagne/Montagne d'Aureille (Aspres)	198
91	Montagne de Chabre (Laragne)	200
92	Le Traînon	202
93	Dormillouse	204
94	Le Cousson/L'Andran (Digne)	206
95	Chalvet (St. André)	208
96	Montdenier/Courchon/ Col d'Illoire	210
97	Barre de Saint-Quinis	212
98	Montagne du Cheiron	214
99	Pic de la Colmiane	216
100	Mont Gros (Monaco)	218

IV. Literaturangaben 220

V. Kleines Pilotenwörterbuch 221

VI. Zur kurzen Information
Impressum 224

Zur 2. Auflage

Vielen Dank für die große Resonanz auf dieses Buch! Sie beweist in eindrücklicher Weise die Notwendigkeit der Informationen.

Mit einer verbesserten und vergrößerten Auflage wende ich mich wieder an den Leser/Piloten. Im Frühjahr 96 feiere ich zehn Jahre Gleitschirmfliegen mit vielen eindrucksvollen Augenblicken oben, aber auch Momenten, wo ich Lust hatte, den Sport aufzugeben. In einer Zeit der Stagnation dieses Sports, wo äußere Umstände des Lebens auch in unserer Freizeit ihre Wirkung zeigen, wird sich beweisen müssen, ob es uns noch gelingt, Identitäten zu schaffen, unseren Freiraum damit auszufüllen und daran zu glauben! Auf diese Weise wird unser Sport niemals kleiner werden als der Wunsch nach ihm.

Die Mechanismen von Geld, Leistung und Kommerz dürfen uns den großen schwerelosen Traum vom Fliegen ohne Motor nicht vollends ruinieren.

Es kann nur einer sich dazu bekennenden Gemeinschaft von Piloten gelingen, über alle Hindernisse hinweg gemeinsam dem Streben nach Freiheit und Bewegung respektvoll Form zu verleihen, einen Sinn darin zu erkennen und ihn weiterzugeben und zu bewahren: Das ist Identität!

Warum fliegen wir? Was empfinden wir dabei? Warum gehen wir am Wochenende nicht zum Kegeln oder ins Museum, sondern warum zieht es uns magisch nach oben, über die Berge zu den Wolken – wir suchen also einen größeren Horizont ...

Und noch etwas: Wir sind Konsumenten der Natur – und in geradezu fataler Weise von ihr abhängig, mehr noch als die Bergsteiger. Kein Seil hält einen Sturz – es ist nur Luft unter den Beinen. Der Faktor Mensch beschneidet uns in zweifacher Hinsicht: durch unsere psychischen und physischen Grenzen und all ihre Konsequenzen daraus. Und auf der anderen Seite stehen die zahllosen Reglements der Gesellschaft und die technischen Grenzen des Geräts. Die Flugschneise zu unserem Horizont ist denkbar schmal – vergeßt das nie!

Was übrigbleibt, sind die Freiräume, an die wir glauben, für die es sich lohnt, zu kämpfen. Mit diesem Buch einen Beitrag zu schaffen, war mein Wunsch.

Zuletzt möchte ich allen Freunden und Helfern für ihre wertvollen Tips ganz herzlich danken. Es ist nicht mehr nur mein Buch, es ist »Euer« Buch geworden: viel Spaß damit weiterhin!

Oliver Guenay

Erläuterungen

Die nachfolgenden Fluggebiete wurden nach einem einheitlichen Schema beschrieben und nach Ländern geordnet. Allgemeine Informationen zum Fliegen im jeweiligen Land stehen am Anfang des Länderkapitels.
Wer spezielle Literatur über das Gleitschirmfliegen in einer bestimmten Region sucht, findet auf Seite 220 eine Liste.

Gebietsnummer/Land/Region (Gebirge etc.)
Im Übersichtskopf zu jeder Gebietsbeschreibung.

D/GS
Drachen bzw. Gleitschirm. Dem Übersichtskopf können Sie entnehmen, für welches Fluggerät das Gelände geeignet ist.

Allgemeines
Hier ist das Fluggebiet im Überblick beschrieben. Besonders Wissenswertes oder charakteristische Eigenheiten werden hier genannt.

Start

Alle möglichen Startplätze des Fluggeländes werden beschrieben. Technische Probleme am Start, wie Gelände oder Zulassung, werden extra erwähnt.
Alle Startplätze sind in Schwierigkeitsgrade eingeteilt:
– leicht: Das Gelände ist für Anfänger gut geeignet und besitzt keine Tücken.
– mittel: Ein Startplatz für geübte Piloten. Für Anfänger nicht mehr geeignet.
– schwierig: Hier können selbst gute Piloten nur bei optimalen Windverhältnissen ohne Gefahr/Risiko starten.

Landeplatz

Alle in Frage kommenden offiziellen Landemöglichkeiten sind aufgeführt. Gibt es keine oder sind sie problematisch, wird dies gesondert angegeben.
Wenn Drachen und Gleitschirme unterschiedliche Landeplätze haben, wird dies erwähnt. Bei manchen Fluggeländen wird auf Notlandemöglichkeiten hingewiesen.

HU/GZ

Höhenunterschied und Gleitzahl werden hier angegeben.
Bei mehreren Höhenangaben von Start- und Landeplätzen werden nur kleinster und größter Höhenunterschied genannt, z.B. »zwischen 940 m und 1270 m«.
Die Gleitzahlen werden nur dort ausdrücklich erwähnt, wo sie an der Grenze aktueller Gleitschirme liegen und/oder durch ein besonderes Relief eine wichtige Rolle spielen (z.B. Flug Nr. 57/Monte Nero-Ospedaletti).

Flug

Das Relief des Berges und die üblichen idealen Flugrouten bzw. Thermikquellen/Soaringmöglichkeiten werden hier beschrieben.

Schwierigkeiten/Gefahren

Hinweise auf gelände- und/oder wind- und wetterbedingte Gefahrenquellen.

Streckenmöglichkeiten

Es wird, sofern bekannt, ein Kurzüberblick über mögliche Strecken bzw. bereits geflogene Strecken eines Fluggebietes gegeben.

Allgemeine Eckdaten und nützliche Informationen
Für den Gastpiloten sind unter Anfahrt, Seilbahn, Club/Treffpunkt, Flugschule, Camping/Unterkunft, Wetterauskunft (lokaler Wetterdienst) und Karte praktische Infos zu finden.
Diese Daten können sich teilweise im Laufe der Zeit ändern. Alle Piloten werden daher gebeten mitzuhelfen, durch Hinweise die Adressen und Tips zu aktualisieren.

Alternativen
Es werden zu jedem Fluggebiet eine Reihe von Ausweichzielen im näheren Umkreis aufgelistet. Sofern bekannt, sind dazu die Telefonnummern der lokalen Bergbahnen und/oder der Informanten erwähnt.
Talorte und Startrichtungen sind jeweils angegeben.
Ausführlichere Informationen findet man im entsprechenden Gebietsführer.

Erläuterungen

Deutschland –

Deutschland

nichts für Ungeübte

Deutschlands Alpenanteil liegt in Oberbayern und Schwaben. Entlang der ca. 280 km langen bayerischen Alpenkette verteilen sich, vom Jenner im Osten bis zum Hochgrat im Westen, etwa knapp zwei Dutzend offizieller Flugberge.

Bis auf wenige Ausnahmen weisen alle diese Gebiete mehr oder weniger große Hindernisse für den ungeübten Piloten auf: schwieriges Relief, kleine oder heikle Start- und Landeplätze oder schwieriger Landeanflug. Jedoch bieten sämtliche ansässigen Flugschulen und Clubs Gebietseinweisungen für Neulinge an, die unbedingt wahrgenommen werden sollten.

Die leichtesten Gebiete, mit den besten thermischen Verhältnissen, sind natürlich an den Saisonwochenenden entsprechend überlaufen. Es gibt in Deutschland ca. 30 000 aktive D- und GS-Piloten! Spitzenreiter sind der Tegelberg mit seinen Rampen und der Mittag. Beide liegen im Allgäu. Nicht weniger Wochenendandrang herrscht am Breitenberg, Nebelhorn, Wallberg und Brauneck. Dagegen hat man unter der Woche fast überall freie Bahn und kann in Ruhe fliegen. Viele Flugberge werden wesentlich weniger besucht, weil die Flugverhältnisse nicht so ideal sind und nur zu bestimmten Zeiten, wie im Frühsommer (z.B. Kampenwand, Salmaser Höhe, Laber), geflogen werden kann.

Ist im sonstigen Alpenraum der Frühjahrsnordwind eher störend, weil er aus der falschen Richtung kommt, so sind in Bayern NW- bis NO-Windlagen zum Fliegen gut geeignet, weil die meisten Berge entsprechende Startrichtungen besitzen.

Streckenflüge entlang des Alpennordrandes werden daher bevorzugt. Mit Hilfe eines aus entweder westlichen oder östlichen Richtungen wehenden Windes können Streckenflüge von April bis Anfang Juli unternommen werden. Weniger günstig sind Südlagen, insbesondere bei »Föhn«, der in Bayern zu allen Jahreszeiten wehen kann. Der böige Fallwind löst lebensgefährliche Turbulenzen aus und macht das Fliegen unmöglich.

Ebenso ungünstig sind SO-Lagen, weil es dafür wenig Startmöglichkeiten gibt. Schwache SW-Lagen sind gut für Nebelhorn, Wank und Brauneck. Die thermisch beste Zeit in den Bayerischen Alpen reicht von April bis Mitte Juni. Wegen der meist feuchten Witterung der Frühsommer und der hohen Temperaturen enden die guten Flugtage fast übergangslos. Einzelne Tage mit brauchbarer Thermik reichen in den höheren Lagen (z.B. am Nebelhorn) aber bis in den September hinein.

D/GS

Bayern
Chiemgauer
Alpen

1 Kampenwand 1669 m

»Wenn i mit meiner Wampn' kannt, dann gang i auf die Kampenwand!« lautet ein alter Spruch der Bergwanderer. Aber auch Kletterer und Segelflieger sollten diesen Zackengrat fest im Griff haben.
Das umliegende Relief, typisch bayerisch, verlangt vollen fliegerischen Einsatz, wenn man die Thermik nutzen will.
Ansonsten handelt es sich aber um einen urgemütlichen Nachmittagsflugberg!

Start

1. NW, mittel, ca. 1390 m, Hauptstartplatz für D + GS, am Hirschenstein (Felskopf mit Windsack) über einer Waldschneise unterhalb des Staffelsteins, 20 Min. von der Seilbahnbergstation abwärts nach Osten in Richtung Gorialm.
2. W, mittel, ca. 1460 m, Startplatz für GS auf den Wiesen neben der Seilbahnbergstation.
Nur von Oktober bis 1. April (außerhalb des Viehweidebetriebes) erlaubt!

Landeplatz

1. Beim Reitstall Aufham, 620 m, offizieller Clublandeplatz für GS. Info: Franz Osterhammer, Tel. 08053/2153
2. Beim Goribauern, Hohenaschau, 630 m, 15 Min. von der Seilbahntalstation zu Fuß, Landeplatz der Flugschule Para-Alpin
3. Drachenlandeplatz Aschau, 620 m, große Wiese am Talausgang beim Freibad. Für GS hohe GZ notwendig!

HU

zwischen 730 m und 770 m

Flug

Nachmittagsfluggelände. Interessant, sobald der Hausbart am Hirschstein (die Rinne westlich vom Startplatz ist dafür verantwortlich) aktiv ist. Das Eindrehen in die Thermik ist nicht leicht. Alternativ fliegt man hinaus zur Geissstieg- und Maiswand und versucht dort sein Glück. Die Rückseiten (SW) der Scheibenwand sind thermisch selten gut. Von der Kampenwand sind Streckenflüge schwierig und nur im Frühjahr erfolgversprechend!

Schwierigkeiten/Gefahren

Nicht bei Föhn und Ostwind fliegen. Geräte sollten wenigstens GZ 5 haben!

Streckenmöglichkeiten

Wenn es gelingt, per Hausbart über die Kampenwand zu gelangen, kann man versuchen, über die Hochplatte und den Gern nach Osten zu fliegen (Voraussetzung: hohe Basis und leichter NW-Wind) oder nach Süden Richtung Kössen/Reit im Winkl oder nach Westen zur Hochries. Auch der Flug nach Schleching ist einfach, wenn man die nötige Ausgangshöhe erkurbelt hat.

Talorte: Aschau, Hohenaschau, 620 m
Anfahrt: AB München – Salzburg, Ausfahrt Aschau, Bundesstraße durch Aschau nach Hohenaschau zur Seilbahn-Talstation.
Seilbahn: Kampenwandbahn, Tel. 08052/4411, So. + Wi. in Betrieb, Drachentransport.
Club/Treffpunkt:
Hans Schaus, Tel. 08052/4441
Franz Osterhammer,
Tel. 08052/2153
Flugschule: Para-Alpin,
Karl Bechtold, Aschau,
Tel. 08052/4664
Camping/Unterkunft:
– Fremdenverkehrsamt Aschau, Tel. 08052/392
– Camping Café am Moor

D/GS

Bayern
Chiemgauer Alpen

Karten:
Kompaß-WK, 1:50 000,
Blatt 10, Chiemsee-Simssee
Chiemgauer Flugsichtkarte,
1:25 000,
erhältlich beim Fremden-
verkehrsamt Aschau

Alternativen:
– **Spitzstein** (S) über Sachrang,
1 1/2 Std.
– **Feichtenalm** (O) über Gratten-
bach, 1 1/2 Std.
– **Schoßrinnalm** (N, S, O) über
Hainbach, 1 Std.
– **Hochries** (W, NW, mittel) über
Samerberg, siehe Seite 12

Bayern
Chiemgauer Alpen

2 Hochries 1563 m

Altbekanntes Fluggelände über dem Inntal und dem Samerberg-Hochplateau, welches bei Westwind und Nachmittagsthermik ergiebig sein kann. Hier starten am Wochenende noch immer mehr Drachen als Gleitschirme, weil der GS-Landeplatz sehr ungünstig im Relief liegt und für den Grainbach-Landeplatz eine gute Gleitzahl nötig ist. Offizieller Flugplatz, dem Luftamt Süd unterstellt. Keine Außenlandungen!

Start

1. N, mittel, 1540 m. Direkt 5 Min. unterhalb der Bergstation der Seilbahn liegt ein für GS präparierter Starthang, darüber befindet sich die Drachen-N-Rampe.
2. W, NW, 1560 m, Drachenhauptstartplatz, 5 Min. westlich des Gipfel-Bergrestaurants, Rampe und Naturstart. Für Gleitschirme heikel und nur nach vorheriger Erlaubnis durch die Drachenflieger (nicht am Wochenende).

Landeplatz

1. GS-Landeplatz Ebenwald-Alm, 920 m, Waldwiese zwischen Hochriesfuß und vorgelagertem Waldrücken, vor der Mittelstation. Vorsicht! Bei Ostwind erhebliche Leeturbulenzen!
2. GS-Landeplatz bei Grainbach, ca. 770 m, kurz vor der Abzweigung zur Hochriesbahn-Talstation, südlich vom Ortsende, links der Straße. Mindest-Gleitzahl von 5 notwendig!
3. Ailes d K-Landeplatz, 725 m, große Wiese beim Ortsteil Au, 800 m südwestlich vom Ort Grainbach. Straße Grainbach Richtung Ober-/ Unterstuff bis Abzweigung Au und Landeplatz. Info: Andy Spiegelberg, Tel. 08032/88 84.
4. D-Landeplatz, 690 m, große Wiese unterhalb Grainbach mit Windsack und Kiosk (an Wochenenden geöffnet).
5. Landeplatz, 800 m, 300 m östlich der Talstation neben dem Weg zur Mittelstation.

HU

zwischen 620 m und 840 m

Flug

Zumeist Nachmittagsflugberg, außer bei Ostlagen, bei denen die Flanken des Riesenberges auch schon am Vormittag zum Soaren gut sein können. Am Nachmittag soart man über den Rinnen um die Seilbahn und westlich Richtung Karkopf und Weißenbach-Graben (Vorsicht: Lee bei Ostlage!). Der Bayerische Wind aus NW-NO kann von März bis Juni böig auffrischen und das Erreichen des Landeplatzes behindern. In diesem Falle ist der GS-Landeplatz 1 absolut tabu wegen der Leeturbulenzen!

Schwierigkeiten/Gefahren

Wie alle bayerischen Flugberge ist auch die Hochries föhngefährdet. Hinzu kommt die Nähe zum Inntal (das Inntalwindsystem bildet eine Föhngasse). Wegen des komplizierten Reliefs und der Landeplätze ist der Berg für Anfänger nur bei optimalen Bedingungen zu empfehlen. Besonders der Frühjahrsostwind ist nicht zu unterschätzen.

Streckenmöglichkeiten

Man verläßt hier nur im Frühjahr das Relief, um den Rücken der Hochries. Geeignet sind Flüge nach Osten zur Kampenwand und nach Süden, Richtung Kössen. Die Inntalquerung ist schwierig, wegen des Windsystems und der niedrigen Basis.

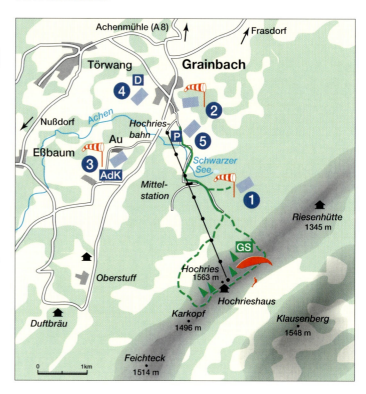

D/GS

Bayern
Chiemgauer Alpen

Talort: Samenberg-Grainbach
Anfahrt: AB München – Salzburg, zur Hochriesbahn, Talstation Grainbach, beschildert.
Seilbahn: Hochriesbahn, Tel. 08032/8404, So. + Wi. in Betrieb, Drachentransport
Club/Treffpunkt:
Oft trifft man sich nach dem Flug im Duftbräu (siehe Karte) oder an der Talstation.
Flugschule: Flugschule Hochries, Hochriesstraße 80 (Talstation), 83122 Samerberg, Tel. 08032/8971
Camping/Unterkunft:
Verkehrsverein Samerberg, Tel. 08032/8606
Karte: Kompaß-WK, 1:50 000, Blatt 10, Chiemsee – Simssee

Alternativen:
– **Kampenwand**, siehe Seite 10
– **Heuberg** (SW, W, einfach), Flug anspruchsvoll, weil Start im Lee, von Nußdorf aus 2 Std.
– **Sulzberg** (NO, schwierig) über Degerndorf, 1 Std.
– **Riesenkopf** (N, NO), über Flintsbach, 1 1/2 Std.
– **Rampoldplatte** (O) über Brannenburg, 1 Std.
– **Sudelfeld** (SW), über Bayrischzell, 20 Min. mit dem Auto + 15 Min. Fuß

D/GS

Bayern
Mangfall-
gebirge

3 Wallberg 1723 m

Am Ende des Tegernseer Tales liegt, nordwindexponiert, einer der ältesten bayerischen Flugberge. Wenn im Frühjahr und Sommer der Bayerische Wind weht, hängen an den Wochenenden die Flieger um die Gipfel von Wallberg und Setzberg. Aber auch interessante Streckenflüge wurden hier in den letzten Jahren mit dem Gleitschirm von Mitgliedern des Fliegerclubs Tegernseer Tal durchgeführt.

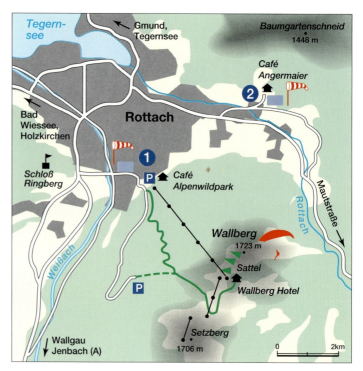

Start

1. **NW, W, mittel,** ca. 1650 m, am Wallbergsattel zwischen Seilbahn-Bergstation und Gipfel, 15 Min. von der Bergstation. Achtung! Der sehr flache Start über den Bäumen ist nur bei »echtem« NW-Wind oder Nachmittagsthermik ratsam. Der Wallberggipfel kann bei O-NO-Wind diesen verdecken. Man startet dann im Lee. Vorsicht! Es haben sich hier schon mehrere Unfälle ereignet.
2. **W, NW, mittel,** direkt vom Gipfel, nur bei ausreichend Gegenwind, Geröllstart über Latschen.
3. **W, SW,** zwei Drachenrampen am Vorgipfel, für GS nicht geeignet und nicht erlaubt!
Die Startplätze 2 und 3 sind 20 Min. von der Bergstation entfernt.

Landeplatz

1. **GS-Landeplatz,** 745 m, neben der Straße zur Seilbahn-Talstation, 500 Meter vor dieser an der langen Geraden, Windsack.
2. **D-Landeplatz** in Rottach-Egern am Fuß der Baumgartenschneid, 745 m, beim Cafe Angermeier (Suttenstraße bis zur Abzweigung Cafe Angermeier, dort große Wiese mit Windsack).

HU

zwischen 895 m und 980 m

Flug

Ab Nachmittag bei Westlagen und Talwindsystem gute Soaringbedingungen über den Rinnen und Nebengraten des Berges bis hinüber zum Setzberg. Nicht nach Osten ins Tal der Enterrottach fliegen (Lee). Der Ost- und Südstart ist für Gleitschirme verboten!

Schwierigkeiten/Gefahren

Bei Föhn und Ostwind: Nicht Fliegen! Ebenso bei stärkerem Wind aus West und Nord nicht für Gelegenheitsflieger geeignet (sehr unfallträchtiges Relief!).
Im Hochsommer sehr gewitterexponiert (Windwalze in den Seitentälern!).

Streckenmöglichkeiten

Mit GS nach SO Richtung Tirol und Inntal; es wurde schon bis Kössen geflogen! Nach Westen Richtung Kochelsee – Laber – Tegelberg. Nach Osten über die Wendelsteingruppe und das Inntal in den Chiemgau (schwierig). Der Wallberg hat meist nur an wenigen Tagen im Mai, Juni und Juli gute Bedingungen und ist recht anspruchsvoll, was Streckenflüge betrifft.

Talort:
Rottach-Egern am Tegernsee, 740 m
Anfahrt:
AB München – Salzburg, Ausfahrt Holzkirchen, Bundesstraße über Gmund und entweder am rechten oder linken Tegernseeufer nach Rottach-Egern und weiter in Richtung Kreuth bis zur Abzweigung der Wallbergstraße.
Seilbahn:
Wallbergbahn, Tel. 08022/24086. Aktueller Wind wird durchgegeben, Drachentransport.
Club/Treffpunkt:
– DGFC Tegernseer Tal, Vorstand

D/GS

Bayern
Mangfall-
gebirge

Hr. Walter, Tel. 08024/2115. Nach dem Fliegen trifft man sich im Café Waldpark (Talstation) oder Café Angermeier (siehe Skizze).
Flugschule: Tegernseer Tal, Peter Rummel, Wiesseer Straße 36 b, 83700 Rottach-Egern, Tel. 08022/2556

Camping/Unterkunft:
- Fremdenverkehrsamt Rottach-Egern, Tel. 08022/18010
- Campingplatz Weißach, Tel. 08022/5371

Karte: Kompaß-WK, 1:30 000, Blatt 08, Tegernseer Tal

Alternativen: Der Wallberg ist vom Luftamt offiziell als Flugberg genehmigt. Dafür gibt es aber keine anderen genehmigten Fluggelände in der nächsten Umgebung; ansonsten zur Hochries (S. 12) oder zum Brauneck (S. 16).

Bayern
Isarwinkel

4 Brauneck 1568 m

Das Brauneck ist im Einzugsbereich der Münchner und Tölzer Flieger der beliebteste Flugberg mit guten Startmöglichkeiten bei Frühjahrsostwind ebenso wie bei südseitiger Thermik. Das komplizierte Relief und der auffrischende Bayerische Wind aus dem Lenggrieser Tal sind nicht zu unterschätzen und haben schon zu einigen Unfällen geführt. Strecken können am Brauneck nur mit viel Geduld geflogen werden, da nur selten genügend Thermik vorhanden ist.

Start

1. **Gipfel:** S, einfach, ca. 10 Min. oberhalb der Bergstation.
N, nur Drachenstart, etwas weiter östlich als der GS-Start.
2. **Garlandkessel** (nur B-Schein!), ca. 1500 m, NO, mittel, 5 Min. von der Bergstation am Ende des Garlandsesselliftes über dem östlichen Kar. Im Winter einfacher als im Sommer (Steine, Latschen). Vorsicht: Leesituation beim Flug über dem Kar! Bereits zahlreiche Verletzte! Nichts für Gelegenheitsflieger!
3. **»Umsetzer«:** O, NO, einfach, ca. 1350 m, 30 Min. von der Bergstation. Dem Grat nach Osten abwärts zum Lenggrieser Tal folgen bis zur Kuppe mit Kreuz.
Dort liegt der alte Startplatz, der heute nur noch für Schulungsflüge oder bei starkem O-Wind benutzt wird.

Landeplatz

1. **Gleitschirme:** 715 m, direkt zu Füßen des »Umsetzers«, links, südlich der Seilbahntrasse, 10 Min. von der Wirtschaft Idealhanghütte in Richtung auf den kleinen vom »Umsetzer« herabziehenden Grat, der das Tal zwischen Lenggries und Wegscheid trennt. Achtung: Das Talwindsystem kann sehr stark werden, besonders im Frühjahr! Landeplatz entsprechend verwirbelt (Bäume)! Unbedingt vorher besichtigen!
2. **Drachen:** 710 m, auf der Straße von der Seilbahntalstation zur Idealhangwirtschaft am Fuß des »Umsetzers« liegt der Landeplatz rechts, nördlich der Straße, 5 Min. von der Wirtschaft. Beide Landeplätze liegen 5 Gehminuten von der Talstation entfernt.

HU

zwischen 640 m und 860 m

Flug

Der Flug nach Süden bietet am Nachmittag gute Thermik entlang der Südseite des zum »Umsetzer« ziehenden Grates (Wegscheid-Seite). Rechtzeitig abbrechen, um noch über den Grat nach Norden zum Landeplatz zu kommen! Merkt man, daß man gegen den starken Talwind nicht mehr ankommt, landet man lieber auf der Südseite bei Wegscheid, in genügendem Abstand zum vorgelagerten Grat (starke Rotoren bei Bayerischem Wind!). Bei N- bis O-Lage sind die im Kar nördlich des Garlandkessels gelegenen Erhebungen interessant, die jedoch für GS schwer erreichbar sind, wenn sie nach Süden starten müssen! Ist der Talwind stärker, kommt nur der dem »Umsetzer« ins Tal vorgelagerte Grat zum Soaren in Frage: Dieses kann durch dynamischen Wind stundenlang dauern, aber der Platz reicht nur für max. vier Fluggeräte!

Schwierigkeiten/Gefahren

Kompliziertes Relief. Im Frühjahr aufgrund häufiger Ostlagen während des Fluges vom Gipfel häufig Leesituationen. Talwindsystem durch Bayerischen Wind verstärkt, sehr verwirbelt im Landebereich und östlichen Kar. Schirme mit guter Gleitleistung (über 5) emp-

D/GS

Bayern
Isarwinkel

fohlen. Unsichere Piloten nur mit Einweisung durch Flugschule oder Geländekenner!

Streckenmöglichkeiten

Lenggrieser Tal nach Süden und Norden (Blomberg), Flug nach Westen über Benediktenwand und Jochberg in Richtung Estergebirge und Talsprung zum Laber und weiter. Streckenflüge selten, da nur im Frühjahr ausreichend Thermik und dann meist durch die ungünstige Lage am Bayerischen Wind am Brauneck abgerissen und verwirbelt.

Talort: Lenggries, 700 m
Anfahrt: AB München – Salzburg, Ausfahrt Holzkirchen, in Richtung Bad Tölz weiter, Bundesstraße nach Lenggries-Sylvenstein, Ausfahrt Lenggries, weiter zur Brauneck-Bergbahn (Beschilderung).
Seilbahn: Brauneck-Bergbahn, Tel. 08042/8910
Club/Treffpunkt:
– Lenggrieser GS-Flieger, Franz Baumgärtl, Tel. 08042/3375
Flugschule: Fly & Bike, An der Talstation, 83661 Lenggries, Tel. 08042/4559

Camping/Unterkunft: Fremdenverkehrsamt Lenggries, Tel. 08042/500820
Karte: Kompaß-WK, 1:50 000, Blatt 182

Alternativen:
– **Schönberg** (SW, W, NW, einfach), unbedingt vorgeschriebenen Landeplatz berücksichtigen! Aufstieg: 2 Std. von Fleck im Lenggrieser Tal.
– **Hochalm** (N, mittel), am Ende des Lenggrieser Tales Soaringberg bei Bayerischem Wind. Aufstieg: ca. 1 1/2 Std. von Winkel-Hohenwiesen im Lenggrieser Tal.
– **Blomberg** (O, mittel; SO, S, mittel), bekannter Drachenflugberg am Eingang des Lenggrieser Tales über Bad Tölz, besonders bei Frühjahrs-Ostlagen beliebt, für Gleitschirme dann häufig zu starker Wind! Tel. Blombergbahn: 08041/3726.
– **Jochberg** (N, mittel; S, einfach, SW, einfach) über Kochel, 1 1/2 Std. von der Kesselbergstraße.

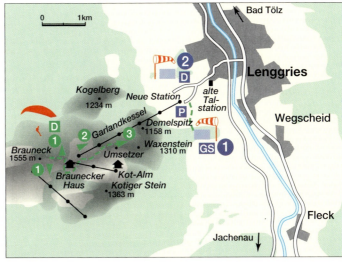

17

D/GS
Bayern
Ester-
gebirge

5 Wank 1780 m

Der Wank mit seinem prächtigen Blick auf das zentrale Wettersteingebirge und den Zugspitzstock ist das Hauptfluggelände der Garmischer und für seine fast ganzjährige Thermik bekannt. Im Frühjahr ist sie, da im Lee des Bayerischen Windes, kräftig und turbulent und daher für Gelegenheitspiloten mit Vorsicht zu genießen! Der Wank ist leider aufgrund seiner isolierten Lage kein guter Streckenflugberg. Die seltenen Strecken führen ausschließlich mehr oder weniger nach Osten und Westen entlang des bayerischen Alpennordrandes.

Flug

Die südseitigen Rinnen sind ab Mittag und schon früh im Jahr thermisch aktiv. Hier kann Startüberhöhung geflogen werden. Die Thermik ist meist leeseitig und kann den Nordwind überlagern (Bayerischer Wind). Deshalb ist Vorsicht angebracht, ebenso bei Ostwind. Das Gelände um den Landeplatz ist im Frühjahr sehr turbulent und thermisch aktiv, es verlangt erfahrene Piloten. Nicht nach Westen Richtung Garmisch fliegen.

Schwierigkeiten/Gefahren

Thermisch hochaktiv im Frühjahr und Sommer. Talwindsystem beachten! Der Berg liegt im Lee des Bayerischen Windes (N-O) und ist föhnanfällig.
Nur für Erfahrene empfehlenswert, ansonsten an die Flugschulen wenden, evtl. Einweisung erfragen!

Start

1. **S, einfach,** ca. 120 m östlich der Bergstation am oberen Ende eines Skiliftes, auf ca. 1740 m. Auf Weg 5 Min. folgen.
2. **S, SW,** Drachenrampe, oberhalb der Bergstation, ca. 1760 m.

Landeplatz

Wiese beim **Gschwandtnerbauer,** ca. 900 m. Zufahrt: von Garmisch in Richtung Mittenwald, 5 km nach Ortsende Schild bei Abzweigung Höfele. Hinauf zur Gabelung. Links geht es zur Pfeifferalm, rechts zum Parkplatz unterm Gschwandtnerbauer, 10 Min. unterhalb des Landeplatzes. Weiter nur zu Fuß. Achtung: Landegebühren von DM 5,– an den GS-Club Werdenfelser Land entrichten. Der Club hat die Landeplätze an Wank und Hausberg gepachtet und bittet unaufgefordert um diesen Beitrag.

Streckenmöglichkeiten

Durch rasche Startüberhöhung hat man das »Hinterland« nach Norden, das Estergebirge mit seinen Wiesenflächen vor sich. Doch die isolierte Lage des Wank behindert oft ein Weiterkommen. Die Strecke nach Westen geht in der Regel über Notkar – Laber in Richtung Tegelberg, nach Osten fliegt man über die Herzogstandgruppe – Jochberg – Benediktenwand – Braunck bis zum Wallberg (beide Richtungen mit Gleitschirmen durchgeführt).

HU

zwischen 840 m und 860 m

D/GS

Bayern
Estergebirge

Talort: Garmisch-Partenkirchen, 605 m
Anfahrt: AB München – Garmisch, Richtung Garmisch-Zentrum bis zur Abzweigung Wank-Seilbahn.
Seilbahn: Wankbahn, Tel. 08821/71617, 08821/57174 (Bergstation; gibt Auskunft über Windverhältnisse)
Club/Treffpunkt: Gleitschirmfliegerclub Werdenfels, Rainer Lodes, Tel. 08821/53226
Flugschulen:
– Walter Gatscher, Marienplatz 18, 82467 GAP, Tel. 08821/1425
– Michi Brunner, Am Hausberg 8, 82467 GAP, Tel. 08821/74260
Camping/Unterkunft:
– Campingplatz Zugspitze (im Ort Garmisch Richtung Grainau), liegt an der Loisach, Tel. 08821/3180
– Fremdenverkehrsamt GAP, Tel. 08821/1806
Karte: Kompaß-WK, 1:50 000, Blatt 35, Garmisch

Alternativen:
– **Hausberg** (NO, einfach), zweiter Hauptflugberg im Garmischer Talkessel, exzellentes Soaringgebiet, aber nur mit B-Schein erlaubt (starker Talwind aus Nord)! Information bei Flugschule Michi Brunner.
– **Schneefernerkopf** (SW, einfach, hochalpin) siehe Seite 74
– **Laber** (N, einfach; SO, mittel) über Oberammergau, Tel. Seilbahn: 08822/4770
– **Jochberg** (S, SW, N, einfach) über Kochel, zu Fuß 1 1/2 Std. ab Kesselbergstraße
– **Hoher Fricken**, Alpspitze und Osterfelderkopf sind keine offiziellen Fluggelände!

Bayern
Ost-Allgäu
Ammergauer
Alpen

6 Tegelberg 1707 m

Eines der beliebtesten Drachen- und Gleitschirmflugzentren der Region, das leider an Wochenenden entsprechend überlaufen ist. Trotz Warteschlangen herrscht fliegerische Solidarität. Wenn man dann noch mit König Ludwigs Geist über Schloß Neuschwanstein aufdrehen kann, darf man wirklich zufrieden sein!

Start

1640 m, N-Rampe, E-Rampe für D+GS, mittel, 2 Min. neben der Bergstation. Auslegeplatz hinter den Rampen. Fertigmachen und in die Schlange stellen! Start nach Süden verboten!

Landeplatz

Großer Landeplatz östlich neben der **Straße zur Seilbahntalstation** mit Parkplatz und Windsack, 790 m. Achtung: Landeanflugregeln strikt beachten, stets vom Berg her die Höhe abbauen! Die obere Wiesenhälfte ist für Gleitschirm, die untere für Drachenlandungen gedacht.

HU

850 m

Flug

Wegen des Andrangs nicht sofort vor dem Startplatz soaren. Reliefneulinge fliegen im Sicherheitsabstand vor dem komplizierten Relief hinaus. Beste Bedingungen bei Bayerischem Wind aus O in der Mulde des Latschenschrofens östlich des Startplatzes und über der Hornburg. Vorsicht bei überlagernder Südströmung im Bereich um den Tegelberggipfel! Bei NW soart man am langen Grat über Schloß Neuschwanstein.

Schwierigkeiten/Gefahren

Allgemein kompliziertes Relief. Schwache Piloten bleiben »draußen« über dem Flachland. An Wochenenden überlaufen: Kollisionsrisiko um den Startplatz. Landeanflug in der Mittagszeit äußerst turbulent durch Bayerischen Wind und Thermik. Südliches Hinterland für Streckenneulinge sehr riskant: auf viele Kilometer kaum Notlandemöglichkeiten!

Streckenmöglichkeiten

Nach Osten zum Buchenberg und zurück bzw. nach Westen zum Säuling und zurück sind die einfachsten »Spaziergänge«. Die Querung des Reuttener Talkessels nach Westen erfordert hohe Basis und gute Piloten. Nach Osten folgt hinter dem Buchenberg ein schwieriges Gelände mit wenig nutzbarer Thermik und den geringsten Notlandemöglichkeiten (Waldflächen).

Talorte: Füssen, 808 m bzw. Schwangau, 796 m
Anfahrt: AB München – Garmisch, Ausfahrt Murnau, weiter über Bad Kohlgrub – Saulgau – Füssen. Oder Autobahn Ulm – Kempten – Füssen.
Seilbahn: Tegelbergbahn, 87645 Hohenschwangau, Tel. 08362/81018, 81010
Club/Treffpunkt: Allgäuer Drachenfliegerclub. Piloten treffen sich im Bistro an der Talstation!
Flugschulen:
– Aktiv Flugsport, Bullachbergweg 34 a, 87645 Schwangau, Tel. 08362/98310
– Deutsche Gleitschirmschule DAEC, Brunnenstraße 35, 87669 Rieden, Tel. 08362/37038
Camping/Unterkunft:
Verkehrsamt Schwangau, 87645 Schwangau, Tel. 08362/81051, 81052
Karten: Kompaß-WK, 1:50 000, Blatt Füssen-Reutte
Verkehrsamt Füssen, WK 1:30 000

Alternativen:
– **Säuling** (leicht, NO), 2 1/2 Std. zu Fuß ab Schloß Neuschwanstein
– **Buchenberg** (leicht – mittel, N – O), Sessellift von Buching oder 40 Min. zu Fuß.
– **Breitenberg** (leicht – schwierig, SO, O, NO, N), Seilbahn ab Pfronten, Tel. 08362/392.
– **Alpspitze** (mittel, NO, N), Sessellift von Nesselwang bei Pfronten, kaum besucht, im Frühjahr interessant. Tel. Sessellift: 08361/1270.
– **Hahnenkamm** (leicht, SW, O), Reuttener Bergbahnen über Höfen bei Reutte, Tel. 0043/5672/242015
– **Neunerköpfle** siehe Seite 76

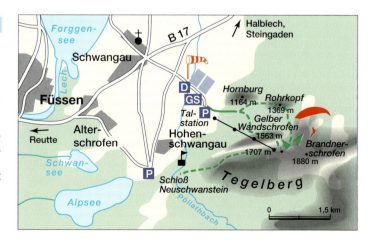

D/GS
Bayern
Allgäuer Alpen

7 Nebelhorn 2224 m

Das Nebelhorn ist eines der bedeutendsten Fluggelände Bayerns und das Hauptfluggelände im Hochallgäu über Oberstdorf. Sein hochalpiner Startplatz am Gipfel ist guten Piloten vorbehalten, aber seine Aussicht, seine Lage und häufig exzellente Thermik machen es auch für Anfänger weithin interessant. Von hier aus wurden 1989 mit dem Gleitschirm die Alpen überquert (Landung bei St. Leonhard in Südtirol).

Start

1. **S, SW, schwierig,** direkt am Gipfelgrat, 50 m oberhalb der Gipfelstation. Sehr steiler Hang, D- und GS-Start nebeneinander. Nur für Erfahrene!
2. **S, mittel,** ca. 2050 m, Schulter neben dem Sessellift, auf halbem Weg zwischen Edmund-Probst-Haus und Gipfel. Nur Ausweichstartplatz für GS-Piloten.
3. **S, SW, einfach,** am Gipfel des Gaißfuß, 1981 m, 1 Std. Aufstieg von der Seealpe (1. Station der Nebelhornbahn).

Landeplatz

Oberstdorf, 813 m. Der Landeplatz befindet sich 15 Gehminuten südlich der Seilbahn-Talstation – ein nord-süd-gerichtetes, schmales Wiesenfeld zwischen Trettach (Fluß) und Kühberg. Am Rande befindet sich ein Parkplatz, der zur Seilbahn gehört. Turbulenzen bei Thermik und Talwind!

HU

zwischen 1170 m und 1410 m

Flug

Während sich die Rinnen um Gaißfuß und Gundkopf (Grat vom Nebelhorn ins Tal) schon am Vormittag aufheizen, ist man am ex-

ponierten Gipfelstart erst gegen Mittag im Aufwind. Wenn im Kessel unterhalb des Startplatzes die Thermik zu schwach ist, fliegt man auf jeden Fall den Grat entlang Richtung Oberstdorf (nicht zu weit über der Mitte des Tales fliegen, da die starken Aufwindzonen um Gundkopf und Gaißfuß hier Abwindbereiche schaffen!). Am sichersten fliegt man um Schattenberg und Rubihorn bzw. Niedereck auf der Westseite über dem Tal am Nachmittag. Wer auf dem Weg zum Landeplatz »absäuft«, findet bei der Seealpe Notlandemöglichkeiten!
Vorsicht: Das Nebelhorn ist auch dem Bayerischen (N-)Wind ausgesetzt! Die südseitige Thermik kann darüber hinwegtäuschen, daß er herrscht. Lassen Sie sich niemals von der Thermik zu Flugexperimenten über den südseitigen Tälern im Lee verleiten – Oytal und Obertal: Finger weg! Ebenso wird, wer nach Südwesten zum Fellhorn weiterfliegt, plötzlich vom starken Talwind über-

rascht sein und den Landeplatz in Oberstdorf nicht mehr erreichen. Dasselbe gilt umgekehrt bei SW-Lagen: Dann Vorsicht beim Soaren ums Rubihorn, wenn man zu weit ins Retterschwangtal gerät! Das ist besonders heimtückisch, wenn oben SW-Wind herrscht und im Tal der Bayerische Wind hereindrückt!

Schwierigkeiten/Gefahren

Wie bereits erwähnt, handelt es sich um ein kompliziertes Relief, das ständig Überraschungen bieten kann. Am besten vorher bei den Flugschulen informieren und genau die Reliefkarte studieren! Talwind, Lee, starke Thermik, unterschiedliche Windsysteme sollten hier stets einkalkuliert werden!

Streckenmöglichkeiten

Das Nebelhorn bietet aufgrund seiner Höhe bis weit in den August hinein eine relativ gute Ausgangsbasis für Streckenflüge. Der einfachste geht nach Nordosten: nach Hindelang/ Oistrachtal und weiter über Oberjoch ins Tannheimer Tal.
Dabei hält man sich über den Westflanken des vom Gaißalphorn zum Imberger Horn ziehenden Kammes. Wesentlich anspruchsvoller sind Flüge nach Süden über die felsigen Kämme des Hochallgäus und seine abgelegenen Täler. Verpaßt man den Anschluß, können Notlandungen zu einem haarsträubenden Abenteuer werden, insbesondere im Einflußbereich der von Norden hereindrückenden Talwinde! Jedoch ist im Sommer bei hoher Basis (mindestens 3400 Meter) der Flug hinein über die Allgäuer und Lechtaler Alpen eine der größten und schönsten Streckenflugaufgaben der Alpen, an deren Ende die Überschreitung des Hauptkammes bis nach Südtirol stehen kann!

D/GS

Bayern
Allgäuer Alpen

Talort: Oberstdorf, 813 m
Anfahrt: Von München: AB Lindau – Landsberg – Kempten – Oberstdorf; von Lindau über Isny – Immenstadt – Oberstdorf.
Seilbahn: Nebelhornbahn, Oberstdorf, Tel. 08322/1092, 1095. Die Auffahrt ist sehr teuer: DM 29,– inkl. Start-/ Landegebühr!
Flugschule: Oase, Am Goldbach 22, 87538 Obermaiselstein, Tel. 08326/7592
Camping/Unterkunft:
– Camping Oberstdorf, Tel. 08322/4022
– Kurverwaltung, Tel. 08322/7000 oder 08322/700250

Karten:
Kompaß-WK, 1:30 000, Blatt 03, Oberstdorf
Zumstein-Verlag WK, 1:40 000, Blatt Hindelang

Alternativen:
– **Mittag** (NW, NO, SO, einfach) über Immenstadt, Tel. Mittagbahn: 08323/6149
– **Grünten** (N, NW, mittel; SO, S, einfach), nur an Wochentagen erlaubt!
2 Mautstraßen von Rettenberg bzw. Kranzegg und 1 1/2 Std. Anstieg oder (bei gutem NW-Wind) von Wagneritz ca. 1/2 Std. um obersten NW-Wiesenhang (Startplatz) Drachenrampe über dem NW-Steinbruch unweit Wagneritz.
– **Weiherkopf** (S, SO, NW, einfach), Tel. Lift: 08326/9118
– **Berge um das Oberjoch:** Iseler, Hirschberg, Oberjochwiesen: Startrichtungen S-W
– **Horn-Alpe** (Imberger Horn) über Hindelang (N, NW, mittel), im Frühjahr gut geeignet! Drachenfluggelände, Tel. Lift: 08324/2404.
– Achtung! Das gesamte Kleinwalsertal sowie das Fellhorn sind für GS+D verboten! (Keine Landeplätze)

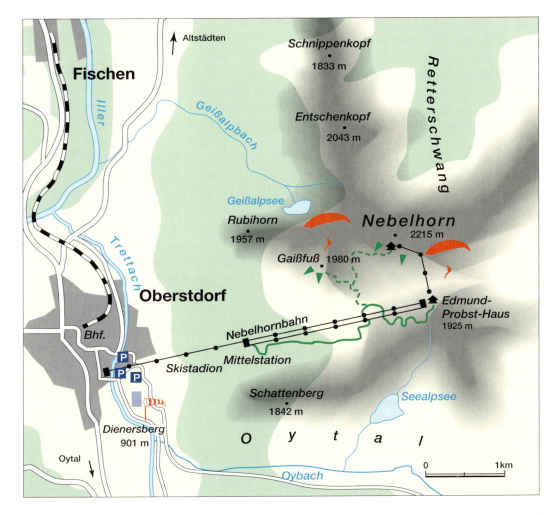

D/GS
Bayern
Allgäuer Alpen

8 Mittag 1454 m

Die sanfte Waldkuppe über Immenstadt am Eingang zum Hochallgäu ist in den letzten Jahren zu einem der populärsten Gebiete Deutschlands geworden. Insbesondere im Vorfrühling und Frühjahr, wenn der bayerische Ostwind bläst, hängen zahlreiche Gleitschirme und Drachen um und über seinem Gipfel. Gebietsfremde sollten die Gelegenheit einer Einweisung nutzen! Eine sympathische Besonderheit besteht darin, daß hier wirklich Flieger unter sich sind, da sogar das Seilbahnpersonal in die Luft geht!

Start

1. NO, leicht, ca. 1400 m, Hauptstartplatz für D + GS Richtung Immenstadt, von der Bergstation 5 Min. abwärts, gut markiert, auch Rampe. Achtung! Schmale Waldschneise und querendes Liftseil! Gleitschirme benötigen eine Mindest-GZ von 5!
2. SO, leicht, ca. 1440 m, Startplatz für windschwache Tage mit Thermik aus dieser Richtung. Toplandbar! Gleitschirme benötigen GZ 5 zum Landeplatz. Nicht bei aufkommendem Talwind benutzen! Zugang: Von der Bergstation in 5 Min. auf dem Höhenweg nach Süden zur Startwiese.
3. NW, mittel, ca. 1400 m, Startplatz für schwache Westlagen-Thermik, ohne zusätzlichen Talwind. Vorsicht auf Leesituation durch das vorgelagerte Relief des Immenstädter Horns! Vorsicht beim Landen! Diese Windsituation tritt hier selten ein und ist häufig für GS kompliziert zu fliegen!

Landeplätze

1. **Hauptlandeplatz GS:** Blaichach, 730 m, direkt neben der Straße nach Sonthofen, 2 km südlich Ortsende Immenstadt, aus der Luft erkennbar an zwei parallelen Baggerseen auf der Rückseite der Gleise (zwischen Zuglinie und Straße ist der Landeplatz eine längliche Wiese. Achtung! Keine Autos parken! Beim Landeanflug nicht zu dicht über der Staße die Höhe abbauen!
2. **Drachenlandeplatz Immenstadt:** 730 m, gleich nach dem nördlichen Ortsende links neben der Straße Richtung Missen. Für GS Ausweichlandeplatz vom Immenstädter Horn.
3. **GS-Schulungs- und Ausweichlandeplatz Ettensberg:** ca. 790 m, liegt höher als Landeplatz 1 in Fallinie zu diesem am Fuß des Mittag westlich von Ettensberg auf bezeichneter Wiese (kann wechseln!) – Straße von Blaichach bzw. Immenstadt.

HU

zwischen 610 m und 710 m, je nach Startplatz

Flug

Es handelt sich im Frühjahr zumeist um ein thermodynamisches Fliegen und Soaren in (nord-) ostwinddurchsetzter Thermik. Man kann sich vor dem Mittag und über ihm, in einem gedachten Winkel zwischen der Verlängerung des Gratrückens, von dessen Ende man nach Nordosten startet, und der Mitte jenes schmalen Tales zum Immenstädter Horn vergnügen und sollte dabei nicht vom Wind abgetrieben werden! Den Rest des Jahres ist der Berg sehr ruhig (fehlender Gradient), oder es hat Westlagen.
Bei Westlagen ist das Gelände tabu, bei südseitiger Thermik eher für gute Piloten erfliegbar.

Schwierigkeiten/Gefahren

Starker Talwind im Frühjahr, viele Piloten an Wochenenden, Hindernisse im Landebereich, Startrelief mit Verwirbelungen durch Bäume.

Streckenmöglichkeiten

Von März bis Anfang Juni/manchmal Anfang Juli: über dem Gipfel

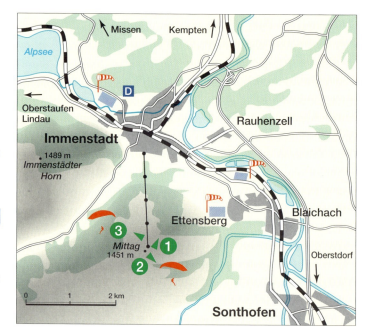

D/GS
Bayern
Allgäuer Alpen

Höhe machen, wobei die Bärte sehr eng sind, zum Immenstädter Horn übersetzen und zurück ist die einfachste Aufgabe. Man kann jedoch noch das anschließende Tal nach Westen weiterverfolgen (Richtung Oberstaufen oder zur Salmaser Höhe – mit Drachen leichter). Eine andere Variante ist der Weiterflug über die Nagelfluhkette Richtung Hochgrat (siehe Führer) und zurück – eine deutlich anspruchsvollere Aufgabe, bedingt durch Mangel an Notlandemöglichkeiten bei meist niedriger Basis. Ebenfalls möglich ist der Talsprung zum Grünten (an Tagen mit guter Thermik, aber kaum Talwind) nach Osten oder (sehr schwierig) der Weiterflug nach Süden in die Hörnergruppe (Weiherkopf etc.).

Talort: Immenstadt, 729 m
Anfahrt: Von Kempten weiter auf der A 8 Richtung Lindau, Oberstdorf, Ausfahrt Waltenhofen B 19 Richtung Oberstdorf bis Immenstadt. In Stadtmitte Wegweisung zur Mittagbahn. Oder von Westen B 309 über Oberstaufen.
Seilbahn: Mittagbahn, Tel. 08323/6149, gute Auskunft über Wind und Wetterbedingungen
Flugschule: Fabian Schreiner, Habis – Flugsport, Tel. 08323/8590. Fabian organisiert regelmäßig Sicherheitstrainings und Gebietseinweisungen neben Tandemflügen für schwächere Piloten. Immer am Vorabend kontaktieren! Außerdem Peter Geg (siehe Nebelhorn!)
Club/Treffpunkt: Meist trifft man sich zwischen 11 und 12 Uhr an der Talstation und nach dem Fliegen in der Eisdiele/Immenstadt. Gleitschirmfliegergemeinschaft Mittag Kontakt wie Flugschule!
Camping/Unterkunft: Fremdenverkehrsamt Immenstadt Tel. 08323/80483
Karte: Bayer. Landesvermessungsamt München, Blatt L 8526 1: 50 000 Immenstadt

Alternativen:
– **Immenstädter Horn**, NO – NW, mittel, zu Fuß 1 1/2 Std.
– **Hochgrat**, NW – SW, mittel, siehe Führer!
– **Salmaser Höhe**, SO – SW, einfach, Mautstraße von Salmas (10 km von Immenstadt)
– **Weiherkopf**, SO – NO, einfach, Bahn von Bolsterlang
– **Nebelhorn** (siehe Führer!)

DHV
Bayern
Allgäuer Alpen

D/GS

Bayern
Allgäuer
Alpen

9 Hochgrat 1833 m

Hier handelt es sich um das westlichste Fluggelände Bayerns im Grat der Nagelfluhkette, die am Hochhädrich über Hittisau am Rande des Bregenzer Waldes beginnt und zum Mittag über Immenstadt führt. Der Hochgrat liegt reizvoll über dem vorgelagerten Relief und bietet dem Erfahrenen ausgesprochen interessante Spazierflüge entlang der umliegenden Kalkgipfel. Jedoch verlangt das enge Weißachtal Sorgfalt beim Einlanden. Das Gelände ist an Saisonwochenenden von vielen Gleitschirmfliegern frequentiert (Schulungsberg).

Start

1. NW, N, einfach, ca. 1780 m, 15 Min. von der Bergstation Richtung Gipfel, unterhalb des felsigen Gipfelaufbaus steile Wiesenflanke mit Windsack.
2. S, einfach, ca. 1810 m, wenig unterhalb des Gipfels.

Landeplatz

Im Weißachtal, 920 m, 10 Min. östlich der Talstation ein bez. Landeplatz. Achtung: Landeanflug stets vom Hochgrathang her und Endanflug von Ost nach West!

HU

zwischen 860 m und 890 m

Flug

Das dominant vom Bayerischen Wind angeströmte Relief erlaubt am Nachmittag gute Flüge entlang der Bergflanken von Hochgrat bis Rindalphorn und weiter. Der Gegenhang von Denneberg und Klammen sollte nur bei ruhigen, nicht durch N-Komponente gestörten Verhältnissen angeflogen werden.

Schwierigkeiten/Gefahren

Enges Tal beim Einlanden. Der Berg ist föhnanfällig und bei starken West- und Ostlagen nicht befliegbar! An Wochenenden sehr stark besucht!

Streckenflüge

Sehr interessante Flüge bis nach Immenstadt im Osten sowie nach Süden in den Bregenzer Wald hinein möglich! (Dafür ist am besten April bis Juni geeignet.)

Talort: Oberstaufen-Steibis, 861 m
Anfahrt: Von München: AB Lindau – Kempten – Immenstadt – Oberstaufen-Steibis;
von Lindau: Lindenberg – Weiler – Oberstaufen-Steibis.
Seilbahn: Hochgratbahn, Tel. 08386/8222
Flugschulen:
– Oberallgäu, Fritz Bunz, Tel. 08321/86290 (Sonthofen)
– Westallgäuer Drachen- und Gleitschirmflugschule, Allmannsried 181, 88175 Scheidegg, Tel. 08381/6265

Camping/Unterkunft:
– Fremdenverkehrsamt: Tel. 08386/2040
– Camping: Tel. 08386/363

Alternativen:
– **Mittag** (NW, NO, SO, einfach) über Immenstadt, Tel. Sessellift: 08323/6149
– **Salmaser Höhe** (SO, SW, einfach) über Salmas; Mautstraße + 1/4 Std.; Schulungsgelände der Westallgäuer Flugschule – dort Anmeldung, Tel. 08381/6265!
– **Hauchenberg** (N, schwierig – Rampe) über Weitnau, Straße zum Wanderparkplatz + 40 Min. Ideal bei Frühjahrsnordwind von März bis Mai.
– **Niedere** (Bezau-Andelsbuch), N, S, einfach, siehe Seite 86
– **Damülser Mittagsspitze** (S, SW, einfach), Tel. 05510/254 (Bergbahnen)
– **Diedamskopf** (S, SW, einfach – mittel) über Schoppernau, Tel. Bergbahnen: 05515/2355
– **Riedberger Horn** (S, SW, einfach) über Balderschwang, Tel. Lifte: 08328/1050

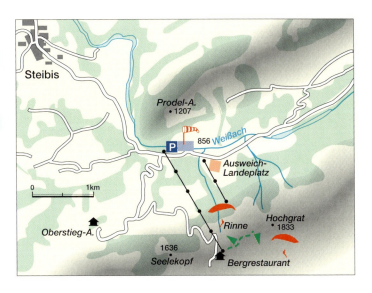

Österreich – Qual d

Österreich besitzt eine Reihe völlig unterschiedlicher Regionen und Fluggebiete, die bestens durch Asphaltstraßen oder Seilbahnen erschlossen sind und von denen einige, besonders in Tirol und Kärnten, so überlaufen sind, daß man sie am Wochenende besser meidet, während andere Gebiete kaum bekannt sind.

Zu den etwa 7000 bis 8000 aktiven Piloten kommen noch ungezählte deutschsprachige Sommerurlauber mit ihren Schirmen hinzu. Vom Rheintal im Westen bis vor die Tore Wiens im Osten reichen die Möglichkeiten: Voralpen, Nordalpen, Alpenhauptkamm und Südalpen bieten über 100 unterschiedliche Fluggebiete aller Schwierigkeitsgrade.

Die Flugberge der Nordalpen dienen oft als einfachere Alternative zu den bayerischen Fluggebieten und haben starken Zustrom aus Deutschland: flexible Startrichtungen, leichte Start- und Landeplätze und einfaches Fliegen fast das ganze Jahr hindurch machen sie für viele Piloten, vor allem für Gelegenheitsflieger, sehr interessant: Typische »Hochburgen« in Tirol sind Kössen (Unterberghorn), Westendorf (Hohe Salve und Choralpe), Hippach (Arbiskopf), Stubaital (Elfer und Kreuzjoch) und Tannheim (Neunerköpfle). In Vorarlberg konzentriert sich alles um Bezau-Andelsbuch (Niedere) bzw. Bludenz, während in Oberösterreich und der Steiermark die Flugzentren um das Dachsteinmassiv herumliegen.

Die inneralpinen Fluggebiete sind wesentlich anspruchsvoller: Zu den engen Tälern mit starken Talwindsystemen im Sommer oder sonstigen Hindernissen kommen oft noch starke (Lee-)Thermik und nicht immer günstige Startrichtungen hinzu. Die Piloten, die dort fliegen, benötigen im Frühjahr und Sommer langjährige Erfahrung, um zu schönen Flugergebnissen zu kommen: Beispiele hierfür bilden Venetberg und Wildkogel.

Die Zentren der Alpensüdseite sind: Oberkärnten und Osttirol um Spittal (Tschiernock, Goldeck, Emberger Alm, Gerlitzen) und Lienz (Thurntaler, Zettersfeld). Die turbulente, oft leeseitige Thermik mit fast überwiegend südseitigen Fluggebieten und starken Talwindsystemen, macht im Frühjahr und Sommer das Fliegen hier deutlich anspruchsvoller als auf der Tiroler Alpennordseite. Häufiger ist man hier mit dem Drachen als mit dem Gleitschirm der »König der Lüfte«.

Die Startplätze sind für Gleitschirme oft ziemlich flach, und ohne Aufwind ist das Verlassen des Reliefs ein Eiertanz! Probleme bilden auch der Nordwind und – bei Schlechtwetter auf der Alpennordseite – der dann einsetzende Nordföhn. Ideal dagegen ist ein schwacher West- bis SW-Wind. Es ist auf jeden Fall sinnvoll, in diesen Regionen als Gastpilot mit wenig Flugerfahrung vorher einheimische Profis zu kontaktieren. Man sollte sich außerdem im klaren darüber sein, daß hier weniger geflogen wird als in Nordtirol und man unter der Woche und auch auf Strecke meist absolut allein ist (von wenigen Ausnahmen abgesehen).

r Wahl

Österreich

Linz
Amstetten
Gaming
Waidhofen
Lunz   Mariazell
17 Bad Aussee
18
16
dstadt
Schladming
15
Bruck an der Mur
10 St. Radegund
Graz
tal
12
11 Klagenfurt
Villach

D/GS
Österreich
Steiermark
Grazer
Voralpen

10 Schöckel 1445 m

Der Schöckel mit seinen Sendeantennen beherrscht die Waldberge nördlich von Graz und thront über dem verschlafenen Kurort St. Radegund mit seinem Kalvarienberg und Mineralquellen. Das Relief ist denkbar einfach und gut erschlossen und, weil es wie die Hohe Wand die einzige Flugbastion weit und breit ist, an Wochenenden entsprechend überlaufen. Die Schöckelstraße ist nur noch für Drachenflieger zu befahren und für den Privatverkehr gesperrt. Gleitschirmpiloten benutzen die Seilbahn.

Start

1. N, mittel, ca. 1400 m. Von der Bergstation an den beiden Sendern vorbei nach Westen. Etwa hundert Meter vom Gipfelkreuz zum Start absteigen (Wiesenhang), 15 Min.
2. NO, Rampe und S, einfach, 1430 m. Die Hauptstartplätze am Ostgipfel liegen nebeneinander. Von der Bergstation nach Osten durch den Wald zum Ostsender und der Startkuppe dahinter, ca. 15 Min.

Landeplatz

1. Gleitschirme: ca. 800 m. Große Wiese gleich oberhalb der Seilbahntalstation, neben der Schökkelstraße.
2. Drachen: ca. 650 m. Wiese neben der Straße unterhalb von St. Radegund (etwa 300 m vor dem Ort links). Achtung: Es gibt keine genehmigten Landeplätze auf der Schöckel-Nordseite!

HU

zwischen 600 m und 780 m

D/GS
Österreich
Steiermark
Grazer Voralpen

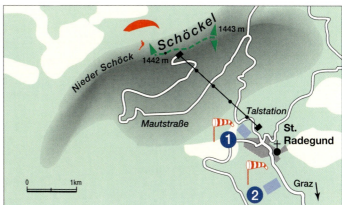

Flug

Einfach. Gute Thermik unterhalb des Schöckel-S-Starts dank der Felsen. Die umliegenden Waldkuppen lösen von März bis Mai gut aus.

Schwierigkeiten/Gefahren

Sehr übersichtlich. Starkwindlagenexponiert. Im SW liegt die CTR Graz.

Streckenmöglichkeiten

Im Frühjahr von März bis Mai gut. Hauptflugrichtungen nach Norden ins Mürztal sowie nach SO in Richtung Slowenien.

Talort: St. Radegund, 741 m
Anfahrt: AB Graz bis Ausfahrt Graz-Andritz. Weiter auf der Bundesstraße in Richtung Graz bis zur Abzweigung Andritz/St. Veit. Dort weiter bis zur Abzweigung St. Radegund.
Seilbahn: Schöckelbahn, Tel. 03132/2332

Club/Treffpunkt: Drachenfliegerclub Graz, Adresse siehe Flugschule! Treffpunkt in der Regel Gasthof Lamprecht in St. Radegund.
Flugschule: Steiermark, Karl-Morre-Str. 59, A-8020 Graz, Tel. 0316/573844
Camping/Unterkunft: Camping beim Gasthof »Zur Weinlaube«, Grabenstr. 146, A-8010 Graz, Tel. 0316/627622
Info: Kurkommission St. Radegund, Tel. 03132/2334
Karte: Freytag & Berndt WK, 1:50 000, Blatt 131, Grazer Bergland

Alternativen:
- **Kulm** (NO, SW), Info beim Club
- **Polster bei Präbichl**, Info: Sport Zauner/Eisenerz
- **Bürgeralm**/Windgrube bei Afflenz (SO, leicht), Mautstraße
- **Schneeberg** über Neuberg a.d. Mürz (S, SW, leicht), Mautstraße
- **Gemeindealpe** (alle Richtungen)
- **Hochkar** (S, SW, NW, leicht, aber sehr thermisch) im Ybbstal

D/GS
Österreich
Kärnten
Nockberge

11 Gerlitzen 1911 m

Die flache Kuppe über dem Ossiacher See ist durch Seilbahn und Mautstraßen bestens erschlossen. Als Fluggebiet allerersten Ranges bietet sie im Frühjahr und Sommer den Piloten alles, was das Herz begehrt, vom Toplanding über Sicherheitstraining bis zum Streckenflug. Nur im Herbst und Hochwinter hüllen aufgrund des Sees dichte Nebel die Gerlitzen in die schweigende Jahreszeit.

Start

1. **Gipfel, 1911 m**, SW – SO, einfach. Flacher Hang, etwa 200 m südlich vom Gipfelrestaurant.
2. **Hotel Berger, 1730 m**, S, SO, einfach. Am Ende der Mautstraße. Von Drachen bevorzugt. Wird benutzt, wenn die Seilbahn geschlossen ist.

Landeplatz

1. **Gleitschirme:**
Annenheim, 505 m.
Vor dem Ort am Westende des Sees beim Gasthof Lindenhof die Straße etwa 500 Meter weiterfahren bis zum mit einem Windsack markierten Wiesenstreifen.
2. **Drachen:**
Annenheim-Moos.
Etwa 1 km vor Annenheim von der Bundesstraße Villach-Annenheim abzweigen und bis hinter die Bahngleise weiterfahren. Dort befindet sich die Landewiese mit Windsack.
(Straße führt nach St. Andrä / Richtung Landskron).

HU

zwischen 1225 m und 1405 m

Flug

Ab Spätvormittag gute Bedingungen. Nicht bei Westlagen und Nordföhn zu fliegen versuchen! Die Flugroute führt an den Waldrinnen der Kanzelhöhe entlang zum Seende bei Annenheim. Rein thermische Tage sind ideal. Bei Nordkomponente jedoch frühes Thermikende mit Rückenwind bereits nach 14 Uhr am Startplatz und ruppiger Leethermik im Bereich Kanzelhöhe.

Schwierigkeiten/Gefahren

Westwind, Nordföhn und Leethermik sind im Frühjahr sehr stark. Landeanflug über besiedeltem Gelände (GS); Gewitterexposition; Herbstnebel.

D/GS
Österreich
Kärnten
Nockberge

Streckenmöglichkeiten

Im Süden ist das Relief beschränkt (See, Flughafenbereich Klagenfurt, TMA). Streckenflüge müssen der Flugsicherung Klagenfurt (Tel. 0463/41522) gemeldet werden, da die Gerlitzen unterhalb der TMA liegt. Hauptstrecken: nach Nordwesten Richtung Tschiernock, nach Norden ins Nockgebiet/Turracher Höhe, nach Osten Richtung Lavanttal.

Talort: Annenheim, 505 m
Anfahrt: AB München – Salzburg – Tauernautobahn Richtung Klagenfurt über Spittal nach Villach, Ausfahrt Villach Nord. Bundesstraße zum Ossiacher See nach Annenheim.
Seilbahn: Kanzelbahn, Tel. 04248/2722
Wetterauskunft: Flugwetter Klagenfurt, Tel. 0463/41520-43 oder -44
Club/Treffpunkt:
– Drachenfliegerclub Ossiacher See, Kontakt: Werner Gillinger, Hangweg 1, A-9552 Steindorf, Tel. 04243/8114.
– Treffpunkt ist der Lindenhof beim GS-Landeplatz. Dort erhält man die Marken für Jahres- bzw. Tageslandegebühren.
Tel. 04248/2703.
– Ansonsten Pacheiner's Alpengasthof an der Gerlitzen Gipfelstraße, Tel. 04248/2888.
Flugschule:
Kärntner Flugschule, Margit Grabner, Tel. 04248/3400 oder 0663/844554
Camping/Unterkunft:
– Lindenhof, Fam. Brandstätter, Tel. 04248/2703
– Camping Ossiacher See in Annenheim, Tel. 04248/2757
– Verkehrsamt Annenheim, Tel. 04248/2727 (auch Auskunft über die Mautstraßen)
Karte: Freytag & Berndt WK, 1:50 000, Blatt 224

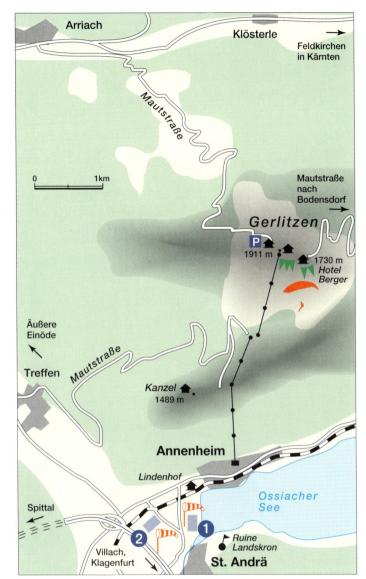

Alternativen:
– **Goldeck** (N, W, S, einfach), siehe Seite 36
– **Tschiernock** (SO – SW, einfach), siehe Seite 34
– **Dobratsch** (alle Richtungen bis auf O; einfach), Villacher Alpenstraße + 1 1/2 Std.
– **Ofen** (W, NW, einfach), über Arnoldstein, Tel. Lifte: 04255/25850, Auffahrt + 30 Min. oder 2 Std. vom Tal.
– **Koralpe** (S, einfach) über Wolfsberg/Lavanttal Mautstraße.
– **Vitranc** (SO, O, NO, NW, mittel – schwierig), über Kranjska Gora (SLO); siehe Seite 91

D/GS
Österreich
Kärnten
Nockberge

12 Tschiernock 2088 m

Der Komplex des Tschiernockrückens stellt vermutlich das bedeutendste Thermik- und Streckenfluggelände im Südosten Österreichs dar. Lang ist hier die Saison, und die im Mai abgehende Thermik erinnert an Südfrankreich. Aber wehe, einer unterschätzt die Nordwindexposition des Berges: 75 Prozent aller Flüge und Starts (S) verlaufen in der Gnade oder Ungnade der Leethermik!

Start

1. **Hansbauer, 1700 m,** S, mittel, Rampe und Wiese, flaches Relief, nicht für Gleitschirmanfänger geeignet! Drachenhauptstartplatz. Zufahrt: Mautstraße Tschiernock bis Hansbauerhütte. Dort parken und 200 Meter dem Weg nach Westen zum Startplatz folgen.
2. **2060 m,** S, bezeichneter Drachenstartplatz, 50 Meter von der Bergstation des Tschiernockliftes nach Osten abwärts.
3. **Gipfel, 2088 m,** SO, S, SW, einfach, Drachen und Gleitschirme, 15 Min. von der Bergstation nach Westen ansteigen (Weg). Nichtoffizielle Startmöglichkeiten für Gleitschirme nach W/NW vom Gipfelrücken (Richtung Liesertal). Achtung: Das komplizierte Relief verlangt von Gleitschirmen, die am Hansbauer starten, eine Mindest-GZ von 5! Bei Nordwind nicht vom Hansbauer starten: Das Lee wird, auch wenn am Hansbauer alles ruhig ist, auf halber Strecke Richtung Treffling wirksam!
4. **Übungshang,** 150 Hm

Landeplatz

1. **Treffling, 805 m.** Markierte Wiese, 500 Meter nach dem Ortsende von Treffling in nördliche Richtung, vorbei am Skilift des Kolm, der Straße nach Gmünd folgen (Tälchen am Fuß des Tschiernock).
2. **Waldrast, 642 m.** Hauptlandeplatz für Drachen. Gleitschirme benötigen eine Mindest-GZ von 6 oder Thermik, um ihn zu erreichen. Bei Talwind aus Richtung Millstätter See aussichtslos!
Zufahrt: Von der Abzweigung Treffling in Seeboden nach wenigen hundert Metern Abzweigung in Richtung Waldrast. Nach 2 km, zuletzt über lange Feldstreifen, erreicht man den gut markierten Landeplatz bei der Gaststätte.

HU

zwischen 900 m und 1445 m

Flug

Wer vom Hansbauer startet, sollte die aktuellen Wetterwerte bei der Waldrast (Clublokal) erfragen und die thermische Phase zwischen 11 Uhr und 14 Uhr einhalten. Später wird es wesentlich schwieriger, vom Hansbauer wegzukommen. Ist der Tschiernocklift in

D/GS

Österreich
Kärnten
Nockberge

Betrieb (Sommersaison ca. Mitte Juni bis Anfang/Mitte September), kommt man zum Gipfelstartbereich mit besseren Möglichkeiten entlang der großen Flanken. Nicht zu tief über der Mitte des Trefflinger Grabens fliegen (Lee des Talwindsystems). Lieber über den Rücken der Tangerner Alm hinausfliegen! Am Vormittag ist die Südostseite über Tangern aktiv, am Nachmittag dagegen die Flanke links (nördlich) der Mautstraße. Bei Nordwind aus dem Liesertal kann man in die Flanke des Trefflinger Grabens gedrückt werden (bereits mehrere Unfälle und Notlandungen).

Schwierigkeiten/Gefahren

Kompliziert umströmtes Relief (Nordwind, Talwind), lange, flache Flanken: für Anfänger nur bei wirklich ruhigen Bedingungen! Gewitter und Nordföhn ausgesetzt. Leethermik kann sehr stark sein (Mai/Juni)!

Streckenmöglichkeiten

Entlang des gesamten Rückens über Millstätter Alpe nach Radenthein und weiter südöstlich bis zur Gerlitzen (gilt als Hauptstrecke). Flüge zum Alpenhauptkamm sind selten durchführbar, aber möglich (hohe Basis, kein Nordwind). Flüge hinüber zum Goldeck nach Süden scheitern oft an der weiten Drautalquerung und fehlender Thermik (im Frühjahr jedoch durchführbar). Flüge über das Liesertal hinüber ins Möll- oder Oberdrautal (SW/W).

Talorte: Treffling, 810 m; Seeboden, 618 m
Anfahrt: AB München – Salzburg – Tauernautobahn bis Dreigabelung Spittal/Millstätter See/Linz. Man folgt dem Ast nach Seeboden. Vom Ende der Autobahn in Richtung Seeboden, vorbei an den Tankstellen bis zur Abzweigung nach Treffling, hinauf bis Treffling und weiter der Mautstraße folgend zum Hansbauer.
Seilbahn/Mautstraße: Privater Sessellift am Tschiernock mit Drachentransportmöglichkeit. Die Mautstraße ist befahrbar, sobald sie vom Schnee geräumt ist; Info beim Kuramt Seeboden. Gehzeiten zu Fuß: Treffling – Hansbauer: 2 Std., Hansbauer – Tschiernock 1 Std.
Club/Treffpunkt: DGFC Spittal. Man trifft sich am D-Landeplatz im Clublokal Waldrast, Tel. 04762/2828.
Achtung: Jeder Pilot muß vor seinem Flug am Tschiernock hier die Jahresmarke abholen (Start-/Landegebühr). Sie kostet 150 ÖS und ist 1 Jahr gültig.
Flugschule: Millstätter See, Treffling 45, A-9871 Seeboden, Tel. 04762/5003, mobil 0663/840899
Camping/Unterkunft: Diverse Campingmöglichkeiten in Seeboden direkt am Millstätter See. Wohnmobilstellplätze direkt bei der Waldrast für Drachenflieger. Camping in der Nähe! Sehr nette Privatunterkünfte direkt in Treffling. Flieger sind herzlich willkommen bei Fam. Schnitzer, Treffling 133a, A-9871 Seeboden, Tel. 04762/81509.
Weitere Auskünfte beim Kuramt Seeboden, Tel. 04762/812100.
Wetterauskunft: Flugwetter Klagenfurt, Tel. 0463/41520-43 oder -44
Karte: Freytag & Berndt WK, 1:50 000, Blatt 210

Alternativen:
– **Goldeck** (alle Richtungen bis auf SW, einfach) über Spittal, siehe Seite 36
– **Gerlitzen** (SO – SW, einfach) über Annenheim, siehe Seite 32
– **Hummelkopf** (SO – SW, einfach-mittel) über Göriach; Mautstraße zur Christebauerhütte + 1 Std. (Der Landeplatz 500 Meter vor Göriach gehört einem Mitglied des DGFC Spittal. Vorherige Erlaubnis erfragen!)
– **Reißeck-Schoberboden** (SO – SW, einfach) über Kolbnitz im Mölltal; Zahnradbahn: Tel. 04783/2410
– **Wolligen** (S, SO, einfach) über Obervellach im Mölltal; Straße, Info: Semlacher Hof, Tel. 04782/2188
– **Emberger Alm** (SO – SW), siehe Seite 38/39.

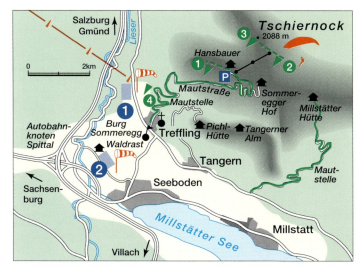

D/GS
Österreich
Kärnten
Latschur-
gruppe

13 Goldeck 2142 m

Das berühmte Drachenflug-gelände liegt hoch über dem Drautal und der Stadt Spittal. Das Goldeck mit seinem Sender ist ein Skigebiet und durch zahlreiche Lifte erschlossen.
Wer will, kann auch die Goldeck-Mautstraße benutzen (sehr teuer).
Fliegerisch sind hier meist die Drachen durch ihr größeres Leistungspotential im Vorteil, da die Flanken und Grate des Berges zu lang sind, um mit dem Schirm spielen zu können.
Es bleibt aber dennoch der beeindruckende Flug nach Spittal – 1600 Meter über der Drau!

Start

1. **Sender, 2142 m,** S, SO, einfach, überwiegend von Drachen genutzt. Die süd- und ostseitigen Flanken müssen, wenn keine Thermik zur Startüberhöhung vorhanden ist, vollständig bis zum Landeplatz in Spittal umflogen werden (GZ 7).
2. **NO – NW,** ca. 2100 m, einfach – mittel, diverse Startmöglichkeiten am Rücken oberhalb der Bergstation in Richtung Sender.
Der Start über der nördlichen Grube erfordert Gegenwind und ist für Anfänger weder sinnvoll noch geeignet!
3. **W, ca. 2100 m,** einfach, flacher Starthang zwischen den Liften Richtung in Stifflitzgraben. Für Gleitschirme riskant, weil der Überflug des westlichen Goldeck-Seitengrates bewältigt werden muß, um nach Spittal zu kommen. Kaum Notlandemöglichkeiten im Stifflitzgraben (GZ 6 empfohlen)!

Landeplatz

Spittal, 550 m, große Landewiese für Drachen und Gleitschirme westlich hinter dem Sportstadion und der Seilbahn-Talstation, 5 Min. zur Talstation.

HU

zwischen 1550 m und 1590 m

Flug

Beim Flug nach Norden ist bei Thermik und Nordwind Soaren an den Gipfelflanken möglich. Auf die Seilbahnkabel achten und nicht zu tief in die Grube kommen (Notlandemöglichkeit im Kar oberhalb der Mittelstation)!
Nach Süden startet nur, wer am Nachmittag sicher ist, daß er die vorhandene Thermik nutzen kann, bzw. um den Berg zum Landeplatz kommt.
Ein Start nach Westen ist nur bei ganz schwachen Winden oder Nachmittagsthermik und nur für gute Piloten sinnvoll.
Gute Thermik herrscht außerdem über den westlich vorgelagerten Gratrücken oberhalb Baldramsdorf.

Schwierigkeiten/Gefahren

Windexponierter Gipfel, der oft zu starke Windverhältnisse aufweist, obwohl er thermisch weit weniger aktiv ist als das gegenüberliegende Tschiernockgebiet. Sehr stark Nordföhn und Westlagen ausgesetzt. Lange Flanken und Grate, die eine gute Geländebeurteilung verlangen.

D/GS

Österreich
Kärnten
Latschur-
gruppe

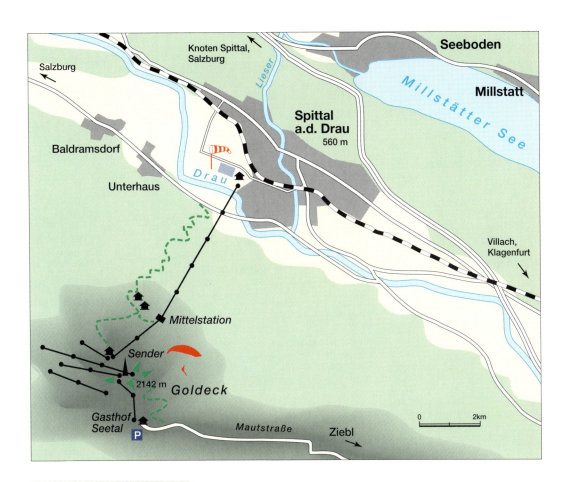

Streckenmöglichkeiten

Im Frühjahr interessant für gute Piloten, die ein Gespür für den »richtigen Einstieg« haben. Das Goldeck ist sehr anspruchsvoll. Hauptflugrichtungen sind nach SO Richtung Villach/Dobratsch bzw. Gerlitzen sowie ins Oberdrautal. Bei guten Bedingungen kann man zum Tschiernock hinüberqueren.

Wetterauskunft: Flugwetter Klagenfurt, Tel. 0463/41520-43 oder -44
Talort: Spittal/Drau, 550 m
Anfahrt: AB München – Salzburg – Tauernautobahn Richtung Klagenfurt, Ausfahrt Spittal. Durch Spittal-Zentrum der Beschilderung zur Goldeckbahn folgen.

Club/Treffpunkt: DFC Goldeck, Kontakt: Dieter Bartlmä, Gasthof Weiss, Tel. 04762/2341
Seilbahn/Mautstraße: Goldeckbahn, Tel. 04762/2805-12, 5335 (aktueller Wetterdienst), Drachentransport, Gratisrückfahrt bei Nichtflug, Landegebühr ÖS 25,– an der Kasse zahlen. Alternativ gibt es eine (teure) Mautstraße, Info beim Verkehrsamt Spittal. In den Revisionszeiten Fußanstieg ca. 3-4 Std.
Flugschule: Nächste Flugschule siehe Gerlitzen oder Tschiernock.
Camping/Unterkunft: Verkehrsamt Spittal, Schloß Porcia, Burgplatz 1, A-9800 Spittal, Tel. 04762/3420

Karte: Freytag & Berndt WK 1:50 000, Blatt 221

Alternativen:
– **Tschiernock** (S, SO, SW, einfach) über Seeboden/ Treffling, siehe Seite 34
– **Emberger Alm** (SO – SW, einfach) über Greifenburg
– **Gerlitzen** (SO – SW, einfach) über Annenheim/Ossiacher See, siehe Seite 32
– **Dobratsch** (alle Richtungen bis auf O einfach), Mautstraße + 1 1/2 Std.

D/GS
Österreich
Kärnten
Kreuzeck-
gruppe

14 Emberger Alm 1760 m

Eines der schönsten und berühmtesten Fluggebiete Österreichs und der gesamten Ostalpen für Streckenflieger und Genießer der Sonne Oberkärntens präsentiert sich auf dem Aussichtsbalkon über dem oberen Drautal.
Dicht über der Baumgrenze laden weite Almwiesenflächen bis hinauf zum Naßfeldriegel den Gleitschirmflieger ein, seinen Rucksack an die ihm gefällige Stelle zu tragen, während Drachenflieger und sichere Piloten unweit des Endes der Mautstraße bei den Alpengasthöfen ihre Geräte auslegen, um bei genügend Thermik in den Aufwind einzusteigen.

Start

1. **SO, S,** für GS **heikel**.
Emberger Alm, 1760 m, flacher Starthang neben dem Schlepplift, 200 m vom Ende der Mautstraße. Für GS Mindestgleitzahl von 5,5 und ausreichend Aufwind von vorne, sonst Baumlandung möglich!
2. **Emberger Alm, 1860 m, SO,** leicht, etwas steilerer Grashang, 1/4 Std. oberhalb
3. **Emberger Alm, 1940 m,** S, SO, mittel, kurzer Start mit steiler Kante, dem Wanderweg zum Naßfeldriegel über den ersten Absatz hinauffolgen. Start neben dem Weg, häufig steckt eine Windfahne. 1/2 Std. Fußmarsch.

Landeplatz

Greifenburg, Landeplatz neben dem neuen Fliegercamp »Oberes Drautal« beim Badesee, ca. 610 m, groß, einfach, nach dem Überflug von Greifenburg die Hochspannungsleitung beachten. Der Landeplatz ist schlecht markiert, bitte vorher anschauen!
Beim Fliegercamp wird eine Landegebühr erhoben!

HU

zwischen 1250 m und 1330 m; je nach Startplatz

Flug

Ab dem späten Vormittag gut (je nach Jahreszeit). Meist gutes Steigen draußen vor der Waldkante mit dem Gnoppnitztal, bei West nicht in dieses abdriften! Im Frühjahr sehr starke Thermik – Gelegenheitsflieger haben hier dann tagsüber nichts verloren!

Schwierigkeiten/Gefahren

Im Startbereich für GS flaches Relief mit Verwirbelungen.
Gewitterexponiertes, starkthermisches Fluggebiet.
Vorsicht bei Nordlagen und Westwind! Die Thermik ist dann besonders hackig und turbulent, Leerotoren können auftreten!

Streckenmöglichkeiten

Die Hauptstreckenflüge folgen dem Drautalverlauf über den gesamten Südabsturz der Kreuzeckgruppe, nach Westen häufig bis zum Anna-Schutzhaus und zurück (relativ leicht) oder bis zum Zettersfeld und weiter aufwärts (Matrei i. Osttirol). Schwieriger sind Flüge Richtung Sillian wegen Anschlußproblemen am Hochstein bei Lienz und nach Süden zum Goldeck.

Talort: Greifenburg, 645 m
Auffahrt: Die Mautstraße wird ab Landeplatz/Badesee bzw. Fliegercamp mit Sammeltaxis befahren. Sind einmal keine da, muß angerufen werden (Telefonnummer an Infotafel beim Badeseeeingang).
Der Alpengasthof Sattlegger organisiert für seine Gäste Rücktrans-

D/GS

Österreich
Kärnten
Kreuzeckgruppe

port, siehe Unterkunft! Die Abzweigung zur Emberger Alm beginnt kurz vor dem westlichen Ortsende von Greifenburg.

Club/Treffpunkt: Man trifft sich entweder am Landeplatz oder in Greifenburg oder beim Alpengasthof Sattlegger oben auf der Emberger Alm bei Thomas und Angelika.

Flugschule: Die nächste ist Margot Grabner, Tel. 04248/3400 oder 0663/844554, siehe auch Fluggebiet Gerlitzen, Seite 32.

Camping/Unterkunft:
– Fliegercamp »Oberes Drautal«, Latschurstr. 292, 9761 Greifenburg, Tel. 04712/668
– Alpengasthof Sattlegger, Thomas und Angelika Sattlegger, in herrlicher Lage 300 Meter neben dem Startplatz, Emberger Alm 2, A-9761 Greifenburg, Tel. 04712/796; Fliegerappartements und Zimmer, Rücktransport, Wetterbericht, Sauna, Fitneßraum
– Fremdenverkehrsamt Greifenburg, Tel. 04712/216 oder 214

Karte: Freytag & Berndt, WK 223, 1 : 50000, Blatt Weissensee – Gailtal

Alternativen:
– Zahllose Almstraßen z.B. über **Steinfeld** führen zu leicht erreichbaren, einfachen, südgerichteten Wiesenhängen mit Startmöglichkeiten
– **Goldeck** (siehe Seite 36)
– **Zettersfeld** (siehe Seite 48)
– **Oberwolligen** (S, SO, einfach) im Mölltal bei Obervellach

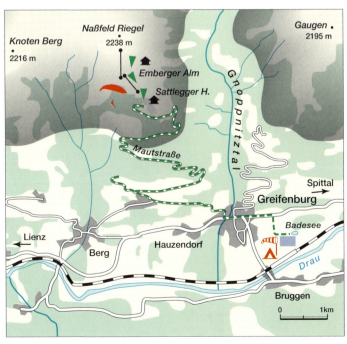

D/GS
Österreich
Steiermark
Schladminger
Tauern

15 Planai 1894 m

Einfaches Fliegerübungsgelände über Schladming für alle Anfänger und Genußflieger. Da der Berg thermisch nur schwach aktiv ist, kann hier sinnvoll trainiert werden. Schulungsgelände der Flugschule Aufwind. Für westliche Winde wechselt man am besten zum Hauser Kaibling hinüber.

Start

1. N, NO, O, einfach, ca. 1880 m, Wiesenhang 300 Meter südlich der Seilbahn-Bergstation, etwa 100 Meter höher, 15 Min. zu Fuß. Im Winter gibt es einen Schlepplift.

2. Mittelstation, 1460 m, NW, mittel, direkt neben der Station (flach).

Landeplatz

Wiese östlich von Schladming, 750 m, zwischen Bahn und Enns bei Heustadln. Zugang über die Straße Schladming – Mauterndorf. 300 Meter nach der Ennsbrücke und dem Bahnübergang führt orographisch rechts ein Tunnel unter den Gleisen zur Landewiese. 20 Gehminuten zur Talstation, vorherige Besichtigung empfohlen!

HU

710 oder 1130 m

Flug

Man umfliegt östlich den Vorbau mit der Bergstation und gelangt ohne größere Reliefhindernisse über das Ennstal. Vorsicht bei westlichem Wind!

Schwierigkeiten/Gefahren

Föhn, Westlagen

Streckenmöglichkeiten

Praktisch keine außer im Frühjahr: hinüber zum Kaibling oder nach Westen zu Hochwurzen, Reiteralm, Fager oder in die Ramsau und zum Dachstein.

Talort: Schladming, 750 m
Anfahrt: AB München – Salzburg – Tauernautobahn Richtung Klagenfurt, Ausfahrt Radstadt, über Radstadt nach Schladming.
Seilbahn: Planai-Hochwurzen-Bahn, Tel. 03687/22042-0. Wochenpaß für GS-Flieger nur ÖS 340,–. Kein Drachentransport.
Club/Treffpunkt: Flugschule Aufwind bzw. Jausenstation Gruberstube in Ramsau
Flugschule: Aufwind, Franz & Anna Rehrl, Ramsau 52, A-8972 Ramsau, Tel. 03687/81880
Camping/Unterkunft: Unterkünfte können von der Flugschule organisiert werden. Ansonsten: Verkehrsamt Schladming, Tel. 03687/222680.

Karte: Kompaß-WK, 1:50 000, Blatt 31, Radstadt

Alternativen:
– **Krahbergzinken** (W, einfach), 1 Std. von der Planai-Bergstation, der beste Ausgangspunkt für Strecken im Bereich Niedere Tauern
– **Kaibling** (W, NW, einfach) über Haus, Tel. Bergbahn: 03686/2287
– **Reiteralm** (N, W, O, einfach) über Schladming, Info über Flugschule Aufwind
– **Stoderzinken** (S, N, W, einfach – mittel), Mautstraße von Gröbming, siehe Seite 42
– **Gutenberghaus** (S, einfach) über Ramsau, 2 Std. vom Feisterer
– **Austriascharte** (SW, schwierig, hochalpin) über Ramsau, Hunerkogelbahn (Tel. 03687/81241) + 1 Std. Klettersteig. Info beim Chef der Bahn!
– **Sinabell** (alle Richtungen, einfach) über Ramsau, Aufstieg: wie Gutenberghaus + 30 Min.

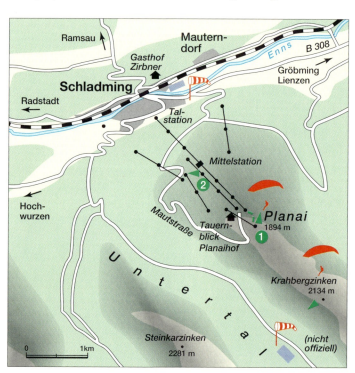

D/GS
Österreich
Steiermark
Schladminger
Alpen

D/GS
Österreich
Steiermark
Kemetgebirge

16 Stoderzinken 2048 m

Östlich der Skigebiete und gegenüber den Schladminger Hausbergen Planai und Kaibling gelegen, handelt es sich hier um das dritte Fluggebiet im oberen Ennstal. Der »Stoder« ist dabei das thermisch interessanteste Gelände und bekannt als gutes Streckenfluggbiet. Da der Sky-Club Austria in Gröbming zu Füßen dieses Berges sitzt, ist man hier nicht allein unterwegs. Wem das Fliegen nicht ausreicht, der wende sich an den Club mit seinen zahlreichen Aktivitäten!

Start

1. S, SO, einfach, ca. 2030 m, großes Wiesenfeld unterhalb des Gipfels, Hauptstartplatz für Gleitschirme. 30 Min. zu Fuß vom Ende der Mautstraße.
2. N, schwierig, 2048 m, vom Gipfel. Selten ausgeführt, aber möglich. Der Berg muß sofort nach Südwesten umflogen werden.
3. NW, mittel, ca. 2000 m, Wiese neben Skilift, Absatz unterhalb des Gipfels. Ca. 30 Min. von der Mautstraße.
4. S, SW, Drachenstartrampe, ca. 1900 m, beim Friedenskircherl. 15 Min. zu Fuß von der Straße (Steinerhütte).

Landeplatz

1. Assach, 755 m, Landewiese oberhalb der Bundesstraße Schladming – Gröbming. Man erreicht sie, indem man durch Assach fährt. Die Wiese liegt westlich der Ortschaft.
2. Stodermaut, ca. 840 m, große Landewiese neben der Mautstraße

D/GS
Österreich
Steiermark
Kemetgebirge

von Gröbming zum Stoderzinken, kurz unterhalb der Mautstelle. Hauptlandeplatz der Gleitschirme.

HU

zwischen 1060 m und 1290 m

Flug

Generell nicht nach Norden und Nordosten weiterfliegen. Das Kemetgebirge ist für Gleitschirme tabu. Gute Thermik bereits am Vormittag, da die südöstlichen Felsen und Rinnen bei Sonne gut aufheizen. Abflüge sind nur zwischen 7 Uhr und 17 Uhr erlaubt. Vor dem Flug bei der Mautstelle eintragen und Start-/ Landegebühr entrichten (ÖS 30,–), Außenlandungen unaufgefordert beim Bauern bezahlen (ÖS 30,–). Ab 20 km/h Windgeschwindigkeit Flugverbot.

Schwierigkeiten/Gefahren

Leeturbulenzen bei Nord- und Ostwind auf den Südseiten. Bei stärkerem Ostwind unter keinen Umständen fliegen. Talwind und Südwind bereiten ebenso im Kessel zwischen Stoder und vorgelagertem Relief (Freienstein) Turbulenzen.

Streckenmöglichkeiten

Ennstal nach Osten über Kammspitze und Grimming.

Talort: Gröbming, 770 m
Anfahrt: AB München – Salzburg – Klagenfurt, Ausfahrt Radstadt, Bundesstraße Radstadt – Schladming – Gröbming.

Mautstraße: Von Gröbming bis Steinerhaus, 7 km. Im Winter oben Skigebiet. Bus ab Gröbming und Mautstelle zum Steinerhaus.
Flugschule: Sky-Club Austria, Moosheim 113, A-8962 Gröbming, Tel. 03685/22333
Club/Treffpunkt: wie Flugschule, am Schloß Moosheim
Camping/Unterkunft: Eine originelle Unterkunft in Form einer alten Burg besitzt Ernst Schrempf. Adresse beim Sky-Club. Ansonsten: Gemeindeamt Gröbming: Tel. 03685/221500.
Karte: Kompaß-WK, 1:50 000, Blatt 68, Ausseer Land/Ennstal.

Alternativen:
– **Kaibling** (W/NW, einfach) über Haus, Tel. Seilbahn: 03686/2287, Schulungsberg des Sky-Club
– **Planai** (N/NO/O, einfach) über Schladming, siehe Seite 40
– **Austriascharte** (SW, schwierig; hochalpin) über Ramsau (Hunerkogelbahn: Tel. 03687/81241) + 30 Min. Klettersteig
– **Sinabell**, Gutenberghaus (S, einfach; sowie alle Richtungen) über Ramsau

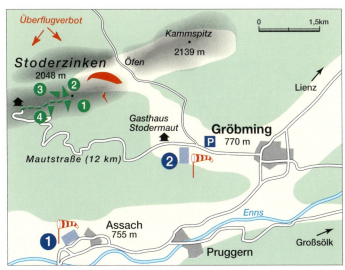

D/GS
Österreich
Oberösterreich
Totes Gebirge

17 Loser 1838 m

Zwischen Seenplatte und Dachstein schlummert das Fluggebiet Loser im südlichen Salzkammergut. Wer als Flieger gut genug ist, aber nicht zu einseitig orientiert, der ist hier an der richtigen Adresse: Strecke und Thermik ohne Ende, schwieriges Relief mit Heimtücken, aber auch Seen, Berge, Einsamkeit!

Start

Für Drachen:
1. **Rampe an Kehre 13** der Mautstraße, SO, S, SW, ca. 1525 m, beim Windkraftwerk nahe der Loserhütte.
2. **Drachenrampe**, SO, S, SW, 1600 m, beim Loser-Bergrestaurant.

Für Gleitschirme:
1. **Hochanger, 1837 m,** S, SO, O, NO, einfach, Start neben dem Sender. Im Sommer zu Fuß über Weg Nr. 256 vom Loser-Bergrestaurant; im Winter mittels Loserfensterlift + 10 Min.
2. **Loserfenster, ca. 1780 m,** W, NW, mittel, neben der Bergstation Startmöglichkeit zwischen den Felsen und Schrofen nach Westen.
3. **Graskogel, ca. 1700 m,** SO, O, einfach, nur im Sommer, ca. 15 Min. oberhalb des Loser-Bergrestaurants in der Wiesenflanke des Graskögerls. Im Winter wegen Gemseinstand nicht benutzen!

Landeplatz

Altaussee, 723 m, Wiese mit Windsack, zwischen Kurhaus und See, deutlich bezeichnet. Nur der obere Teil zwischen Windsackhütte und Kurhausverlängerung dient zum Landen! Vorherige Besichtigung zu empfehlen!

HU

zwischen 800 m und 1110 m

Flug

Bei Thermik ohne größere, übergeordnete Windverhältnisse bereits ab 10 Uhr in den Ostrinnen über dem Altausseer See interessant. Man vergewissere sich, nicht im Lee des Ostwindes zu fliegen bzw. im Lee des von Westen kommenden Windsystems! Bei Westlagen dynamisches Soaren nach dem Loserfensterstart an den Westflanken des Berges. Achtung: Der Loser ist für Anfänger und Gelegenheitsflieger aufgrund seines komplizierten Reliefs nicht geeignet! Unerfahrene können durch Leeturbulenzen auf den See heruntergedrückt werden! Sehr starke Thermik im Frühjahr!

Schwierigkeiten/Gefahren

Komplexe Reliefzirkulation durch Rettenbachtal (W) und Bärental (O), starkes Talwindsystem, starke Thermik, Föhn- und Gewitterexposition. Leeturbulenzen bei W-Wind an den Startplätzen, die tiefer gelegenen Drachenstarts können einen Aufwindbereich vortäuschen, während draußen das Bärental eine totale Leefalle darstellen kann!

D/GS

Österreich
Oberösterreich
Totes Gebirge

Streckenmöglichkeiten

Die Lage über dem See mit felsigen Rinnen und Reliefanschluß an die Hochflächen von Dachstein und Totem Gebirge macht den Loser zusammen mit dem nahegelegenen Krippenstein zum bedeutendsten Streckenfluggelände im Osten Österreichs. Außergewöhnliche Strecken, Zielrückflüge und Dreiecke, auch mit Gleitschirm möglich (85 km Dreieck über Totes Gebirge und Ennstal im Sommer 92). Die Hauptflugrichtungen gehen nach Süden in Richtung Dachstein und nach Osten über das Tote Gebirge und die Ennstaler Alpen.

Talort: Altaussee, 723 m
Anfahrt: AB München – Salzburg – Linz, Ausfahrt Mondsee. Bundesstraße über St. Gilgen – Bad Ischl – Bad Aussee nach Altaussee.
Seilbahn: Skigebiet nur im Winter (Skischaukel Sandling-Loser), Info: Tel. 06152/71315
Mautstraße: Loser-Panoramastraße, Tel. 06152/71215, Sondertarife für Piloten.
Club/Treffpunkt: Hänge- und Paragleiterclub Ausseer Land, Tel. 06152/2818 oder 3293
Richard Freler,Tel. 06152/71597
Flugschule: keine vor Ort; siehe Krippenstein (Seite 46)
Camping/Unterkunft:
– Grundlsee, Gößl 17 und 145, Tel. 06152/8181 und 8689
– Verkehrsverein Altaussee, A-8992 Altaussee, Tel. 06152/71071, 71643
Karte: Kompaß-WK, 1:50 000, Blatt 20

Alternativen:
– **Krippenstein** (NW, W, einfach, O/NO, schwierig) über Obertauern, siehe Seite 46
– **Schafberg** (SO/O/N, einfach) über St. Wolfgang, Tel. Zahnradbahn: 06138/2232-0
– **Zwölferhorn** (N/NO, einfach) über St. Gilgen, Tel. Bergbahn: 06227/350
– **Katrin** (S, schwierig) über Weißenbach, 1 1/2 Std.

Österreich
Oberösterreich
Dachsteingebirge

18 Krippenstein 2109 m

Wo die Hochfläche des Dachsteins mit steilen Felswänden zum Fjord des Hallstätter Sees abkippt, formt sie den Bug des Krippensteins – ein landschaftlich faszinierendes Fluggebiet mit interessanten Streckenmöglichkeiten!

Start

1. NW/W, einfach, 2109 m, einfache Wiesenpiste, 10 Minuten oberhalb der Bergstation.
2. O/NO, schwierig, ca. 2070 m, Rampe und Schrofenhänge. In diese Startrichtung herrschen selten gute Verhältnisse! Auf Seilbahnkabel achten!

Landeplatz

Bezeichnete Wiese neben dem Mühlbach, 510 m, auf dessen SW-Seite gegenüber dem Sportgelände und von diesem durch den Bach getrennt! Nicht auf dem Sportgelände landen! Der Landeplatz liegt 10 Minuten vom Gasthof Dachsteinhof.

HU

1560 m oder 1600 m

Flug

Ideale Thermik am Nachmittag entlang der Felswände des Krippensteins sowie am gegenüberliegenden Hang des Feuerkogels, außerdem im Koppenwinkel, wo der Talwind an den Felswänden ansteht.

Schwierigkeiten/Gefahren

Lee bei Ostlage. Dann nicht fliegen: starke Turbulenzen, insbesondere im Tal über Obertauern! Bei Südlage herrscht Föhn. Das Talwindsystem kann sehr stark werden.
Kabel und Leitungen beachten. Landeplatz vorher besichtigen und genau einhalten!

D/GS

Österreich
Oberösterreich
Dachstein-
gebirge

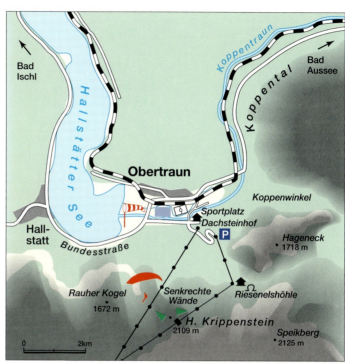

Streckenmöglichkeiten

Ideal geeignet für die Dachstein-
überquerung in die Steiermark
bei mäßiger NW-NO-Strömung.
Ebenso sind Flüge zum Loser
und ins Traun- und Ennstal und
entlang dieser Täler möglich
(Richtung N–O).

Talort:
Obertraun, 510 m
Anfahrt:
AB München – Salzburg – Linz,
Ausfahrt Wolfgangsee/Mondsee.
Weiter Bundesstraße über St. Gil-
gen – Bad Ischl – Hallstatt nach
Obertraun
Seilbahn: Dachsteinbahn,
A-4831 Obertraun,
Tel. 06131/273
Club/Treffpunkt:
– GSV Obertraun,Tel. 06131/414,
Obertraun 153, A-4831 Obertraun
– Dachsteinhof, 10 Min. vom Lan-
deplatz. Dort trifft man Clubmit-
glieder und findet einen Rückho-
ler zur Talstation der Seilbahn.
Auch gibt es hier Zimmer.
Tel. 06131/39
Flugschule: Salzkammergut,
Alexenau 8, A-4852 Weyregg am
Attersee, Tel. 07612/3033
Camping/Unterkunft: Verkehrsamt
Obertraun, Tel. 06131/351
Karte: Kompaß-WK, 1:50 000,
Blatt 20, Südl. Salzkammergut

Alternativen:
– **Feuerkogel** (S, SW, einfach),
2 Std. von Obertraun
– **Loser** (SO, S, SW, W, einfach +
Rampe) über Bad Aussee, siehe
Seite 44
– **Zwölferhorn** (N, NO, einfach)
über St. Gilgen, Tel. Bergbahn:
06227/350
– **Schafberg** (SO, O, N, einfach)
über St. Wolfgang, Tel. Zahnrad-
bahn: 06138/2232-0
– **Gr. Donnerkogel** (W, SW, NW,
mittel) über Gosau bzw. Anna-
berg im Lammertal, Gosaulifte +
1 1/2 Std.
– **Katrin** (S, schwierig) über Bad
Ischl

D/GS
Österreich
Osttirol
Schober-
gruppe

19 Zettersfeld 2213 m (Lienz)

Die weiten Almwiesen des Zettersfeldes, 1600 Meter über Lienz, bieten für Gleitschirmflieger einige der schönsten Spazierflüge im Süden Österreichs. Drachenflieger müssen sich wegen fehlender Transportmöglichkeiten auf den Kollnigstartplatz (Gaimberg) beschränken.

Start

1. 2213 m, SW, S, SO, einfach, Wiesenflächen neben dem Ende des Zettersfeld-Sesselliftes. Läuft dieser nicht, muß ab dem Ende der Seilbahn in 3/4 Std. zu Fuß angestiegen werden.
2. Kollnig, 1380 m, SO, einfach, zwei Startplätze. Einer für Drachenpiloten: Ebenerfeld, direkt an der Straße neben der Almhütte. Der alte Drachenstart ist für GS-Piloten.
Zugang: Bei der Zettersfeld-Talstation der Mautstraße zur Faschingalm folgen. Gleich nach Obergaimberg, wenn die Straße gerade nach Osten verläuft, kommen unterhalb die Startplätze. Die Thurner Alm an der Zettersfeld-Mautstraße ist ein nicht offizieller Ausweichstartplatz!

Landeplatz

Wiesenfeld, 670 m, etwa achthundert Meter östlich der Seilbahn etwas unterhalb dieser, beim Anwesen Leitner, Wegzugang (Abzweigung. Bei der Postleite auf der Geraden zur Talstation).
Am Landeplatz befindet sich ein Telefon. Club wegen Landegebühr bitte kontaktieren!

HU

710 m oder 1550 m

Flug

Gute thermische Bedingungen ab dem späten Vormittag. Auf dem Zettersfeld sind Toplandungen möglich. Beim Flug über das Tal unbedingt im Sommer das Talwindsystem berücksichtigen. Bei Nordlagen starke, turbulente Leethermik!
Drachenflieger soaren am Kollnig, wo der Talwind ansteht, aber der Nordwind gelegentlich über das Debanttal ein Lee bilden kann!

D/GS

Österreich
Osttirol
Schober-
gruppe

Schwierigkeiten/Gefahren

Starker Talwind, Nordföhn, Verwirbelung an den Schnittpunkten der unterschiedlichen Täler. Achtung: Bei Streckenflügen vorbei an Nikolsdorf dort nicht am Sportflugplatz Lienz-Ost landen!

Streckenmöglichkeiten

Hervorragend in vier Richtungen! Bereits ab März gute Thermik und lange noch bis Anfang November! Am besten geht es nach Osten entlang des Oberdrautales Richtung Emberger Alm/Kärnten. Ebenso gut ist die Verfolgung des Pustertales nach Westen Richtung Thurntaler und Südtirol. Nach Norden wurde der Alpenhauptkamm bereits überquert (am Felbertauern). Flüge nach Süden ins Oberkärntner Gail- und Lesachtal sowie weiter südöstlich entlang des Karnischen Hauptkammes sind noch wenig exploriert.

Talort: Lienz, 670 m
Anfahrt: Von Norden: AB München – Kufstein – Innsbruck, Ausfahrt Wörgl. Bundesstraße nach Kitzbühel – Paß Thurn – Mittersill – Felbertauerntunnel – Lienz. Von Süden: über Spittal – Drautal – Lienz oder von Südtirol über Franzensfeste – Bruneck – Toblach – Lienz.
Seilbahn: Zettersfeldbahn, Tel. 04852/6397520. Es gibt auch eine (sehr teure) Mautstraße bis zur Bergstation (wenn die Seilbahn Revision hat, ist das eine Alternative).
Club/Treffpunkt: Osttiroler DGFC, Tel. 04852/65539. Verschiedene Treffpunkte, z.B. Gasthof Goldener Fisch in Lienz
Flugschule: Flugspaß Unlimited, Beda-Weber-Gasse 4, A-9900 Lienz, Tel. 04852/65694
Camping/Unterkunft:
– Tourismusgemeinschaft Lienz, Tel. 04852/65265
– Camping »Falken«, Lienz, Tel. 04852/64022

Karte: Kompaß-WK, 1:50 000, Blatt 47, Lienzer Dolomiten

Alternativen:
– **Hochstein** (O, einfach) über Lienz, im Winter Skigebiet, Start von der Piste, Mautstraße und Doppelsessellift (Tel. 04852/6397530)
– **Ederplan** (W, SW, S, einfach) über Dölsach/Görtschach (nicht offiziell – Vorsicht wegen Flughafen Nikolsdorf!), Straße von Görtschach + 1 Std.
– **Mooser Berg** (N/NW, einfach-mittel) über St. Jakob im Defereggental, Tel. Bergbahn: 04873/5274
– **Rotenkogel** (NW – SW, einfach) über Matrei in Osttirol, Tel. Goldreinbahn: 04874/6555
– **Schober** (S, mittel), 2 1/2 Std. von St. Jakob
– Diverse Berge um **Prägraten** und **St. Jakob** für Paralpinisten
– **Thurntaler** (S, SO, einfach – mittel) über Sillian, siehe Seite 50

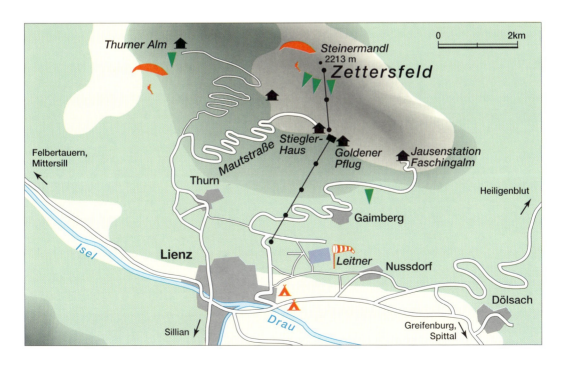

Österreich
Osttirol
Defereggengebirge

20 Thurntaler 2407 m (Sillian)

Sehr schönes Fluggebiet mit langer Tradition. Hier fand im Herbst 86 der allererste Gleitschirmwettbewerb der Pioniere in Österreich und Deutschland statt. Für Streckenprofis wie für Genußflieger gleichermaßen gutes Potential. Diverse alternative Startgelände rund um Sillian erleichtern es den Drachenfliegern, ihren Tütenkollegen aus dem Weg zu gehen.

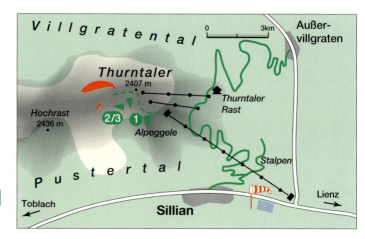

Start

1. **Hauptstartplatz** (nur Sommer) **am Alpeggele**, 2200 m (SO – SW), 10 Min. westlich der Bergstation.
2. **Gipfel, einfach,** S, SO, nur im Winter, wenn Sessellift offen oder zu Fuß 40 Min., 2400 m.
3. **W, mittel,** neben dem Gipfel, über einem Felskar.
In der Zeit der Bahnrevision gibt es außerdem die Auffahrt über eine Mautstraße zur Jausenstation Thurntaleralm, von dort ca. 1/2 Std. bis Alpeggele.

Landeplatz

Große Wiese, ca. 1100 m, neben der Bundesstraße zwischen Sillian und der Talstation der Bergbahn.

HU

1300 m

Flug

Gute Thermik ab dem späten Vormittag; die felsigen Mulden nur bei ruhigen Verhältnissen nutzen, ansonsten am langen Rücken über Sillian und im Bereich des Stalten gute Thermik. Vorsicht bei Nord- und Westwind: starke Leeturbulenzen. Der Thurntaler ist schon früh im Jahr thermisch interessant.

Schwierigkeiten/Gefahren

Im Gipfelbereich hochalpines Relief, für Anfänger im Sommer wenig geeignet! Der Berg ist sehr gefährlich bei Nordföhn und Westlagen und ideal bei normalthermischen Tagen ohne übergeordnete Windsituationen. Gewitterexposition im Hochsommer beachten!

Streckenmöglichkeiten

Gute Streckenflüge in Ost-West-Richtung entlang des Hochpustertales, Richtung Lienz oder Toblach; ebenso in Richtung Alpenhauptkamm sowie nach Süden ins Lesachtal.

Talort: Sillian, 1103 m
Anfahrt:
Entweder über Innsbruck – Brenner – Franzensfeste – Pustertal – Toblach – Sillian. Oder über Kufstein – Wörgl – Kitzbühel – Paß Thurn – Mittersill – Felbertauerntunnel – Lienz – Sillian.
Seilbahn: Thurntalerbahn, Tel. 04842/6880, 6881
Flugschule: Blue Sky Hochpustertal, an der Talstation Thurntalerbahn, A-9920 Sillian, Tel. 04842/6271

Club/Treffpunkt: Man trifft sich in der Kegelstube in Sillian oder bei der Flugschule.
Camping/Unterkunft: Verkehrsamt Sillian, Tel. 04842/6280-0
Karte: Kompaß-WK, 1:50 000, Blatt 47

Alternativen:
– **Zettersfeld** (SW – SO, einfach) über Lienz, siehe Seite 48
– **Stalpen** (S, SO, einfach) über Sillian Zufahrt über Straße zur Thurntaler Alm
– **Tessenberger Alm** (W, Rampe), nur Drachen. Straße von Sillian über Panzendorf – Heinfels nach Tessenberg
– **Sattel** (O, NO, NW, W, Rampe, nur für Geübte), nur im Sommer, da Pkw-Zufahrt über Straße

D/GS

Österreich
Osttirol
Defereggen-
gebirge

D/GS
Österreich
Salzburger
Land
Pongau

D/GS
Österreich
Salzburger
Land
Pongau

21 Fulseck 2033 m

Im hochgelegenen Gasteiner Tal dürfte das Fulseck der ideale Flugberg sein. Es lädt Piloten auf jedem Niveau zum Soaren oder im Frühjahr zu ausgedehnten »Talspaziergängen« ein!

Start

1. **NW, W, SW, einfach,** direkt neben der Bergstation der Seilbahn.
2. **O, schwierig, Drachenrampe,** neben der Bergstation.

Landeplatz

Dorfgastein, 830 m, großer, offizieller Landeplatz, direkt neben der Bundesstraße, südlich des Dorfes.

HU

1200 Meter

Flug

Nachmittagsflugberg mit guten und einfachen Bedingungen im Sommer und Winter. Im April/Mai herrscht jedoch teilweise Hammerthermik. Wenn am weiter talwärts gelegenen Stubner Kogel schon der Föhn aktiv ist, kann man dennoch oft am Fulseck noch fliegen!

Schwierigkeiten/Gefahren

Durch die Nord-/Südlage am Tauernkamm ist das Tal sehr föhnanfällig!

Streckenmöglichkeiten

Talspaziergang wie folgt: Fulseck – Laderdinger – Gamskar – Gamskarkogel – Hüttenkogel – Graukogel – Stubner Kogel – Schloßalm – Bärnkogel – Fulseck. Weitere Flüge in den Pinzgau nach Westen (z.B. Zell am See) oder nach Osten in Richtung Tauernautobahn sind selten durchführbar.

Talort: Dorfgastein, 830 m
Anfahrt: AB Salzburg – St. Johann im Pongau, Ausfahrt St. Johann, Großarltal, Gasteiger Tal und Bundesstraße Richtung Zell a. See bis Abzweigung Gasteiner Tal. Von Westen über die Bundesstraße Lofer – Zell am See – St. Johann im Pongau bzw. von Süden über Spittal – Mallnitz – Autoverladung – Bad Hofgastein.
Seilbahn: Brandsteinbahn-Sessellifte und Fulseckbahn in Dorfgastein, Tel. 06433/2230, Drachentransportmöglichkeit
Club/Treffpunkt: Manfred Brandner u. Gaby Kögl, Tel. 06434/2787, 2182, Paraclub Gastein
Flugschule: Flugschule in Dorfgastein, Tel. 06433/2230
Camping/Unterkunft:
– Fremdenverkehrsverband Dorfgastein, A-5632 Dorfgastein, Tel. 06433/277
– Camping Erlengrund in Bad Hofgastein, Tel. 06434/2790
– Jugendherberge, Ederplatz 2, A-6540 Bad Gastein, Tel. 06434/2080
Wetterauskunft: Lokales Wetterinfo unter Tel. 06433/666
Karte: Kompaß-WK, 1:50 000, Blatt 40, Gasteiner Tal

Alternativen:

– **Stubner Kogel** (W, N, NO, einfach) über Bad Gastein. Achtung: Im Sommer existiert kein offizieller Landeplatz, nur Clublandeplatz nach vorheriger Anmeldung (siehe Paraclub Gastein), im Winter kann auf dem Golfgelände Bad Gasteins gelandet werden, Tel. Bergbahnen: 06434/25310.
– **Gamskarkogel** (alle Richtungen, einfach), Alpinbus mit Rudi von Rudi's Klause bis Rastötzalm + 1 1/2 Std. zu Fuß
– **Graukogel** Schlechter W/NW-Start bei der Graukogel-Lift-Bergstation, besser im Winter, oft labile Windverhältnisse
– **Schloßalm** (O, SO, NO, mittel, sehr flach) über Bad Gastein, thermisch uninteressant (Tel. Bergbahnen: 06432/645510)

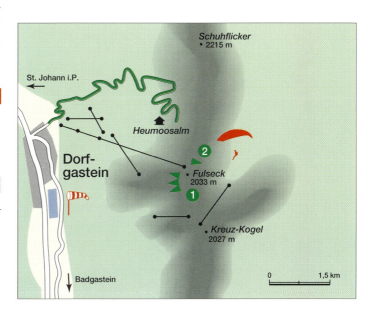

Österreich
Pinzgau

22 Schmittenhöhe 1965 m

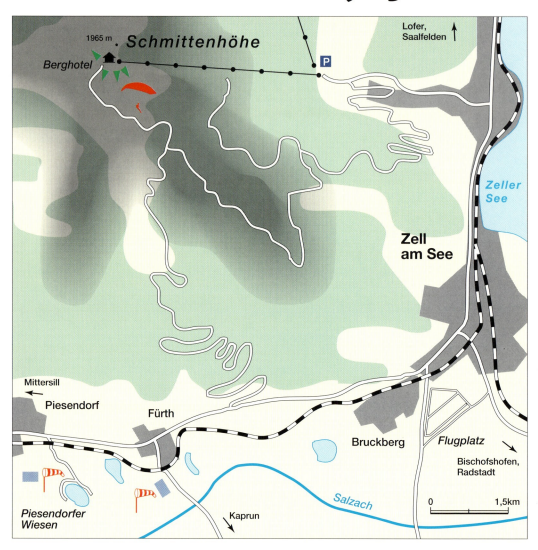

Die freie Kuppe der Schmittenhöhe über dem häßlichen Verkehrsknotenpunkt Zell am See ist der östliche Eckpfeiler des Pinzgauer Tales und seiner bedeutenden Streckenflüge. Für alle Profis unter den Gleitschirm-, Drachen- und Segelflugzeugpiloten ein Anziehungspunkt während der Saison.

Start

Direkt beim Gipfel, 1965 m, S, SW, SO, NW, einfach.

Landeplatz

1. Piesendorf, 780 m, Piesendorfer Wiesen, südlich der Gleise in der Nähe des Gasthofs Schett. Wenn unklar bezeichnet, immer auf gemähten Wiesen landen!

2. Bahnübergang Fürth-Kaprun, 780 m, Landemöglichkeit in der Nähe desselben auf Wiesen.

HU

1185 m

D/GS
Österreich
Pinzgau

Flug

Viele einfache Flugmöglichkeiten mit Panorama auf den Großglockner. Die sanften Wiesenhänge laden zum Soaren ein, der Flug jedoch muß ins Pinzgau gehen, denn die Landemöglichkeiten bei der Talstation in Zell am See sind selbst für GS-Profis etwas eng! Außerdem gibt es einen Flugplatz in Zell mit Verkehrszone. Einflugverbot!

Schwierigkeiten/Gefahren

In der Saison dichter Verkehr unterschiedlicher Luftfahrzeuge. Ansonsten Westlagen, Föhn und Nordwind beachten!

Streckenmöglichkeiten

Hervorragender Ausgangspunkt für Streckenflüge entlang des Pinzgauer Tales (»Pinzgauer Spaziergang«) sowie nach Osten in die Steiermark. Spät thermisch aktiv (selten vor Mai und nach August interessant), aber bereits ab dem späten Vormittag gut.

Talort: Zell am See, 757 m
Anfahrt: AB München – Salzburg, Ausfahrt Bad Reichenhall, Bundesstraße über Lofer nach Zell am See. Oder: München – Kufstein – Wörgl – Kitzbühel – Paß Thurn – Mittersill – Zell am See.
Seilbahn: Schmittenhöhebahn, Tel. 06542/36910, 369136
Club/Treffpunkt: Gasthof Schett in Piesendorf. Dort sind auch Fahrgemeinschaften zur Rückbringung zur Talstation organisierbar.

Flugschule:
siehe Wildkogel, Seite 56.
Sicherheitstraining: Emil Keuschnigg, Tel. 06582/4069
Camping/Unterkunft:
– Seecamp in Zell am See, Tel. 06542/2115 (So. + Wi.)
– Verkehrsverein Zell am See, Tel. 06542/26000, A-5700 Zell am See
Karte: Kompaß-WK, 1:30 000, Blatt 30, Zell am See

Alternativen:
– **Kitzsteinhorn** (N, NO, mittel, alpin) über Kaprun, Kitzsteinhornbahn: Tel. 06547/8621363
– **Fulseck** (NW – SW, O, einfach-schwierig), siehe Seite 52
– **Wildkogel** (SO – SW, N, einfach-mittel), siehe Seite 56
– **Saalbach/Hinterglemm**
– **Schattberg** (W, NW + O, SO, einfach und mittel), Tel. Bergbahn: 06541/2714

D/GS
Österreich
Pinzgau

23 Wildkogel 2225 m

Der unscheinbare Buckel im Pinzgau, Ausläufer der Kitzbüheler Alpen, präsentiert aufgrund seiner Lage inmitten eines langen Ost-West-Tales eines der außergewöhnlichsten Streckenfluggelände der Alpen. Schon sehr früh im Jahr kommt man hier weit über den Startplatz. Dennoch macht die Nähe zum Paß Thurn und zum Bayerischen Windsystem diesen Flug nach Süden zu einem ständigen Roulettespiel mit der Leethermik: Ist sie stark genug, geht es gewaltig nach oben. Ist sie zu schwach, hat man am Start stets Rückenwind, bis man vielleicht hundert Meter weiter draußen erst auf den Bart trifft.

Start

1. S, SW, einfach, ca. 2090 m. Bezeichnete Startgelände direkt neben und unterhalb der Bergstation der Wildkogelbahn.
2. SO, S, SW, N, einfach-mittel, 2225 m, vom Gipfel des Wildkogel, von der Bergstation ca. 30 Min. zu Fuß.

Landeplatz

1. Neukirchen, 857 m, große Wiese mit Windsack, 100 Meter süd-

D/GS
Österreich
Pinzgau

lich der Gleise, neben dem Sportplatz, 10 Gehminuten von der Talstation der Bergbahnen.
2. Bramberg, 819 m, Drachenlandeplatz.

HU

zwischen 1240 m und 1400 m

Flug

Leethermikflug über den Rinnen rechts und links der Kante, über die die Seilbahn verläuft. Hat man einmal Startüberhöhung erreicht, kann man den flachen Hängen der Bergrücken entlang folgen. Meistens stehen jedoch die Hauptbärte etwas weiter draußen im Tal, in etwa in Fallinie der Mittelstation.

Schwierigkeiten/Gefahren

Leethermik, Föhn, Nordwind, Gewitter kommen als Hauptfaktoren in Betracht. Im Frühjahr und Sommer weht in Verbindung mit dem Paß Thurn-Windsystem ein sehr kräftiger Talwind aus östlicher Richtung! Das Hauptproblem ist jedoch der Startwind: Reliefabhängig weht dieser dominant von Norden. In der Saison ergibt sich daher nur ein kurzes Flugfenster für Gegenwindstarts nach Süden (bei genügend thermischem Aufwind). Oft kann es um zwei Uhr (im Winter und Vorfrühling), manchmal schon um halb eins (im Sommer) zu spät sein: Danach weht ein beständiger Rückenwind!

Streckenmöglichkeiten

Das über sechzig Kilometer lange Pinzgauer Tal bietet von Gerlos bis Zell am See entlang seiner Süd- oder Nordseite ab März/April bis in den September traumhafte Flüge, sowohl in eine Richtung als auch Zielrückflüge. »Pinzgauer Spaziergang« heißt diese Strecke. Vorsicht bei Nordwind wegen der starken Leeturbulenzen!

Talorte: Neukirchen, 859 m, Bramberg, 819 m
Anfahrt: AB München – Innsbruck, Ausfahrt Wörgl. Bundesstraße Brixental – Kitzbühel – Paß Thurn – Mittersill. Dort Richtung Gerlos bis Neukirchen, Abzweigung Wildkogelbahnen.
Seilbahn: Wildkogelbahnen, Tel. 06565/6405, A-5741 Neukirchen am Großvenediger. Drachentransport. Gratisfahrt bei Nichtflug.
Club/Treffpunkt: Wildkogelfalken, Hans Brandner. Der Club ist auf Gastpiloten wenig gut zu sprechen!
Flugschule: Franz Voithhofer, A-5733 Bramberg, Tel. 06566/8207.
Camping/Unterkunft:
– Fremdenverkehrsverband Neukirchen, Tel. 06565/6256
– Campingplatz in Wald, 10 km nach Neukirchen Richtung Gerlos, Tel. über Verkehrsamt Wald, 06565/8243
Karte: Kompaß-WK, 1:50 000, Blatt 38, Venedigergruppe/Oberpinzgau

Alternativen:
– **Hollersbach** (Hintermühleben, N, schwierig) Straße von Hollersbach, Startplatz bei stärkerer N-Lage, gegenüber vom Paß Thurn gelegen. Nur für gute Piloten! Auskunft über Flugschule in Bramberg.
– **Plattenkogel** (W, NW, N, NO, einfach), im Winter Skigebiet am Gerlospaß, im Sommer zu Fuß ca. 1 Std.
– **Königsleiten** (S, SO, SW, einfach) über dem Gerlospaß; kein offizielles Fluggelände! Besser im Winter als im Sommer!
– **Schmittenhöhe** (O, SO, einfach) über Zell am See, siehe Seite 54

GS
Österreich
Tirol
Westendorf

24 Choralpe 1886 m (Westendorf)

Westendorf ist dank seines einfachen Start- und Fluggeländes nach Westen und seines großen Einzugsbereiches im tirolerisch-bayerischen Raum an den Wochenenden der Saison überaus beliebt.
Ein Ausweichen wird dann empfohlen.
Weniger leicht ist es, bei Ostwindlagen hier zum Zug zu kommen, denn Pilotenerfahrung ist für dieses Startgelände angesagt!
Seit einem Jahr wird an der »Chor«, wie sie manche Tiroler Piloten auch nennen, sogar offiziell geschult.

Start

1. W, SW, einfach, auf 1800 m, Hang unterhalb der Bergstation des Choralpen-Sesselliftes und Restaurants.
15 Min. Fußmarsch von der Kabinenbahn-Bergstation nach Norden (breiter Weg).
Im Winter direkt erreichbar per Sessellift!
2. O, NO, mittel, auf 1780 m. Man folgt vom Bergrestaurant dem Rücken nach Osten abwärts bis zu dessen Ende.
Start ist ein Steilhang über einer Waldschlucht.
3. SO, schwierig, auf 1800 m, Zugang wie bei Start 2, jedoch bleibt man am Rücken.
Von dort aus Start in den kleinen Kessel und sofort über die Verlängerung des Rückens mit wenig Bodenfreiheit nach Norden hinaus.
Notlandemöglichkeit im Kessel.

Landeplatz

Große Landewiese gegenüber der Talstation der Alpenrose-Seilbahn, Westendorf, 785 m. Im Sommer sehr turbulent (Aufwindzone)!

HU

etwa 1000 m

Flug

Nach Westen einfacher Flug über den Rücken des Skigebietes in den breiten Talkessel. Die Westseite ist nachmittags thermisch aktiv, ebenso der breite Talkessel (Frühsommer-Abendthermik interessant). Im Ostbereich des Berges dynamisches Soaren bei Nordostwinddurchsetzung der Thermik (selten).

Schwierigkeiten/Gefahren

Föhn (selten föhnaktiv); Südostlagen sind eher unangenehm als gefährlich (siehe Startbeschreibung!). An Tagen mit indifferenten Windlagen bis zum Nachmittag warten. Meist ergibt sich dann eine günstige Startrichtung!

Streckenmöglichkeiten

Für gute Streckenflüge wenig geeignetes Gelände. An einigen idealen Tagen im Frühsommer ist es möglich, nach Süden den Pinzgau zu erreichen oder über die Salve nach Norden in den Wilden Kaiser zu fliegen (vielleicht weiter nach Kössen). Klassisch ist das »Jojo« Chor – Salve – Chor, das dank der idealen Talrestitution im Frühsommer Streckeneinsteigern eine gute Übung vermittelt.

Talort: Westendorf in Tirol, 785 m
Anfahrt: AB München – Innsbruck bis Ausfahrt Wörgl-Süd. Weiter in Richtung Brixental über Hopfgarten nach Westendorf.
Seilbahn: Alpenrose-Bahn, Westendorf, Tel. 05334/62230; Flieger-Tageskarte für 270 ÖS.
Club/Treffpunkt: Die einheimischen Flieger treffen sich häufig im Restaurant Salvena/ Hopfgarten an den Salve-Sesselliften. Ansonsten im Restaurant der Alpenrose-Talstation!
Flugschule: Westendorf, Bergliftstraße 18, A-6363 Westendorf, Tel. 05334/6868
Camping/Unterkunft: Verkehrsamt Westendorf, Tel. 05334/6550, 6230
Karte: Kompaß-WK, 1:50 000, Blatt 81 oder 29

Alternativen:
– **Fleckalm über Kirchberg** (W/NW), Tel. Seilbahn: 05357/2065
– **Hohe Salve** über Hopfgarten/ Söll (alle Richtungen), siehe Seite 60
– **Hahnenkamm** über Kitzbühel (O, SO), Tel. Seilbahn: 05356/2757-0
– **Pengelstein** über dem Spertental (NW, W), Tel. Seilbahn: 05356/2857
– **Marchbachjoch** von Niederau (N)
– **Schatzberg** über Auffach/Wildschönau (NW/W)
– **Wiedersberger Horn,** (SW/O), Tel. Seilbahn: 05356/5233/4

D/GS
Österreich
Tirol
Kitzbüheler Alpen

25 Hohe Salve 1827 m

Die nackte Kuppe der Salve mit ihrem Sendemast beherrscht den westlichen Ausgang des Brixentales. Als Idealstartberg hat sie sich – in Konkurrenz zur benachbarten Choralpe – längst einen Namen gemacht. Seit zwei Jahren ist daher der Anteil der Gleitschirmpiloten, die von Süden kommen und am Gipfel die von Norden (Söll) hochfahrenden Drachenflieger treffen, wesentlich gewachsen. Die Salve ist ein ausgeprägtes Winter- und Frühlingsfluggebiet mit sehr früh einsetzender Thermik. Leider reicht der Bart dann an Wochenenden nicht aus, um alle, die ihn benutzen wollen, auch zu versorgen. Von Januar bis März wird es besonders eng.

Start

1. **W, einfach; SW, mittel,** ca. 1800 m. Hauptstartplatz für Hopfgarten, ca. 10 Min. bzw. 150 m von der Bergstation beim Kreuz.
2. **SW, S, einfach,** ca. 1780 m. Idealer GS-Startplatz an gleichmäßig geneigtem Wiesenhang 50 Höhenmeter unterhalb der Gipfelkapelle.
3. **O, SO, mittel,** ca. 1810 m, Startmöglichkeit für Ostlagen Richtung Brixen. Vom Hang bzw. Piste ca. 50 Meter östlich der Kapelle.
4. **N, NW, ca. 1829 m,** Start direkt westlich des Söller Sesselliftes; im Winter wegen Störung des Pistenbetriebes nur eingeschränkt möglich. Achtung: Startauflagen des Clubs beachten! 50 Meter Abstand zum Gipfelgebäude, insbesondere im Winter, einhalten!

Landeplatz

1. **Hopfgarten, 620 m,** offizieller Landeplatz nach der Zugbrücke (Straße Richtung Kelchsau), 15 Min. von der Talstation unterhalb des Gegenhanges.
2. a) **Söll, 630 m,** Wiese mit Windsack, ca. 200 m nach der Abzweigung zur Gondelbahn Söll, südöstlich der Straße.
b) **Hochsöll, 1120 m,** Landemöglichkeit neben dem Sessellift auf Wiesen.
3. **Westendorf, 790 m,** Landeplatz der Choralpe, siehe Seite 58. GZ beachten bei Gleitschirmen! Nicht bei Südwind!

HU

zwischen 700 m und 1200 m

Flug

Je nach Windrichtung einfacher Höhenflug zu den bezeichneten Landeplätzen. Bei Westlagen gilt zu beachten, daß über der Rigi-Station ein Lee herrschen kann; ebenso bei N-Wind, insbesondere, wenn man nach NW-Start über die Rigi-Scharte nach Hopfgarten abdreht! Thermisch interessant sind jedoch die südseitigen Gipfelrinnen und Waldstreifen und dies besonders im Spätwinter und zeitigen Frühjahr! Später wird dann auch der Waldrücken auf der SO-Seite gegenüber Westendorf interessant. (Vorsicht wegen der Hochspannungsleitung!) Die Nordseite kann wegen der geringen Gleitleistung von Schirmen kaum nutzbar besoart werden, da die interessanten, dem Bayerischen Wind ausgesetzten Soaringbuckel zu weit vom Gipfel liegen. Sie bleiben den Söller Drachenpiloten vorbehalten.

Schwierigkeiten/Gefahren

Alleinstehender Berg, der Gewitter und Starkwind ausgesetzt ist. Interessanterweise schwächt der Föhn durch die Relieföffnung bei Westendorf im Salvebereich verhältnismäßig stark ab, was zu dynamischem Soaring bei Profis reizt. Ansonsten bleibt nur die ausgesprochene Warnung vor zu dichtem, kollisionsverdächtigem Wochenendflugverkehr zu wiederholen. Bitte nicht auf der Wiese

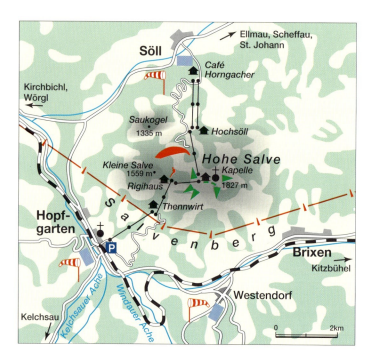

D/GS

Österreich
Tirol
Kitzbüheler
Alpen

neben dem Hopfgarten-Parkplatz der Sessellifte landen!

Streckenmöglichkeiten

An diesem Berg auf wenige Monate (April bis Juni) begrenzt, da der nötige Reliefanschluß fehlt. Das »Jojo« Salve – Choralpe – Salve ist an manchen Januartagen schon möglich. Der schöne Streckenflug in die Kitzbüheler Alpen hinein über Choralpe – Brechhorn nach Süden ins Pinzgau benötigt echte Maithermik, um die Talsprünge zu schaffen. Nach Norden über Scheffau in den Wilden Kaiser heißt die andere Alternative: Möglich wäre es, dabei bis Kössen zu gelangen, aber die vorangehenden Talsprünge sind »barbarisch« weit.

Talorte: Hopfgarten, 620 m
Söll, 620 m

Anfahrt: AB München – Kufstein – Innsbruck, Ausfahrt Wörgl. Weiter Bundesstraße Richtung Brixental bis Hopfgarten oder Richtung St. Johann bis Söll.
Seilbahnen:
– Hohe Salve-Bahn, Hopfgarten, Tel. 05335/2238, 3558
– Gondelbahn Hochsöll, Tel. 05333/5260-0
Club/Treffpunkt: In Hopfgarten gegenüber dem Parkplatz der Talstation das Gemeindezentrum mit dem Restaurant Salvena, Tel. 05335/2080. Der Chef, Hans Riegler, ist selbst GS-Pilot vom Club Hopfgarten.
Flugschule: Vor Ort noch keine; empfohlen wird die Flugschule Wildschönau, Helmut Walder und Hannes Schmalzl, Kramsach 185 b, A-6233 Kramsach,
Tel. 05337/3730.
Camping/Unterkunft:
– Camping Reiterhof in Hopfgarten, Tel. 05335/3512

– Verkehrsamt Hopfgarten, Tel. 05335/2322
– Verkehrsamt Söll, Tel. 05333/5216
Karte: Kompaß-WK, 1:50 000, Blatt 9 oder 81

Alternativen:
– **Marchbachjoch** (N, einfach) über Niederau, Wildschönau
– **Choralpe**, (SW, W, NO, SO, einfach – mittel); siehe Seite 58
– **Hartkaser** (N, NO, einfach) über Scheffau; Lifte nur im Winter!
– **Voldöppberg** (S/SO, einfach) über Kramsach-Achenrain, 2 Std. zu Fuß
Für Paralpinisten Wilder Kaiser:
– **Wiesberg** (S, SW, einfach) über Bärnstatt, 2 1/2 Std. über Kaiser-Hochalm
– **Hintere Goinger Halt** (SW, mittel), 2 1/2 Std. von der Wochenbrunner Alm

Österreich
Tirol
Kössen

26 Unterberghorn 1773 m (Kössen)

Was wäre unsere ganze Drachen- und Gleitschirmfliegerei ohne Kössen, Sepp Himberger und das Unterberghorn? Wie auch immer diese Frage gerecht zu beantworten wäre, sei dahingestellt. Fest steht, daß Kössen eine Art Magnet darstellt. Es ist eines der ältesten Fluggebiete in den Alpen, Austragungsort diverser Weltmeisterschaften beider Flugsportarten und kann die meisten Starts und Landungen, die man an einem Tag zählen kann, aufweisen. Zwischen der Mittelstation Scheibenwald und dem Landeplatz »regnet« es an manchen Sommersonntagen Gleitschirme, und die nähere und weitere Umgebung ist fest in der Hand der fliegenden Kössen-Insider und ihrem getreu zwischen Landeplatz und Sigi's Klause wartendem Bodenpersonal. Dem fliegenden Zirkus entgeht man durch Besuche an Wochentagen und außerhalb von Ferienzeiten.
Oder man steigt in einen starken Bart, um ihn weit unter sich zu lassen ...

Start

1. **Scheibenwaldhütte** (Mittelstation), 1140 m, N, einfach. D- und GS-Start getrennt, Schulungsbetrieb.
2. **Auf ca. 1200 m – 1500 m** entlang des Nordrückens, sämtliche N-Startplätze für GS, zu Fuß 15 bis 40 Min., je nach Wahl.
3. **Bergstation: a) W, mittel,** ca. 1720 m, 5 Min. oberhalb der Bergstation des Sesselliftes, Richtung Niederhauser Tal.
b) **NO, O, einfach,** ca. 1670 m, direkt unterhalb der Bergstation (Jausenhütte), Wiesenhang über dem Kössener Tal.

Landeplatz

1. **Gleitschirme:** direkt am Fuß des Berges, 5 Min. östlich der Talstation, deutlich markiertes, bezeichnetes Gelände, ca. 600 m.
2. **Drachen:** neben der Straße zum Unterberghornlift, ca. 300 Meter vor Erreichen des Parkplatzes; bezeichnete Wiese, 600 m nur für Drachen!
3. **Kössener Tal** (Ausweichlandeplatz).

HU

zwischen 540 m und 1140 m

Flug

Man fliegt je nach Dominanz der Windrichtungen auf der Ost- oder Westseite des Bergrückens. Das Niederhauser Tal im Westen weist ein abgeschlossenes Relief auf und ist eher eine Waldschlucht denn ein Tal und daher unlandbar. Außerdem liegt es immer im Lee des Talwindes. Man nennt es auch »Bermuda-Dreieck« wegen der zahlreichen Abstürze von unerfahrenen Piloten in diesem Tal. Wer nach Westen startet, darf niemals den Hang verlassen und sich geradeaus über das Tal wagen – es sei denn, er fliegt aufgrund von Aufwinden weit über dem Relief. Im Osten ist die Situation weniger dramatisch, aber man bedenke stets das Talwindsystem. Bei Westlagen kann man jedoch im steilen Kössener Tal immer noch notlanden.
Eine weitere Besonderheit, an Sommertagen, ist der Landeplatz in der Mittagszeit. Zu dieser Zeit ist er wegen der Talwindumschichtung äußerst turbulent. Zahlreiche Abstürze von Anfängern! Die Frühsommerrestitution über dem breiten Tal um Kössen dagegen ermöglicht ausgezeichnete Flüge bis in den frühen Abend hinein. Ideal ist es auch, daß man entlang des Nordrückens gefahrlos aufdrehen kann, weil ein Hauch von Bayerischem Wind dort die Bärte in die Höhe schiebt. An Wochenendnachmittagen den näheren Luftraum um die Scheibenwaldhütte zugunsten der zahlreich startenden Anfänger meiden: Kollisionsgefahr!

Österreich
Tirol
Kössen

Schwierigkeiten/Gefahren

Niederhauser Tal (Bermuda-Dreieck), Föhn und Gewitterexposition des Unterberghorns, Talwindsystem und Sommerturbulenzen im Landeanflug, allgemein stark überlaufenes Gebiet mit hoher Kollisionsgefahr.

Streckenmöglichkeiten

Der isolierte, im Norden und Süden von breiten Tälern, im Westen von einem blockierenden Relief (Niederhauser Tal und anschließendes Kaisergebirge) umgebene Berg bietet nur eine klare Flugrichtung: nach Osten über Fellhorn und die Steinplattenwände in Richtung Lofer (anschließend sperrendes Relief durch die Loferer Steinberge).
Eine weitere Möglichkeit bei großer Überhöhung geht nach Nordosten in Richtung Reit im Winkl und weiter zum Hochgern und Hochfelln (nur im Frühjahr) oder über Kössen zum Brennkopf und zurück oder weiter in Richtung Hochries (Nordwesten).

Talort: Kössen, 589 m
Anfahrt: AB München – Salzburg – Innsbruck. Vor Kufstein Ausfahrt Oberaudorf. Weiter Richtung Niederndorf/Erl und geradeaus über Walchsee nach Kössen. An der großen Kreuzung geradeaus in Richtung Reit im Winkl. Etwa 800 m nach der Kreuzung Abzweigung zum Unterberghornlift. Wenn man von Innsbruck kommt, folgt man der AB-Ausfahrt Kufstein-Nord nach Erl/Niederndorf; weiter wie oben.
Seilbahn: Unterberghornbahnen, Tel. 05375/6226
Club/Treffpunkt:
Als der Fliegertreff gilt die neben Landeplatz und Talstation gelegene Sportklause von Sigi Obermoser, Tel. 05375/6484.

Flugschulen:
1. Sepp Himberger, Drachen- und Gleitschirmflugschule, Pöllweg 7, A-6345 Kössen, Tel. 05375/2618
2. Süddeutsche Gleitschirmschule, Tel. 08641/7575
Camping/Unterkunft:
– Eurocamping Wilder Kaiser, 5 Min. westlich der Talstation, Tel. 05375/6444, 2103
– Fremdenverkehrsamt Kössen, Tel. 05375/62870
Karte: Kompaß-WK, 1:50 000, Blatt 9, Kaisergebirge

Alternativen:
– **Brennkopf** (SW, S, SO, einfach) über Walchsee, 1 Std. zu Fuß
– **Kampenwand** (NW, W), siehe Seite 10
– **Hochgern** (SW, S, einfach) über Marquartstein, 2 Std. zu Fuß
– **Kitzbüheler Horn** nur für Clubmitglieder des Kitzbüheler Clubs!
– **Hahnenkamm** (N, einfach), nur für Clubmitglieder!
– **Hohe Salve** (alle Richtungen) siehe Seite 60
– **Choralpe** (W, NO, SO) siehe Seite 58

D/GS
Österreich
Tirol
Rofangebirge

27 Dalfaz-Alm 1693 m (Achensee)

Die Rofanwesthänge über dem Achensee gelten als schönes und brauchbares Nachmittagssoaringgebiet. Was das Gelände unter Gleitschirmfliegern jedoch populär macht, sind die vom Schulungszentrum angebotenen Sicherheitstrainings.

Start

1. **Dalfaz-Alm,** Starthöhe ca. 1730 m, W, SW, einfach, ca. 20 Min. von der Bergstation der Rofanseilbahn. Dem Weg zur Dalfaz-Alm folgen. Etwa fünfzig Meter oberhalb des Weges, kurz vor der Alm, befindet sich ein Steilhang zum Starten. Nur für Gleitschirme! Im Winter lawinenbedroht!
2. **Erfurter Hütte,** W, SW, Drachenstartplatz (Rampe), 1829 m. Startplatz neben der Hütte. Nicht für Gleitschirme!

Landeplatz

1. **Maurach,** 955 m, westlich unterhalb der Bahnlinie gelegene große Wiese mit Windsack. Ca. 15 Min. von der Talstation der Rofanseilbahn.
2. **Buchau,** 950 m, Landeplatz nur für Teilnehmer der Sicherheitstrainings, direkt am Seeufer, Nähe Badestrand.

HU

zwischen 780 und 880 m

D/GS
Österreich
Tirol
Rofangebirge

Flug

Nachmittagsflug. Gute Thermik über der Durrawand. Auch an den Dalfazer Wänden und am Hauserer Kopf kann man Höhe gewinnen. Beim Landeanflug auf den Talwind achten!

Schwierigkeiten/Gefahren

Das Hauptproblem ist die Tatsache, daß das enge Tal mit dem Achensee eine Föhngasse darstellt, das heißt, daß es bei geringster Föhntendenz hier schon gefährlich werden kann. Bereits mehrere Gleitschirmpiloten landeten unfreiwillig im Achensee, und zwar etwas weiter vom Ufer entfernt.

Streckenmöglichkeiten

Insbesondere in den Rofan nach Nordosten und über Kramsach nach Kufstein. Eine Querung des Tales nach Westen zum Stanser Joch ist schwierig. Den Bayerischen Wind einkalkulieren!

Talort: Maurach, 955 m
Anfahrt: AB München – Salzburg, Ausfahrt Holzkirchen, Bundesstraße Bad Tölz – Achensee bis Maurach.
Oder Inntalautobahn: München – Richtung Innsbruck, Ausfahrt Achensee, Bundesstraße nach Maurach.
Seilbahn: Rofanseilbahn, Tel. 05243/5292, in Maurach.
Club/Treffpunkt: Aeroclub Achensee, Tel. 05243/5981
Flugschule: Sicherheitstrainings für GS, Info: Tel. 08856/7044, Montana GmbH, Karl Slezak, Grube 25, D-82377 Penzberg
Camping/Unterkunft:
– Camping Maurach, Tel. 05243/6116
– Seecamping Wimmer/Buchau, Tel. 05243/5217
– Verkehrsamt A-6212 Maurach, Tel. 05243/5340.
Karte: Kompaß-WK, 1:50 000, Blatt 28 (Nördl. Zillertal) oder 27

Alternativen:
– **Vorderes Sonnwendjoch** (SW, mittel), von der Erfurter Hütte in 1 1/2 Std.
– **Roßkogel** (SW, W, S, mittel; SO, einfach) über Kramsach, Tel. Sonnwendjochbahn: 05337/2563
– **Stanser Joch** (N, S, einfach) über Stans/Inntal. Straße bis St. Georgenberg + 2 1/2 Std.
– **Reitherkogel** (N, mittel), Soaringflug bei Inntalwind aus Bayern, Straße von Bruck im Zillertal + wenige Gehminuten vom Sattel zum Startplatz (auch Sessellift).
– **Arbesserkogel** (S, W, N, einfach – mittel) über Schwaz (Sessellift; genaue Bestimmungen erfragen! Tel. 05242/2321)

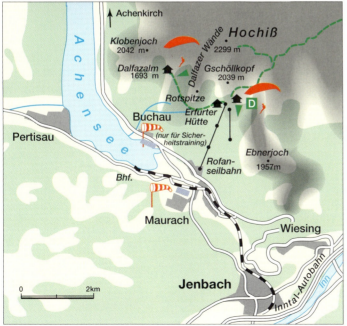

65

D/GS
Österreich
Tirol
Zillertaler
Alpen

28 Arbiskopf 2133 m (Zillertal)

Weithin bekanntes, großzügiges Fluggelände mit bedeutendem Höhenunterschied über dem Zillertal. Der Arbiskopf wird von den Streckenprofis gerne als Einstieg in den »Pinzgauer Spaziergang« benutzt, jenen Streckenflug über Wildkogel und Paß Thurn bis nach Zell am See. Trotz der ostseitigen Exposition ist die Arbiskopfflanke bis weit in den Nachmittag hinein befliegbar.

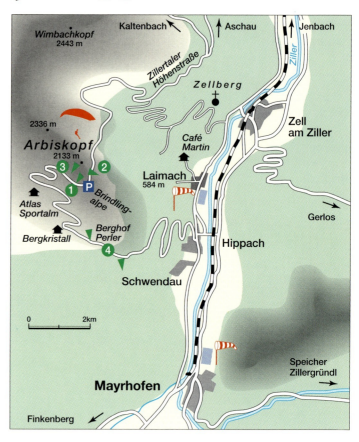

Start

1. **S, einfach, ca. 2030 m,** D+GS-Start Richtung Sidantal, direkt neben dem Parkplatz Arbiskopf der Zillertaler Höhenstraße.
2. **O, einfach, ca. 2020 m,** 5 Min. östlich unterhalb der Höhenstraße beim Arbiskopf-Parkplatz. Start für Drachen und Gleitschirm.
3. **SW, S, SO, O, NO,** mittel, direkt vom Gipfel des Arbiskopf, 2133 m, 20 Min. zu Fuß vom Parkplatz Arbiskopf.
4. **Berghof Perler, ca. 1140 m,** S, SO, einfach, nur GS an der Höhenstaße

Landeplatz

1. **Laimach, 584 m,** große Wiese direkt neben der Straße Laimach – Hippach, 200 Meter nach dem Ortsende von Laimach, Windsack.
2. **Drachenlandeplatz Mayrhofen,** ca. 628 m.

HU

zwischen 1400 m und 1540 m

Flug

Ab dem Spätvormittag gute Bedingungen, zunächst über der Sidantalflanke, später auch entlang der Südseite der nach Schwendberg hinunterreichenden Waldkante (Brindlingalpe). Im Frühjahr u.U. außerordentlich starke Thermik aus den Südseiten. Die Ostseiten sind selten ergiebig, bieten aber dem Anfänger bei ruhigen Verhältnissen lange, lohnende Gleitflüge.

Schwierigkeiten/Gefahren

Das Relief ist föhnanfällig und auch bei stärkeren Nord- und Westlagen im Lee.
Am Landeplatz Laimach die nahegelegene Hochspannungsleitung beachten!

Streckenmöglichkeiten

Naheliegende Kurzstrecken führen zum Rastkogel nach SW, zum Kraxentrager und weiter nach Fügen (N) oder hinüber zum Penken (S). Die Querung des Zillertales zum Kreuzjoch ist schwierig, außerdem gibt es im engen Gerlostal kaum Landemöglichkeiten. Man sollte eine sehr hohe Basis haben! Sehr lohnend ist der Flug entlang des Kammes nach Norden, bis zum Ausgang des Zillertales. Flüge über den Alpenhauptkamm führen im Bereich des Tuxer Joches nach Südtirol.

Talort: Hippach, 582 m, einer der Ausgangspunkte der Zillertaler Höhenstraße
Anfahrt: AB München – Kufstein – Innsbruck, Ausfahrt Achensee/Zillertal. Bundesstraße über Strass in Richtung Mayrhofen bis Zell am Ziller. Abzweigung Hippach über Laimach. Am Landeplatz evtl. das

D/GS

Österreich
Tirol
Zillertaler
Alpen

Auto stehen lassen und ein Pendeltaxi nehmen.
Mautstraße: Die Zillertaler Höhenringstraße führt zum Startplatz. Auffahrt ab Hippach oder Zellberg oder Aschau. Es lohnt sich, wenn mehrere Piloten gemeinsam einen der zahlreichen Taxi-Kleinbusse chartern. Außerdem werden von der Flugschule Pendelbusfahrten zum Startplatz organisiert. (Diese sind an den Saisonwochenenden dem Fliegerandrang aber längst nicht gewachsen.)
Club/Treffpunkt: Drachenfliegerclub in Mayrhofen. Die unmittelbar im Anschluß an den Landeplatz gelegenen Wirtschaften in Laimach.
Flugschule: Zillertal, Ramsau 11, A-6283 Ramsau, Tel. 05282/3478 oder 05282/3720-20

Camping/Unterkunft:
– Verkehrsverein Hippach, Tel. 05282/3630
– Camping in Zell am Ziller, Tel. 05282/2248
– Camping in Mayrhofen, Tel. 05282/2986
Karte:
Kompaß-WK, 1:50 000, Blatt 28, Nördl. Zillertal

Alternativen:
Eine Fülle von Möglichkeiten im Zillertal:
– **Filzenkogel** (NW, N, einfach-mittel, Rampe) über Mayrhofen, Tel. Ahornbahn: 05282/26330, Drachentransport Info: Club Golden Eagles, Markus Bacher, Tel. 05282/2228
– **Gerlosstein** (NW, W, einfach). Im Winter bevorzugt, kein offizielles Fluggebiet, Start bei der Bergstation an der Piste der Bahn, Tel. Berglifte Ramsau: 05282/2277.
– **Hochfeld** (NW – SW einfach, S mittel), zu Fuß in 1 Std. von der Arbiskögerllift-Bergstation (Skigebiet Gerlosstein) oder in 1 1/2 Std. von der Gerlosstein-Bergstation bzw. vom Gerlosstein-Berggasthof (im Sommer Mautstraße)
– **Penken** (SO – SW, einfach) über Finkenberg. Herrliches Winter- und Vorfrühlingsfluggebiet! Landeplatz genau ansehen: nicht für Anfänger! Tel. Finkenberg-Bahnen: 05285/2019, 2196
– **Gefrorene Wandspitze** (NW, W, einfach); man startet auf ca. 3100 Meter neben der 2. Sektion der Gefrorene-Wand-Sessellifte. Ideal im Winter, im Sommer schwierig (Eishang und Geröll).
– **Kreuzjoch** (Karspitze), SO, S, SW, W, einfach – mittel, Kreuzjoch-Rosenalmbahnen von Zell am Ziller, Tel. 05282/2729, oder 2 1/2 Std. von Gerlosberg
– **Zellberg** (S, SO, einfach); 400-Meter-Flug, wenn die Höhenstraße noch zugeschneit ist oder in der Höhe ungünstige Winde herrschen. Startplatz neben dem Zubringer zur Höhenstraße, in Höhe der Schönen Aussicht, bei einem Bauernhof, (Flugschulgelände).
– **Hamberg** (S, SW, W, NW, einfach) über Ried im Zillertal. Mit dem Auto bis Hinterberg + 2 1/2 Std. Aufstieg.
– **Spieljoch** (SO, mittel), im Winter besser geeignet, Spieljochbahn in Fügen: Tel. 05288/29200
– **Steinerhof** (W, SW, mittel), kurzer Übungsflug am Eingang des Tales; auch geeignet, wenn schlechtes Wetter herrscht. Straße von Bruck am Ziller.
– **Reitherkogel** (N, mittel), Soaringflug bei Inntalwind von Bayern; nur für gute Piloten, maximal vier bis fünf Schirme. Sessellift von Reith im Alpbachtal oder Straße von Bruck. Wenige Minuten zu Fuß zum Start.

D/GS
Österreich
Tirol
Karwendel-
gebirge

29 Hafelekar 2269 m / Seegrube

Dieser imposante Flug 1700 Meter über Innsbruck unterliegt strengster Reglementierung durch den nahen Flughafen. Es sollten nur solche selbständigen Piloten hier fliegen, welche die Anforderungen erfüllen können. Die Orientierung ist aufgrund der Großstadt nicht immer leicht und das Fluggebiet nur im Winter, zeitigen Frühjahr und Herbst fliegbar. Dann, wenn die überregionalen Nordwestwinde des Sommers ausbleiben, aber auch kein Föhn sich bemerkbar macht, und das ist leider selten!

Start

1. Hafelekar, S, SW, mittel, 2270 m. Der Startplatz befindet sich 5–7 Minuten östlich der Bergstation (steiles Schuttfeld nach Süden).
2. Seegrube, S, SW, einfach, ca. 1970 m. Der Startplatz befindet sich gleich (2 Min.) neben der Mittelstation der Nordkettenbahn.

Landeplatz

Arzl, 642 m. Der einzige genehmigte Landeplatz ist ein schmaler Ackerstreifen, gleich östlich der Gemeinde Arzl, oberhalb der Bundesstraße, etwa 3 km östlich der Nordkettenbahn-Talstation nach Mühlau.

HU

zwischen 1330 m und 1630 m

Flug

Nicht den Inn und Innsbruck überfliegen (Flughafenkontrollzone Innsbruck)!
Am Hang die Grund-Regel einhalten und nicht über 150 m fliegen.
Entlang der Nordkette darf die Höhe überschritten werden (nur am Karwendelhang).

Schwierigkeiten/Gefahren

Föhn, Nordwind, Flughafenkontrollzone mit Bestimmungen. Im Sommer kann der Bayerische Wind einen Inntalwind von Osten auslösen, der am Landeplatz berücksichtigt werden muß.

Auskünfte:
– Flugberatungsstelle Innsbruck, Tel. 0512/285350
– Tower Innsbruck, Tel. 0512/282385

Streckenmöglichkeiten

Nach Osten und Westen sind Streckenflüge entlang der Nordseite des Inntales erlaubt und bieten im Frühling/Sommer bei günstigen Bedingungen großartige Möglichkeiten, insbesondere entlang der Südhänge von Karwendel und Rofan in Richtung Kufstein (Osten) bzw. über Seefeld und die Mieminger Gruppe nach Westen in Richtung Landeck und

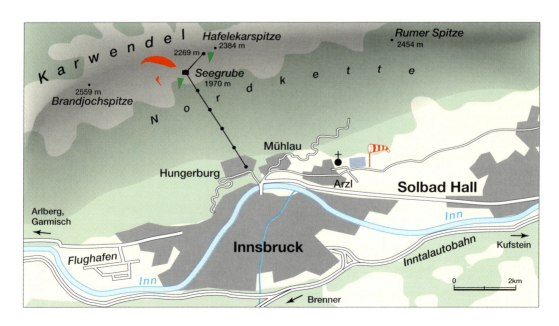

970 m

D/GS
Österreich
Tirol
Karwendel-
gebirge

Lechtaler Alpen. Das Inntal darf nach Süden im Raum Innsbruck und Umgebung gemäß den Markierungen der Luftfahrtkarte nicht überflogen werden. Eine entsprechende Karte ist bei der Flugberatungsstelle (siehe Hinweis) erhältlich.

Talort: Innsbruck, 574 m
Anfahrt: AB München – Kufstein – Innsbruck oder München – Garmisch – Mittenwald – Seefeld – Innsbruck oder Bregenz – Bludenz – Arlberg – Innsbruck.
Seilbahn: Nordkettenbahn, Tel. 0512/293344
Club/Treffpunkt: Innsbrucker GS-Flieger, Franz Schweiger, Tel. 0512/64407
Flugschule: keine; die nächsten Flugschulen sind in Hall und Seefeld, z.B. Alpin-Flugschule Innsbruck, Fassergasse 27a, A-6060 Hall in Tirol, Tel. 05223/43747.
Camping/Unterkunft:
– Camping Kranebitten, nur im Sommer, Tel. 0512/284180
– Tourismusverband Innsbruck, Tel. 0512/59850
Karten: Alpenvereinskarte 1:50 000, Innsbruck, Blatt 31/5
Kompaß-WK, 1:50 000, Blatt 36

Alternativen:
– **Hinterhornalm** (S, SW, einfach – mittel) über Hall-Gnadenwald, Mautstraße, Info über Flugschule (siehe oben), nur für Drachenflieger!
– **Patscherkofel** Achtung: Wegen Flughafen Innsbruck sind Flüge nur nach Westen in Richtung Patsch erlaubt. Tel. Patscherkofelbahn: 05222/77234 in Igls.
– **Stanser Joch** (S, N, einfach) über Vomp, 2 1/2 Std.
– **Birgitzköpfl/Pleisen** (Axams-Litzum, W, SW, O, SO, einfach), Kontakt zum Club in Axams über den Verkehrsverein oder Roman Milfait, Tel. 05234/5143
– **Härmelekopf** (SW, einfach) über Seefeld, siehe Seite 73

D/GS
Österreich
Tirol
Stubaier
Alpen

30 Kreuzjoch 2190 m / Elfer 200.

Im Stubaital liegen sich zwei ideal ergänzende Fluggebiete gegenüber: das Kreuzjoch ist besser im Winter, Herbst und Vorfrühling, der Elfer wird dagegen im Sommer günstig vom Talwind angeströmt. Anfang Januar den Massenwettbewerb am Kreuzjoch (sog. Stubaicup) nicht versäumen!

Start

1. Kreuzjoch, 2170 m, SO, S, einfach. Start etwas unterhalb der Bergstation. 5 Min. zum Startplatz. Auch bei leichtem Westwind kann noch geflogen werden, da dieser durch das nach Nordosten offene Talrelief einströmt.
2. Elfer, 1812 m–2000 m, O, N, NW, einfach, langer Wiesenhang um und über der Bergstation bis hinauf zur Elferhütte. Unterhalb des Zauns neben der Bergstation dürfen nur Flugschüler starten. Alle anderen Piloten können im Sommer entlang des Hanges bis hinauf zur Hütte (20 Min. Anstieg) starten. Achtung: Im Winter darf nur an der Elferhütte gestartet werden!
3. Flugschulgelände Pfurtschellalm SO, leicht, 1297 m, Landung neben Tennisplatz.

Landeplatz

1. Kreuzjoch: Große Wiese mit Windsack, 937 m. Sie liegt direkt neben der Straße Fulpmes – Gröbenhof (Medraz, alte Stubaistraße), 300 Meter nach dem Ortsende von Fulpmes auf der rechten (westlichen) Seite.
2. Elfer: Markierte Wiese, 990 m. Sie liegt 200 Meter von der Elferlift-Talstation nach Norden neben dem Bach (Weg).

HU

zwischen 820 m und 1230 m

Flug

1. Kreuzjoch: Gute Soaringhänge am Nachmittag. Sehr gute Steigwerte im Spätwinter und Frühling! Auf Talwind achten (insbesondere, wenn man im Sommer hier fliegen will!).
2. Elfer: Stärker dem Ostwind bzw. Talwind ausgesetzt als das Kreuzjoch.
Vorsicht im Pinnistal:Leeturbulenzen und Winddüse!
Nicht zu weit nach Süden fliegen! Thermisch und dynamisch aktiver Berg. Der Talwind erlaubt gute Flüge bis in den Abend hinein.

Schwierigkeiten/Gefahren

Föhn, Westlagen, starker Talwind bis 40 km/h im Sommer, Schulungsbetrieb, Drachen- und Gleitschirmbetrieb und allgemeiner Flugbetrieb an Saisonwochenenden sehr stark. Hubschrauberflüge im Tal in Richtung Stubaier Gletscher beachten!

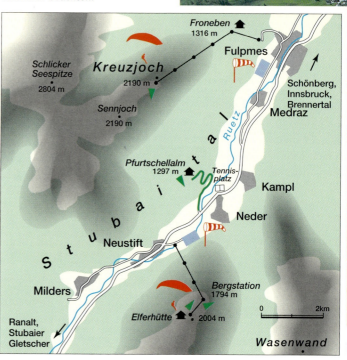

1 (Stubaital)

D/GS
Österreich
Tirol
Stubaier Alpen

Streckenmöglichkeiten

Insbesondere vom Kreuzjoch im Frühsommer interessante Flüge ins Hochstubai und weiter bis Südtirol möglich. Im Osten und Norden sperrendes Relief durch Inntal und Brennertal sowie deren starke Talwindsysteme; außerdem im Norden auf der Inntalsüdseite Flugverbot wegen der Nahverkehrszone des Flughafens Innsbruck!

Talorte: Fulpmes, 937 m, Neustift, 993 m
Anfahrt: AB München – Innsbruck – Brennerautobahn bis Ausfahrt Stubaital; weiter Bundesstraße nach Fulpmes bzw. Neustift. Oder über die alte Brennerstraße von Innsbruck ins Stubaital.
Seilbahn: Kreuzjochbahn, Tel. 05225/2140, 2891
Elferlifte, Tel. 05226/2270, 3383
Club/Treffpunkt: siehe Flugschule
Flugschule: Parafly, Monika und Hanspeter Eller, Bundesstraße 719, A-6167 Neustift, Tel. 05226/3344; mobil 0663/854260
Camping/Unterkunft:
– Verkehrsverein Fulpmes, Tel. 05226/2235
– Camping Stubai in Neustift, Tel. 05226/2537
– Camping Hochstubai (Neustift), Tel. 05226/2680
Karten: Alpenvereinskarte Innsbruck, 1:50 000, Blatt 31/5
Kompaß-WK, 1:50 000, Blatt 83

Alternativen:
– **Kaserstattalm** (SO, S, einfach), 2 Std. von Außerrain bei Neustift
– **Patscherkofel** (W, S, einfach) über Igls, Tel. Patscherkofelbahn: 05222/77234
– **Hafelekar** (S, SW, mittel), siehe Seite 68

D/GS
Österreich
Tirol
Karwendel-
gebirge

31 Härmelekopf 2223 m

Am südwestlichen Ende des Karwendels über dem Seefelder Plateau liegt dieses kleine Fluggebiet, bekannt geworden durch die Flugschule Ernst Steger. In der Saison wird man hier vielen Anfängern begegnen, jedoch bleiben die Profis hoch über Inntal und Seefelder Sattel stets unter sich. Die Reliefexposition im Lee des Inntalwindes und entlang einer Föhngasse beschränkt das Thermikfliegen hier auf Tage mit rein thermischen Verhältnissen oder Westwind.

Start

1. **Bergstation, 2050 m,** W, SW, einfach. Man startet direkt neben der Station.
2. **Ca. 2200 m,** einfach, SW, W, am Grat des Härmelekopfes, ca. 20 Min. zu Fuß.

Landeplatz

Seefeld, 1180 m, Lehnerwiesen, neben dem Golfplatz am Südende des Ortes, ca. 15 Min. von der Talstation der Roßhüttenbahn. Beim Landeanflug die Hochspannungsleitung beachten!

HU

zwischen 870 m und 1020 m

D/GS

Österreich
Tirol
Karwendelgebirge

Schwierigkeiten/Gefahren

Bayerischer Wind bzw. Inntalwind aus NO, Föhntendenz, viel Flugverkehr an Sommerwochenenden durch Anfänger.

Streckenmöglichkeiten

Das Relief erlaubt im Prinzip nur Flüge in eine Richtung: entlang des Karwendelkammes nach Osten in Richtung Innsbruck und weiter inntalaufwärts. Streckenflüge müssen nicht mehr bei der Flugsicherung des Flughafens angemeldet werden.

Talort: Seefeld, 1180 m
Anfahrt: Von Norden: AB München – Garmisch. Weiter über Mittenwald – Scharnitz nach Seefeld.
Von Süden: von Innsbruck in Richtung Garmisch über den Zirler Berg nach Seefeld.
Seilbahn:
Roßhüttenbahn,
Tel. 05212/24160

Club/Treffpunkt:
Sportalm beim Gschwandtkopf in Seefeld oder evtl. Talstation der Roßhüttenbahn
Flugschule: Ernst Steger, Gschwandt 293, A-6100 Seefeld, Tel. 05212/3830
Camping/Unterkunft:
– Camping Holiday in Leutasch, Tel. 05214/6570
– Verkehrsverein Seefeld, Tel. 05212/2313
Karte: Kompaß-WK, 1:50 000, Blatt 5, Wettersteingebirge

Alternativen:
– **Gschwandtkopf** (N, einfach), Übungshang in Seefeld
– **Reither Spitze** (W, SW, mittel, alpin), 1/2 Std. von der Bergstation Härmelekopf oder 2 1/2 Std. Aufstieg von Reith zur Nördlinger Hütte (Start)
– **Hohe Munde** (S, einfach), 3 Std. Aufstieg von Moos
– **Schneefernerkopf**, siehe Seite 74
– **Daniel** (S, SW, einfach), von Lermoos über Tuftlalm in 2 1/2 Std.
– **Hafelekar/Seegrube** (S, SW, einfach), siehe Seite 68

Flug

Einfacher Nachmittagsthermikflug über den Flanken zwischen Härmelekopf und Reither Spitze. Nicht zum Seefelder Joch hinein fliegen wegen Turbulenzen und Seilbahnkabel! Beim Landeanflug auf den Golfplatz achten! Nicht dort landen!

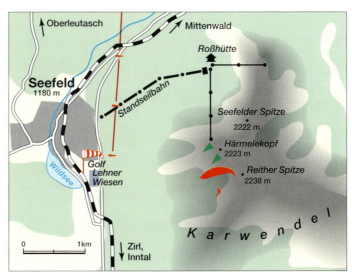

D/GS
Österreich
Tirol
Wettersteingebirge

32 Schneefernerkopf 2875 m

Das gewaltige Zugspitzmassiv ist von weitem sichtbar und bildet die Krönung der Nördlichen Kalkalpen. Über seine tausend Meter hohen westlichen Felswände geht einer der bemerkenswertesten alpinen Flüge hinaus über den Talkessel von Ehrwald. Hier wurde Drachenfluggeschichte geschrieben, als Mike Harker 1974 das Gelände am Schneefernerkopf als erster beflog. In den Jahren 1987–90 gab es den Gleitschirmfliegerstammtisch und den Zugspitzcup, organisiert von Franzi und Jochen Schuhmacher, in Ehrwald. Leider ist dieses Gelände allzusehr den Gezeiten der Winde ausgesetzt, um wirklich auf Dauer ein größeres Fliegerpublikum zu binden. Und das ist vielleicht gut so, denn man fliegt einsam und »hoch droben« mit den Gefühlen der ersten Stunde ...

Start

SW, einfach, ca. 2840 m. Man startet im flachen, kleinen Kar, das in den Trichter des Neue-Welt-Couloirs stürzt, etwa einhundert Meter von der Bergstation des Schneefernerkopf-Sesselliftes. Achtung: Der Sessellift ist nur im Winter (Skigebiet Zugspitzplatt) bei ausreichender Schneelage in Betrieb und darf nur mit Skiern benutzt werden! Ansonsten muß man vom Platt (Plattbahn von den Bergstationen der TZB und BZB) in ca. 30 Min. über die Schneefernerscharte (Klettersteig) zum Startplatz ansteigen.

Landeplatz

Es gibt keinen vorgeschriebenen Landeplatz.
1. **Fuß der Piste des Wettersteinliftes** in Ehrwald beim Panoramarestaurant, ca. 1130 m, ca. 20 Min. von der Talstation der Tiroler Zugspitzbahn (TZB).
2. **Wiesen unterhalb der TZB-Talstation,** 1180 m.
3. Beliebige (im Sommer abgemähte) **Wiesen um Ehrwald,** 994 m.
4. Im Winter auf dem zugefrorenen **Eibsee,** 977 m.

HU

zwischen 1660 m und 1860 m

Flug

Bei passenden Verhältnissen Nachmittagsflug entlang der großen Felswände mit guter Thermik und der Möglichkeit, sowohl über den Ehrwalder Kessel zu traversieren, als auch ins Bayerische zu fliegen. (Vorsicht vor dem Garmischer Talwindsystem!)

Schwierigkeiten/Gefahren

Großer, hochalpiner Flug, im Winter einfacher als im Sommer. Der Startplatz ist dann zumeist ein Geröllfeld, und Winde und Thermik können brachiale Ausmaße annehmen. Idealflug im Anschluß an einen Skitag auf dem Platt, auch mit Skiern einfach, aber stets gilt: Vorsicht vor den Winden!

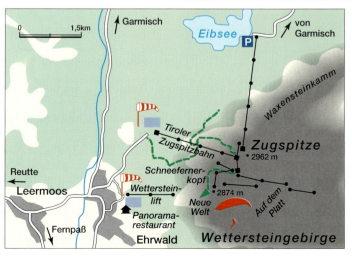

D/GS
Österreich
Tirol
Wettersteingebirge

Für einen sicheren Flug sollte eine möglichst windarme Wetterlage herrschen. Bei Hochdruck beruhigt sich der Nord- bis Ostwind erst am Nachmittag. Sonst steter Rückenwind am Startplatz. Rechtzeitig abbrechen! Der Rückweg zur letzten Seilbahn ist weit (Notbiwak am Zugspitzgipfel in der Station und im Münchner Haus). Niemals bei Westlagen zu starten versuchen!
Der Berg ist föhn- und gewitterexponiert. Bei Unfällen am Startplatz ist keine schnelle Hilfe zu erwarten.

Streckenmöglichkeiten

Mit der Ausgangsbasis von fast dreitausend Metern kann man bei »vernünftigen« Verhältnissen gut in die Mieminger Gruppe oder in die Lechtaler Alpen (Daniel etc.) queren und von dort aus (S – SW) im Inntal operieren. Man bedenke die isolierte Lage des Zugspitzstocks und die Nordwindanfälligkeit, wodurch südseitig heftige Leethermik und nach Norden Bayerischer Wind zu erwarten sind!

Talorte: Ehrwald, 994 m, Eibsee, 969 m
Anfahrt: Von Süden: Innsbruck – Fernpaß – Reutte – Ehrwald.
Von Norden: AB München – Garmisch, Richtung Ehrwald/Fernpaß, Abzweigung Eibsee oder nach Ehrwald. Den Beschilderungen zur TZB folgen.
Seilbahn: Es gibt vier Möglichkeiten, den Startplatz zu erreichen:
1. Tiroler Zugspitzbahn (TZB), Tel. 05673/2309. Am bequemsten, wenn man in Ehrwald landen möchte.
2. Bayerische Zugspitz-Zahnradbahn in Grainau, Tel. 08821/797800. Die gemütlichste, aber auch längste Version mit Auffahrtshilfen.
3. Bayerische Zugspitzbahn (BZB) in Eibsee, Tel. 08821/8627. Nur wenn man sich sicher ist, daß man am Eibsee landet! Ansonsten Pendelbus Ehrwald – Eibsee – Garmisch!
4. Zu Fuß über Neue Welt oder Höllental etc. (für Bergsteiger bzw. Paralpinisten). Gemeinsamer Weiterweg vom Zugspitzgipfel: mit der Plattseilbahn hinunter auf den Gletscher, weiter mit oder ohne Ski zur Schneefernerscharte und hoch zum Startplatz.
Club/Treffpunkt: Panoramarestaurant am Fuße des Wettersteinliftes in Ehrwald
Camping/Unterkunft:
– Camping Zugspitze in Ehrwald, direkt bei der Talstation der TZB, Tel. 05673/22540
– Verkehrsamt Ehrwald, A-6632 Ehrwald, Tel. 05673/2395
Wetterauskunft: Wetterstation Zugspitze, Tel. 08821/4060, 2909
Karten: Kompaß-WK, 1:50 000, Blatt 5, Wettersteingebirge
Karte Zugspitze u. Werdenfelser Land, 1:40 000, im Alpen-Verlag, München

Alternativen:
– **Wank** (S, SW, einfach) über Garmisch, siehe Seite 18
– **Daniel** (S, SW, einfach), von Lermoos über Tuftlalm in 2 1/2 Std.
– **Grubigstein** (N, NO, einfach) über Lermoos, Berglifte Tel. 05673/2323, gut bei N-Wind!
– **Härmelekopf** (SW, einfach) über Seefeld, siehe Seite 73

D/GS
Österreich
Tirol
Lechtaler Alpen

33 Neunerköpfle 1864 m

Kleines Fluggebiet zwischen Allgäu und Lechtal mit überaus großer Popularität unter schwäbischen Piloten, dank seines Einzugsgebietes und seiner Grenznähe. Im Sommer hängen hier an Wochenenden dichte Trauben von Fliegern auf engstem Raum. Unter der Woche dagegen ist es so ruhig, als hätte es hier noch nie Gleitschirme gegeben. Reizvolle Umgebung und Seenlandschaft mit durchaus interessantem Streckenflugpotential im Frühsommer.

Start

W, NW, einfach, ca. 1800 m, direkt neben der Lift-Bergstation.

Landeplatz

Große Wiese, 1090 m, neben der Talstation gegenüber vom Gasthof Neunerköpfle.

HU

710 m

Flug

Geflogen werden darf im westlichen und nördlichen Sektor des Berges. Flüge nach Südwesten in Richtung Vilsalpsee sind nicht erlaubt, weil die lokale Jägerschaft sonst große Schwierigkeiten bereitet!

Schwierigkeiten/Gefahren

Starke Westlagen, Föhn, Talwind beachten wegen See (Haldensee). Wird man Richtung Haldensee getrieben, dann sollte man sich lieber über den See blasen lassen und sich erst anschließend gegen den Wind stellen, um eine Seelandung zu vermeiden. Kollisionsgefahr an Saisonwochenenden!

Streckenmöglichkeiten

Insbesondere nach SO in Richtung Lechtal – Innsbruck.

Talort: Tannheim, 1097 m
Anfahrt: AB Ulm – Kempten – Füssen, weiter über Pfronten nach Grän und Tannheim.
Oder Innsbruck – Telfs – Fernpaß – Reutte – Gaichtpaß – Tannheim.
Seilbahn: Tannheimer Sesselbahn, Tel. 0043/5675/6260
Club/Treffpunkt: Ein gut besuchter Fliegertreff ist in der Saison der Gasthof Neunerköpfle bei der Lifttalstation.
Flugschule: Airsport Tirol, Bernhard Dobler, Hauptstraße 30 a, A-6653 Bach/Lechtal, Tel. 05634/6498
Camping/Unterkunft: Verkehrsverein Tannheim, Tel. 05675/6220
Karte: Kompaß-WK, 1:30 000, Blatt 04, Tannheimer Tal

Alternativen:
– **Hahnenkamm** (S, O, einfach) über Reutte-Höfen, Tel. Bergbahn: 05672/2420
– **Breitenberg** (SO – NO, einfach-mittel) über Pfronten, Tel. Bergbahn: 08363/392, 5820
– **Füssener Jöchle** (W, SW, Problem: für Schirme mindestens GZ 6!), Talort Grän (Sessellift)
– **Jöchelspitze** (SO – SW, einfach); siehe Seite 79

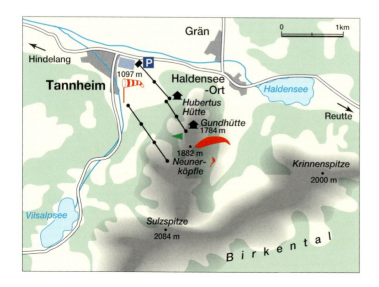

D/GS
Österreich
Tirol
Lechtaler
Alpen

D/GS
Österreich
Tirol
Lechtaler
Alpen

34 Jöchelspitze 2226 m

Weit hinten im Lechtal führt ein kleiner Sessellift von Bach zur Jöchelspitze hinauf und erschließt ein ruhiges, sympathisches Fluggebiet für Genießer und für ernsthafte Streckenflieger. Vorbei an der Jöchelspitze führt eine der Schlüsselstellen der Nord-südalpenüberquerung Richtung Inntal – Ötztal.
Ansonsten geht es eher gemütlich zu hier: die Insider kennen sich. Hier fliegt man nicht gegeneinander, sondern miteinander!
Prädikat: besonders wertvoll.

Start

1. SW, einfach, Drachenrampe und Wiesenstart, 1770 m, westlich hinter dem Bergrestaurant.
2. SO, S, einfach, 1850 m und 1900 m, auf dem Weg zur Jöchelspitze, 10 Min. bzw. 20 Min. über der Bergstation, zwei GS – Hauptstartplätze.
3. O, W, SW, mittel, vom Sattel nördlich hinter dem Gipfel, ca. 2200 m, 1 Std. ab Bergstation, ideal, wenn die tiefergelegenen Startplätze schon stark talwindbeeinflußt sind und kein Vorwärtskommen mehr erlauben. Aber: Talwind und Thermik scheren sich hier, daher im Sommer nur für sehr gute Piloten empfehlenswert.

Landeplatz

1060 m. Große Landewiese für GS und D neben dem Lech gleich nach dem Ortsende Richtung Stockach rechts der Straße. Windsack, Fahrweg, Parkplatz.

HU

zwischen 710 m und 1140 m; je nach Startplatzwahl

Flug

Gute Thermik über den Südflanken und den westlichen Rinnen; im Hochsommer gestört ab ca. 13 Uhr durch aufkommenden Talwind. Spätestens ab 14 Uhr ist im Juli/August die Thermik völlig verblasen und auch ein Vorwärtskommen zum Landeplatz (Ausweichmöglichkeiten Richtung Stockach) für langsame Schirme sehr erschwert. Dann ist dynamisches Fliegen an den gegenüberliegenden, nordöstlichen Hangkanten angesagt. Man kann rechtzeitig hinüberqueren (Hangkante des Sonnenkogels) und dort stundenlang im Talwind soarend verharren oder sich talaufwärts blasen lassen oder von Bach nach dorthin zu Fuß ein Stück aufsteigen (3/4 Std.; Start heikel, nur für gute Piloten).
In der Regel hat die Jöchelspitze von Januar bis Oktober an schönen, warmen Tagen, die von keinem überregionalen Wind beeinflußt werden, ideale Bedingungen. Man sollte hier früh starten, und es ist auch früh möglich (ab 10 1/2 Uhr). Die beste Jahreszeit ist April bis Juni, weil das »Thermikfenster« dann lange ist und der Talwind noch schwach.

Schwierigkeiten/Gefahren

Föhn, Westlagen, starker Nordwind, starker Talwind sind relativ ungünstig und provozieren hier starke Rotoren.

Streckenmöglichkeiten

Gesamtes Lechtal talauswärts Richtung Reutte (schon sehr früh, evtl. Februar, möglich). Gerne wird vor zur Klimmspitze geflogen, welche außerdem vom Talwind ange-

D/GS

Österreich
Tirol
Lechtaler
Alpen

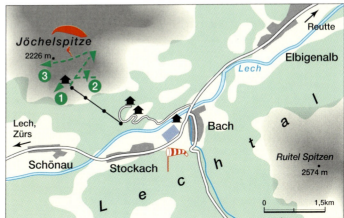

strömt wird, und in ihrer Höhe Richtung Hahntennjoch übergesetzt. Vorsicht: das Bschlaber Tal ist an Sommernachmittagen eine furchtbare Leefalle, gerät man zu tief.
Flüge nach Norden Richtung Oberstdorf sind außerordentlich anspruchsvoll wegen Bayerischem Wind und Felsenrelief.
Ein Durchkommen nach S ins Inntal und weiter ist bei hoher Basis und wenig Einfluß durch Talwindsysteme möglich – sehr anspruchsvolle Strecke, kaum Notlandemöglichkeiten.

Talort: Bach, 1066 m
Anfahrt: Füssen – Reutte – Lechtal bis Bach. Von Süden über Hahntennjoch (nur Sommer). Zum Lift Abzweigung bei der Brücke (beschildert), kleine Bergstraße empor. **Seilbahn:** Lechtaler Bergbahn – Sessellift, Tel. 05634/6207
Club/Treffpunkt: an der Flugschule oder am Abend auch:
– Pizzeria im Lechpark/Elbigenalb
– Geierwally in Elbigenalb

Flugschule: Airsport Tirol, Bernhard Dobler, Hauptstraße 30 a, A-6653 Bach/Lechtal, Tel. 05634/6498
Gebietseinweisung und Tandemflüge; Club und Clubabende mit interessantem Programm; sehr empfehlenswert!
Camping/Unterkunft:
Camping in Bach, gleich nach der Brücke;
Verkehrsamt, Tel. 05634/6778
Karte: Kompaß-WK, 1:50 000, Blatt 24, Lechtaler Alpen

Alternativen:
– **Sonnenkogel**, N, NO, einfach – mittel, 3/4 – 2 Std. zu Fuß
– **Ruitenspitze**, NO, N, O; einfach, 3 Std. ab Bach
– **Hahnenkamm**, (SO, W, einfach) über Reutte, Tel. Bergbahnen 05672/24 20 15
– **Neunerköpfle** (siehe Führer)
– **Rüfikopf** (W, mittel); Seilbahn von Lech am Arlberg

D/GS
Österreich
Tirol
Ötztaler
Alpen

35 Venetberg 2208 m

Der lange Rücken des Venetberges über Landeck steht als geografischer Torwächter zwischen dem zentralen Tirol, dem Oberinntal und den Hochalpen der Ötztaler Berge und ist dank dieser Exposition thermisch besonders interessant und anspruchsvoll. Nordwind und Thermik streiten sich im Gezeitenfluß um die Herrschaft über dem Startplatz, der eigentlich am Krahberg, dem Ausläufer des Venetberges, liegt. Der Saisonmittag und -nachmittag gehört hier allein dem fortgeschrittenen Flieger. Die anspruchsvollen Verhältnisse erlauben bisweilen Streckenflüge in alle Himmelsrichtungen.

Start

1. N, NO, einfach, ca. 2180 m, Starthang an der Nordmulde, 5 Minuten von der Venetbahn-Bergstation nach Osten. GZ 4,5 wird empfohlen, da eine sehr flache Mulde und die anschließenden Seilbahnkabel zu queren sind.
2. SO, S, SW, einfach, ca. 2200 m. 10 Minuten von der Bergstation dem Rücken in Richtung Venetberg folgen. Bezeichneter Start über der Südmulde. Startbedingungen von 11 Uhr bis 14 Uhr gut. Vorsicht bei Nordwindeinfluß!
3. Startmöglichkeiten nach S/SW entlang des Venetrückens (mittel), etwa 3/4 Std. zu Fuß von der Bergstation, ca. 2400–2500 m. Nicht offiziell!
4. Mittelstation, der Startplatz liegt im Talwindbereich des Inntales. Wenn am Gipfel starker S-Wind herrscht, kann hier manchmal trotzdem gefahrlos gestartet werden. Sepp Sturm gibt darüber Auskunft (siehe Flugschule).

Landeplatz

Zams, 770 m, Wiese östlich der Innschleife.
Von der Talstation der Bergbahn der Hauptstraße etwa 100 Meter in Richtung Landeck folgen, dann rechts abbiegen, bis zum Feld folgen (Windsack).

HU

zwischen 1000 m und 1430 m

Flug

Der Nordstartplatz ist günstig, wenn der Inntalwind in Verbindung mit einer Nordkomponente bei gleichzeitig zu schwacher Südthermik dominiert. Man überfliegt in genügendem Abstand die Hochspannungsleitung. Gutes Soaren am westlichen Gratrücken. Rechtzeitig den Landeanflug (Talwind, Fluß) berücksichtigen. Der Südstart ist an thermischen Tagen bzw. dann, wenn die Leethermik überwiegt, günstig. Die Leethermik kann schon sehr früh am Nachmittag abreißen! Um das lange Relief bis zum Landeplatz zu überwinden, ist Startüberhöhung empfehlenswert. Es gibt jedoch zahlreiche Notlandemöglichkeiten (südseitig).

Schwierigkeiten/Gefahren

Im Sommer starker Inntalwind am Nachmittag, sehr starke Thermik auf der Krahberg-Südseite. Wer nach Süden startet und zum Landeplatz will, muß das Relief umfliegen: Das ist doppelt problematisch, wenn Nordwind und Leethermik herrschen! Ständig wechselnde Lee- und Luvsituationen zwischen Nord- und Südstart! Gewitter und Föhnexposition, Hochspannungsleitung am Bergfuß über Zams! Alle Anfänger und Gelegenheitspiloten: Den Krahberg im Sommer zur Mittagszeit unbedingt meiden!

D/GS

Österreich
Tirol
Ötztaler
Alpen

Streckenmöglichkeiten

Nach Osten: gesamtes Inntal (auf der Nordseite bleiben!) über Venetrücken – Tschirgant – Mieminger etc.
Nach Norden: über Tschirgant oder Hahntennjoch in die Lechtaler Alpen und das Allgäu. (Vorsicht: Bayerischer Wind!)
Nach Süden: Oberinntal-Nauders-Reschen oder hinein ins Unterengadin/Schuls.
Nach Westen: hinein ins Pinzgau – Silvretta – Hochjoch. Ausgezeichnete Dreiecks- und Zielrückflugmöglichkeiten vorhanden.

Talort: Zams, 767 m, 2 km von Landeck
Anfahrt: AB München – Garmisch – Fernpaß – Landeck, Inntalautobahn Ausfahrt Zams.
Oder von Innsbruck auf der Inntalautobahn bis Zams.
Seilbahn: Venetbahn, Tel. 05442/626630
Club/Treffpunkt: Gäste und einheimische Piloten treffen sich im Café Valentino am Eingang des Parkplatzes der Venetbahn, direkt an der Hauptstraße. Man kann hier auch Nachrichten hinterlassen. Ansonsten bietet Landeck ein für Tirol außergewöhnlich gutes Szenario an kleinen Kneipen, Musikbars und Diskotheken.

Flugschule: Sepp Sturm, Kristille 11, A-6500 Landeck, Tel. 0442/64311
Camping/Unterkunft:
– Verkehrsamt Landeck, Tel. 05442/62344
– Camping Huber, Tel. 05442/64636
– Camping Riffler, Tel. 05442/624774, beide in Bruggen
Karte: Kompaß-WK, 1:50 000, Blatt 35, 42

Alternativen:
– **Zwölferkopf/Lazidgrat** (NW – SO, einfach – mittel) über Fiss, Tel. Schönjochbahn: 05476/6710, Tel. Komperdellbahn: 05476/6203-0
– **Hochzeiger** (NW – SW, einfach/mittel) über Jerzens im Pitztal, Tel. Lifte: 05414/5340
– **Roßköpfe am Acherkogel** (W, einfach) über Ötz, Tel. Acherkogellifte: 05252/6385
– **Diasalpe** (S, SO, einfach; Landung schwierig) über Kappl, Tel. Bergbahn: 05445/6251
– **Bergkastelboden** (N – W, einfach) über Nauders, Tel. Bergbahn: 05473/327

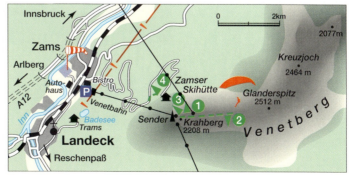

D/GS
Österreich
Silvrettagruppe

36 Predigberg 2645 m (Galtür)

Sehr schönes Fluggebiet mit großzügigem hochalpinem Touch wegen der Nähe zum Silvrettahauptkamm. Die Fliegerbetreuung durch die Flugschule ist sehr herzlich und persönlich. Man kommt schnell ins Gespräch und fühlt sich dazugehörig. Keine Angst vor Fliegerpulks: Galtür liegt nicht im Zugstraßenbereich der Wochenendler. Außerdem gilt es als bedeutendes, sehr anspruchsvolles Streckenfluggebiet.

Start

W, einfach, ca. 2250 m, Auffahrt mit dem Pendelbus der Flugschule Elmar Ganahl ab Galtür (80 ÖS inkl. Landegebühr). Von der Bushaltestelle ca. 10 Min. zum Startplatz.

Landeplatz

Zwei große Wiesen an der Straße von Galtür nach Ischgl, 1585 m, mit Windsack markiert.

HU

665 m

Flug

Gute Soaringbedingungen bei Thermik und Dynamik (W-/NW-Wind). Am Nachmittag im Frühling und Sommer rasche Startüberhöhung und Weiterflug ins Jamtal und zurück möglich.

Schwierigkeiten/Gefahren

Föhn und Talwindsystem beachten, Nordwindturbulenzen möglich. Start- und Landeplatz sind jedoch völlig unproblematisch. Wer zu weit ins Jamtal fliegt, sollte an den Rückflug denken, der durch Talwinde behindert werden kann. Turbulenzen durch die von den Gletschern herabwehenden Kaltluftmassen.

Streckenmöglichkeiten

Topstreckenfluggebiet für Könner. Man kann mit guter Basis über das Jamtal zum Fluchthorn gelangen und weiter ins Unterengadin (Richtung S/SO). Ebenso besteht die Möglichkeit, das Inntal im Osten zu erreichen, indem man dem Paznauntal bis zum Venetberg folgt. Nach Westen kann die Silvrettahöhe bis zum Hochjoch und Bregenzer Wald überquert werden.

D/GS

Österreich
Silvretta-
gruppe

Auffahrt: Den Startplatz erreicht man per Pendelbus der Flugschule.
Club/Treffpunkt: Aeroclub Silvretta, Kontakt bei der Flugschule und Gasthof »Zum Silbertaler« in Galtür
Flugschule: High and Fun, Elmar Ganahl, Gasthof »Zum Silbertaler«, A-6563 Galtür, Tel. 05443/256, 459
Camping/Unterkunft: Verkehrsverein Galtür, Tel. 05443/204
Karte: Kompaß-WK, 1:50 000, Blatt 41, Silvretta

Alternativen:
– **Adamsberg** (N, O, S, einfach – mittel) nördlich über Galtür, Auffahrt mit der Flugschule oder 2 Std. zu Fuß
– **Hochjoch** (W, NW, S, SW, einfach – mittel), siehe Seite 84
– **Pardatschgrat** (W, NW, SW, mittel), Landung in Ischgl beim Tennis (große Wiese); kein offizielles Fluggebiet über Ischgl, ideal im Winter
– **Venetberg** (NO, SW, S, einfach), siehe Seite 80

Talort: Galtür, 1584 m
Anfahrt: Von Westen: Lindau – Bregenz – Bludenz – Montafon – Silvrettahöhe – Galtür.
Von Osten: Garmisch – Fernpaß – Landeck – Richtung Arlberg – Kappl – Ischgl – Galtür.

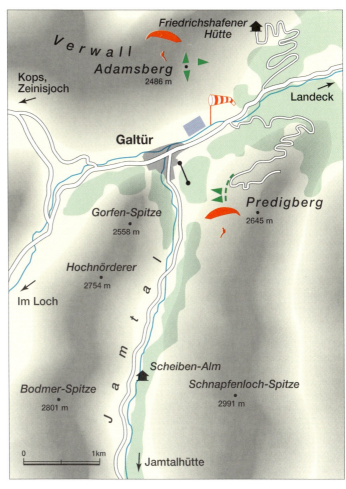

D/GS
Österreich
Vorarlberg
Ferwallgruppe

37 Kapellalpe 1873 m / Sennigrat

Im höchstgelegenen Fluggebiet Vorarlberg schaffen Talwind und Thermik beste Voraussetzungen für langes »Obenbleiben« und gute Streckenmöglichkeiten. Einzig Anfänger und Gelegenheitspiloten sollten davon an Sommernachmittagen Abstand halten!

Start

1. **Kapellalpe:** W, NW, einfach, ca. 1950 m, Wiesenhang 100 Meter über der Bergstation Kapellalpe in Richtung Sennigrat.
2. **Sennigrat:** W, NW, ca. 2290 m, 100 Meter westlich der Bergstation des Doppelsesselliftes. Hauptstartplatz. SW, ca. 2300 m. Ca. 100 Meter südlich der Bergstation des Doppelsessellifts am Grat Start über Couloir.

Landeplatz

Gleitschirme: Parkplatz direkt neben der Talstation der Zamangbahn, 700 m, mit Windsack. 20 Min. zu Fuß zurück zur Hochjochbahn. (Im Sommer)
Drachen: Wiese, 690 m, etwas außerhalb von Schruns, orogr. links (**östlich**) der Straße Schruns Richtung Alpenbad Montafon auf halbem Weg **vor** der Kreuzung mit der Hauptstraße.

HU

zwischen 1250 m und 1600 m

Flug

Großartiger Höhenflug mit Panorama ins Ferwall und Montafon, am Nachmittag bei guter Thermik. Bei Westwind soart man vor dem Kopf der Kapellalpe. Vorsicht beim Flug in Richtung Silbertal: Es kann im Lee liegen und den Rückflug zum Landeplatz verhindern. Wer früh startet, kann zum Itonskopf hinüberwechseln, dort überhöhen und z.B. nach Schnifis weiterfliegen. Eine gute »Tankstelle« für Profis ist der unscheinbare Mittagstein im Norden zwischen Silber- und Klostertal (Richtung Arlberg).

Schwierigkeiten/Gefahren

Starker Talwind an Sommernachmittagen, Föhn, Gewitterexposition im Hochsommer. Nicht bei Nordwind fliegen! Starke Leerotoren und Turbulenzen! Leitungen und Häuser im Landebereich beachten. Der GS-Landeplatz auf dem Parkplatz der Zamangbahn ist an hochthermischen Tagen mit Talwind kritisch! (Asphalt-Thermik und Verwirbelungen). Leider gibt es keine kostengünstige Alternative, da die Bauern der umliegenden Felder jede Außenlandung abkassieren!

Streckenflugmöglichkeiten

Das Hochjochgebiet ist eines der brauchbarsten Streckenfluggelände der Ostalpen von Mai bis Au-

D/GS
Österreich
Vorarlberg
Ferwallgruppe

2305 m (Hochjoch)

Club/Treffpunkt: Jean-Heinz Ehwald, GS-Club Montafon, Tel. 05557/6162
Flieger-Treff: Bistro an der Zamangbahn-Talstation im Winter und Biergärten in Schruns im Sommer.
Flugschule: Flight Connection Arlberg, Wolfgang Natter, Walgaustraße 3, A-6822 Satteins, Tel. 05524/8439
Camping/Unterkunft: Verkehrsverein Schruns, Tel. 05556/72166
Karte: Freytag & Berndt WK, 1:50 000, Blatt 371

Alternativen:
– **Itonskopf** (SO), zu Fuß etwa 2 Std. ab Bartholomäberg; gut am Vormittag
– **Schnifiser Berg** (SW, S, SO, einfach) über Schnifis, Tel. Lifte: 05524/81590, 2490
– **Predigberg** (SW – NW, einfach) über Galtür, siehe Seite 82
– diverse Startmöglichkeiten im **Arlberg-Skigebiet** im Winter (im Sommer sehr felsig und turbulent)
– **Palüdalpe** (SO, S, einfach – mittel) über Brand, Tel. Bergbahn: 05559/2240
– evtl. für Fußgänger im Sommer lohnend: **Golmerjoch** (NO, N) und **Valisera** (NW – NO – Talwindkante!) – im Winter Skigebiete.

gust. Flüge nach Landeck, Innsbruck und darüber hinaus werden mit Gleitschirm und Drachen öfter realisiert (leichter über Arlbergpaß als Montafon).

Talort: Schruns, 700 m
Anfahrt: AB Bregenz – Arlberg, Ausfahrt Bludenz/Montafon, Bundesstraße nach Schruns. Oder AB Innsbruck – Landeck – Arlberg, über Ausfahrt Bludenz/Montafon nach Schruns oder Landeck – Silvrettastraße– Schruns.
Seilbahn: Hochjochbahnen, So. u. Wi., Tel. 05556/72126

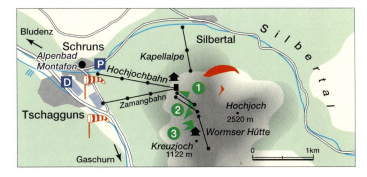

GS
Österreich
Vorarlberg
Bregenzer Wald

38 Niedere 1711 m (Andelsbuch

Das Almenplateau der Niederen birgt an seinem nördlichen und südlichen Rand über den Orten Andelsbuch und Bezau einige Gratrücken, die für Gleitschirmpiloten außerordentlich lohnend sind. Im Sommer wird das Relief vor allem von Bayern her angeströmt. Auf der Nordseite (Andelsbuch) ist deshalb ein Fluggebiet entstanden, das ganz in der Hand der Flieger ist. An manchen Wochenenden hängen dichte Trauben von Gleitschirmen über den Graten und die weiten Almenwiesen laden zum Toplanden ein. Weniger Verkehr kennt die Südseite bei Bezau. Die alte Bahn und die verträumten Berghöfe haben im Winter und zeitigen Frühling Fliegerbesuch, wenn die früher ausapernden Südhänge erste Thermikblasen in die Luft schicken. In der übrigen Zeit des Jahres geht es sehr viel ruhiger zu als auf der Nordseite.

Skilifte haben ansonsten im Winter eine direkte Verbindung beider Talseiten zu einem Skigebiet geschaffen, welches durchaus für ruhige und sichere Anfängerflüge aller Höhen garantieren kann.

Start

Andelsbucher Seite:
NW, N, NO, einfach, ca. 1580 m–1700 m, entlang des Gratrückens der Vorderniederen bis hinter zur Niederen diverse Startmöglichkeiten. Hauptstartplätze: ca. 15 Min. Fußmarsch von der Bergstation des Sesselliftes hinauf zum Grat beim Kreuz. Man kann auch in ca. 30 Min. zum Bezauer Grat hinübermarschieren.

Bezauer Seite:
1. S, einfach, ca. 1620 m, direkt neben der Bergstation der Kabinenbahn ein steiler Grashang.
2. SO – SW, NW, N, einfach, ca. 1660 m–1711 m, in 20 Min. von der Bergstation dem Weg aufwärts entlang des Grates folgen nach Osten zum höchsten Punkt der Hinterniederen bei einem Skilift. Steile Wiesenhänge mit guten Startmöglichkeiten.
3. SW, mittel, ca. 1250 m, 15 Gehminuten westlich oberhalb der Mittelstation (Gasthof Sonderdach).
Nur geeignet, wenn oben der Wind zu stark ist, oder für Anfänger-Übungsflüge. Bei Westwind im Lee gelegen!

Landeplatz

1. **Andelsbuch, 630 m,** große Wiese direkt neben der Talstation. Bitte Begrenzung der Landezonen beachten!
2. **Bezau, 650 m,** große Wiese mit Windsack neben der Straße zum Lift (Bezau-Oberhalden), 10 Fußminuten vor der Talstation.
3. **Bersbuch, 640 m,** Wiese neben der Straße unterhalb der Felsen des Klausberges, Ausweichlandeplatz.

HU

zwischen 600 m und 1080 m

Flug

Ohne besondere Schwierigkeiten, reiner einfacher Soaringflug entlang eines Waldgrates. Auf der Andelsbucher Seite sollte bei NW-Wind aufgepaßt werden, daß man nicht zu sehr in die nordöstliche Mulde hinter der Vorderniederen fliegt! Auf der Bezauer Seite können die südlich vorgelagerten Gratrücken (Am Berg, Ausläufer

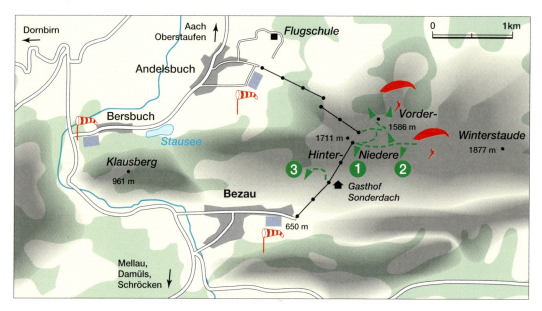

Bezau)

GS
Österreich
Vorarlberg
Bregenzer Wald

des Hälekopfes etc.) Leeturbulenzen erzeugen. Bei guter Thermik kann zur Winterstaude aufgeschlossen werden. Vorsicht: In Andelsbuch vom Hang her einlanden (dichter »Luftverkehr« möglich)!

Schwierigkeiten/Gefahren

Leeturbulenzen bei Westlagen, Föhn, Kollisionsgefahr an Wochenenden auf der Andelsbucher Seite, vor allem im Sommer!

Streckenmöglichkeiten

Nach SO in den Bregenzer Wald, nach NO zur Nagelfluhkette und ins Kleinwalsertal.
Kein idealer Berg für Streckenflüge (Reliefisolierung), gut jedoch im Mai/Juni.

Talorte: Andelsbuch, 613 m, Bezau, 650 m
Anfahrt: Von Lindau/Bregenz AB bis Ausfahrt Dornbirn-Nord. Dort rechts Richtung Dornbirn und Abzweigung Bregenzer Wald. Bundesstraße über Alberschwende – Egg nach Andelsbuch oder weiter nach Bezau.
Seilbahnen:
– Andelsbucher Großlifte, Tel. 05512/2540
– Bezauer Bergbahnen, Tel. 05514/2254
Club/Treffpunkt:
Café Liss in Andelsbuch, Cafés in Bezau
Flugschule: Flying High, Kaspar Greber, Bühel 853, A-6863 Egg, Tel. 05512/3312; mobil 0663/050753
Camping/Unterkunft:
– Andelsbuch: Verkehrsverein, Tel. 05512/2565
– Bezau: Camping Bezau, Tel. 05514/2964, am Ortseingang neben der Bundesstraße
– Verkehrsverein: Tel. 05514/2295, 3129
Karte: Freytag & Berndt WK, 1:50 000, Blatt 364, Bregenzer Wald

Alternativen:
– **Staufen** (NW, schwierig) über Dornbirn, Karrenseilbahn + 3/4 Std. zu Fuß oder Straße von Hohenems + 1/4 Std. (siehe GS-Heft)
– **Damülser Mittagsspitze** (SW, S, SO, einfach) über Damüls, Tel. Bergbahnen: 05510/254, kein offizielles Fluggebiet, im Sommer nur auf abgemähten Wiesen landen!
– **Kanisfluh** (Hollenke), N, S, mittel und einfach, im Winter Mellauer Bergbahnen + 1 Std. oder von Süden (Gasthof Edelweiß; 1 1/2 Std.)
– **Schnifiser Berg** (SW, S, SO, einfach) über Schnifis, Tel. Bergbahn: 05524/81590, 2490
– **Diedamskopf** (SO, S, SW, einfach – mittel) über Schoppernau, Tel. Bergbahn: 05515/2355. Kein offizielles Fluggebiet. Im Sommer nur auf abgemähten Feldern landen!

Slowenien

Slowenien

– klein, aber fein

Slowenien

Das kleine Slowenien betritt wieder die Bühne der Alpenländer, und zwar an der Südostecke des Alpenraumes mit einer Reihe von außergewöhnlichen Fluggebieten, auf die die Nachbarländer stolz sein könnten!
Ebenso harmonisch verläuft die Fliegerei unter den etwa 1500 GS- und D-Piloten, obwohl es im Augenblick noch keine gedruckten Lizenzen gibt. Inzwischen gibt es etwa 68 Fluggebiete und eine eigene GS-Flugzeitschrift »Krila«.

Zwei große Gebirgszüge besitzt das Land:
1. die Julischen Alpen mit dem Triglav (sprich: Triglau) als höchster Erhebung (2864 m) und
2. im Norden die Karawanken und Steiner Alpen als Grenzkamm zu Österreich.
Daneben gibt es die südlichen Mittelgebirge als Alpenausläufer zur Savetiefebene und zum Adriaraum. Die Höhenunterschiede sind in der Regel groß (bis 1800 Hm) – dank der tief gelegenen und breiten Täler. Die meisten Startrichtungen sind SO- bis SW-orientiert, einige wenige Startplätze sind nach Norden gerichtet.

Die Fluggebietsregionen konzentrieren sich auf mehrere Räume:
1. die westlichen Julischen Alpen (alle Fluggebiete rund um Bovec, Kobarid und Kranjska Gora wie etwa Stol, Mangart, Kuk)
2. die östlichen Julischen Alpen und ihre Ausläufer (mit Zentrum um den See von Bohin; ideal für Sicherheitstrainings)
3. die Fluggebiete um Ljubljana im zentralen Slowenien
4. die Fluggebiete der Karawankenausläufer und Steiner Alpen mit Zentrum um Predvor und Kranj (Krvavec, Kriska Gora etc.), die seit der EM 1991 im Gleitschirmfliegen bekannt sind

5. die südlichen Waldgebirge mit isolierten Fluggebieten wie Kobala (Tolmin), Ajdovscina und vor allem Lijak bei Nova Gorica.
Mit Ausnahme von Adriatiefs und starkem Nordföhn eignen sich alle anderen Wetterlagen zum Fliegen in den unterschiedlichen Gebieten. Sogar bei dem böigen, starken Ostwind (Buro) der Alpensüdseite gibt es Flugmöglichkeiten, wo man im benachbarten Italien schon lange das Gerät weggelegt hätte.
Die Thermik entspricht der Alpensüdseite: Sie ist stark und hier dynamisch durchsetzt durch die nahe Adria (Meeresbrise). Die Frühjahrs- und Sommerwinde an den Startplätzen sind mittags für Anfänger und Gelegenheitspiloten zu stark, dafür ist die Restitution exzellent und die thermisch brauchbare Jahreszeit reicht von Februar bis September, allerdings mit einer Flaute im Hochsommer wegen fehlendem Gradienten.
Die Startplätze sind ausnahmslos auch für Anfänger geeignet, die Landeplätze sind groß genug. Die Täler sind breit und entbehren den im Zentralalpenbereich so gefürchteten Sommertalwind.
Jedoch gibt es kaum Seilbahnen. Zu den meisten Startplätzen führen Fahrstraßen, die für normale Pkws mit etwas Umsicht befahrbar sind. Empfohlen wird aber ein Jeep oder Geländefahrzeug, das in den jeweiligen Fluggebieten von den Einheimischen organisiert werden kann. Die Kontaktadressen hierfür sind im Hauptteil unter den slowenischen Fluggebieten zu erfahren. Die fliegerische Solidarität und Hilfsbereitschaft ist groß und sollte nicht ausgenutzt werden.
In Slowenien kommt man mit Deutsch, Italienisch oder Englisch gut zurecht.

D/GS
Slowenien
Julische Alpen

39 Vitranc 1632 m

Gleich hinter dem Wurzenpaß beginnt die neue Republik mit ihrer altbekannten Skistation Kranjska Gora und ihren Fluggebieten im oberen Savetal, im Dreiländereck zu Füßen des Triglav-Nationalparks, dem Herz der slowenischen Alpen. Die Thermik ist im Frühjahr stark, und oft hat der Drachenflieger mehr Spaß als die wenigen Gleitschirmflieger. Aber die Zeiten haben sich geändert. Bessere Schirme und Piloten sorgen dafür, daß auch die Gleitschirmflieger angemessen vertreten sind.

Start

1. NO, 1560 m, schwierig, Drachenrampe und schmale Waldschneise über einer im Frühjahr stark verwirbelten Talkreuzung.
2. N, NW, 1560 m, mittel, ebenfalls Waldschneise neben der Bergstation der Lifte, besser zum Starten geeignet.

Landeplatz

1. Hauptlandeplatz ist die Wiese am Ortseingang von Kranjska Gora zwischen Kompaßhotel und Bundesstraße, 850 m, (Windsack).
2. Fuß des Skihanges von Kranjska Gora, 815 m. Achtung: Hier darf erst nach 17 Uhr gelandet werden (Ende der Lift- bzw. Pistenzeiten), schmal, verwirbelt!

HU

zwischen 710 m und 750 m

Flug

Man fliegt und soart im Savetal-Windsystem, wobei ernsthaft auf den Seitentalwind von Süden (Pisničatal) zu achten ist. Bei dominantem Südwind befindet man sich dann im Hangbereich des Nordoststartplatzes trotz Talwindes im Leerotor!
Sonst kann man am Vitranc rasch aufbauen und das schmale Tal zum Brlog nach Norden überqueren.
Die Südseiten sind bereits im April ausreichend aufgeheizt, um längere Strecken nach Westen (Italien, Tarvis) oder Osten (Jesenice etc.) und zurück zu gewährleisten.

Schwierigkeiten/Gefahren

In der Regel kein Startgelände für Gelegenheitsflieger, Sommerturbulenzen über Kranjska Gora sind ernstzunehmen, ebenso Talwinde und (selten) Nordföhn.

Streckenmöglichkeiten

Entlang der gegenüberliegenden Südseiten exzellente Flüge bis Tarvis und zurück möglich, ebenso Richtung Jesenice.

Talort: Kranjska Gora, 809 m
Anfahrt: AB Kärnten über Spittal – Villach oder Klagenfurt – Villach in Richtung Tarvis bis Ausfahrt Wurzenpaß. Paßstraße nach Podkoren, weiter nach Kranjska Gora. Oder Autobahn Villach – Klagenfurt bis zum Karawankentunnel nach Jesenice. Dort Bundesstraße nach Kranjska Gora.
Seilbahn: Zisnice Vitranc Tel. 064/881414, Drachentransport, Lifte im Sommer nur Mi., Fr., Sa., So. offen, Anfang April bis Mitte Juni geschlossen.
Club/Treffpunkt: Dobrivoj Soboljev, im Turistbüro von Kompaß Bled, Tel. 064/881161
Flugschule: Keine, nächste Flugschule siehe Stol
Camping/Unterkunft: Camping im nächsten Ort talauswärts, Gozd Martuljek, 5 km östlich, nach dem Ortsende bei der Abzweigung Hotel Spik. Kein Telefon!

D/GS

Slowenien
Julische Alpen

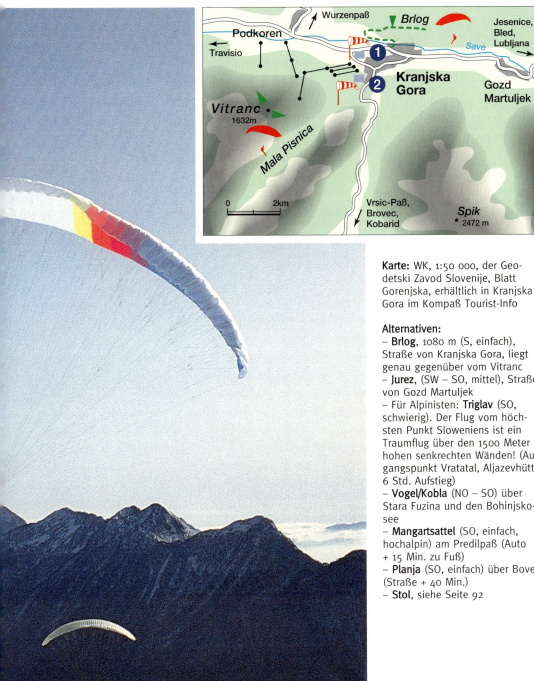

Karte: WK, 1:50 000, der Geodetski Zavod Slovenije, Blatt Gorenjska, erhältlich in Kranjska Gora im Kompaß Tourist-Info

Alternativen:
– **Brlog**, 1080 m (S, einfach), Straße von Kranjska Gora, liegt genau gegenüber vom Vitranc
– **Jurez**, (SW – SO, mittel), Straße von Gozd Martuljek
– Für Alpinisten: **Triglav** (SO, schwierig). Der Flug vom höchsten Punkt Sloweniens ist ein Traumflug über den 1500 Meter hohen senkrechten Wänden! (Ausgangspunkt Vratatal, Aljazevhütte, 6 Std. Aufstieg)
– **Vogel/Kobla** (NO – SO) über Stara Fuzina und den Bohinjskosee
– **Mangartsattel** (SO, einfach, hochalpin) am Predilpaß (Auto + 15 Min. zu Fuß)
– **Planja** (SO, einfach) über Bovec (Straße + 40 Min.)
– **Stol**, siehe Seite 92

D/GS
Slowenien
Julische Alpen

40 Stol 1678 m

Rund um Kobarid gibt es eine ganze Reihe ausgezeichneter Fluggebiete mit ganzjährigen Flugmöglichkeiten und Geländen für Anfänger wie Streckenflieger, für Gleitschirme und Drachen. Der Stol mit seinem zehn Kilometer langen Grat erhält starke und ausgezeichnete Thermik und besitzt großzügige und einfache Startgelände mit großem Höhenunterschied. Er läßt die Herzen von Genußfliegern und Streckenfliegern höher schlagen. Die Anfahrt vom Landeplatz zum Startplatz ist sehr weit, aber die Mühe lohnt sich!

Start

Der kilometerlange Gratrücken des Stol besitzt mehrere Startmöglichkeiten:
1. **SW, S, SO, einfach,** auf 1405 m, Start 100 m westlich der Stelle, wo die von Sedlo hochziehende Piste den Stolrücken erreicht.
2. **S, einfach, ca. 1150 m,** im Südhang des Stol an der Südpiste über Sedlo, tiefer als der windexponierte Kammstartplatz. Wird benutzt, wenn der Stol oben wolkenverhangen ist oder der Wind zu stark.
3. **Entlang des Rückens** bis vor nach Kobarid weitere Startmöglichkeiten zu Fuß erreichbar.
4. **Predela, SW, mittel,** ca. 800 m neues Club-Startgelände, oft ideal am Nachmittag. Erlaubnis einholen!
5. **Zugang: Piste.** Auffahrten organisiert Volker Rademacher in der Saison.

Landeplatz

1. **Hauptlandeplatz Svino,** ca. 240 m. Landewiese liegt links (östlich) neben der Straße Kobarid – Svino, ca. 500 m nach der Abzweigung.
2. **Landeplatz Franko,** ca. 240 m, mit Windsack markierte Wiese gegenüber Gasthof Franko bei Staro Selo am Fuß des Stol. Ist keine Markierung vorhanden, bitte nur auf abgemähten Wiesen landen! Beide Landeplätze unbedingt vorher besichtigen!
3. Weitere Ausweichlandeplätze westlich von Staro Selo sowie bei Robic und Sedlo.

HU

zwischen 520 m und 1150 m

Flug

Ganztägig thermisch interessant, lange Gratsoarings.

Schwierigkeiten/Gefahren

Im Sommer sehr starke Thermik! Vorsicht am Stol bei starken W/NW-Lagen (Schlechtwetter nördlich in Österreich), weil dann meist starker Wind in Form von Seitenwind in der Höhe herrscht, der häufig Leerotoren an südlichen Gratrinnen bilden kann. Nicht bei Föhn (Nordwind aus Richtung Bovec) fliegen: Die Leethermik wird schubweise überlagert. Nicht nach Norden starten: Das Relief wird in der Regel von Süden angeströmt,

D/GS
Slowenien
Julische Alpen

wobei der Talwind von Ost oder West wehen kann!
Vorsicht: Häufiger Talwindwechsel bei Kobarid!

Streckenmöglichkeiten

Am besten von April bis Juni, sowie einzelne Tage im Juli/August. Das Problem liegt in der niedrigen Wolkenbasis dank der feuchten Meeresluft, die hier schon zur Geltung kommt.
Meist fliegt man nach Tolmin und zurück. Gute Piloten schaffen es im Frühling vielleicht bis Skofja Loka. Im Hochsommer gehen Dreiecke über den Julischen Alpen bei trockenerer Luft.

Talort: Kobarid, 234 m
Anfahrt: Am schnellsten über Tauernautobahn bis Villach. Knoten Villach Richtung Udine bis Tarvis. In Tarvis (Italien) Predilpaßstraße über Bovec nach Kobarid.
Auffahrt: Straßen und Pisten. Aus Umweltgründen sich einem Transport anschließen! Diesen organisieren zur Zeit drei verschiedene Stellen:
1. Volker Rademacher (Ende April – Sept.) am Camp Koren, Kobarid, Tel. 065/85204, 85312

2. Paraclub und Gasthof Franko in Staro Selo bei Kobarid, Tel. 065/85025
3. Miro Fratina aus Kobarid, Tel. 065/85318
Die Auffahrt wird hier deshalb nicht beschrieben!
Club/Treffpunkt:
1. Gasthof Franko in Staro Selo (bekannt für exzellente Küche), Windsack an der Straße; auch Fliegerunterkunft, Transport. Tel./Fax 065/85025
2. Camp Koren und Bar Gotar in Kobarid.
Flugschule:
Volker Rademacher, im Sommer täglich am Camp Koren, Tel. 065/85204 in Dresnica
Camping/Unterkunft:
– Camp Koren; viele Flieger und Kajaker, im Sommer etwas voll, Anmeldung bei Lydia, Tel. 065/85312
– Pension Kadore in Livek am Kuk (5 km von Kobarid), ruhig, sehr empfehlenswert, sehr nah an einem Fluggebiet, Tel. 065/85110
– Gostilna Franko in Staro Selo, Tel. 065/85025; wie bereits erwähnt
Es gibt auch diverse kleine Unterkünfte in den Orten am Fuß des Stol.

Wetterauskunft: Wetterwarte Ljubljana, Tel. 061/9822, Flughafenwetter: 064/261619
Karte: WK, 1:50 000, der Geodetski Zavod Slovenije, Blatt Tolmin, erhältlich in Kobarid

Alternativen:
– **Kobala** (W, SW, SE, einfach) über Tolmin, Straße. Nachmittagsstartplatz, nicht bei Ostwind (Burio)
– **Krn** (S, schwierig, hochalpin), der dominierende Berg über dem Tal bei Kobarid, Aufstieg 3 Std. ab Planica Kuhina, Abzweigung bei Kamno, südl. von Kobarid. Exzellenter Streckenflugausgangspunkt! Ebenso **Planica**, etwas tiefer
– **Kanin** (NO, O, SO) über Bovec, im Winter Skigebiet (Skilifte von Bovec), dann Start einfach, im Sommer schwierig (felsig)
– **Planja** (SO, einfach) über Bovec; Straße + 40 Min., hervorragendes Nachmittagssoaringgebiet. Info: Marijan, Carko und Georgi vom Kompaß Tourist-Office, Tel. 065/86101, 86202, sowie beim Tourist-Office Scabiosa, Tel. 065/86041
– **Krsvrh/Morizna** (mittel, S) über Dresniske Ravne, Piste (Info bei der Flugschule)
– **Kuk** (S, SW – NW, leicht; NE schwierig) über Livek bei Kobarid, Flug bei S-Start kompliziert; Straße + 1/4 Std.
– **Matajur** (S, leicht) auf der italienischen Seite, GS nur Toplanding

Weitere Attraktionen:
– Kajak und Rafting in der Soca (Kontaktieren Sie AlpinAction in Trnovo, nächster Ort nach Kobarid Richtung Bovec)
– Abends fortgehen: viele Sommerfeste entlang der Soca im Juli/August
– Spielcasino in Tolmin, ebenso Diskotheken (auch Bovec)

D/GS
Slowenien
Trnovsker Berge

41 Lijak 920 m

Bei Nova Gorica enden die südlichen Alpenausläufer in dicht bewaldeten Höhenzügen, stoßen alpines und mediterranes Klima aufeinander und schaffen entlang einer Gratkante ein Fluggebiete mit fast ständigem Aufwind! Es ist eine Waldkante mit flachem Hinterland ohne bösartige Überraschungen, eine Kante, die sich, mit Unterbrechungen, 45 km weit nach Südosten erstreckt und Genußflieger in die Lage versetzt, ihre ersten, wirklichen Streckenflüge zu absolvieren!

Start

1. Gleitschirm: SW, S, einfach, 620 m; 2 parallele große Startlichtungen im Wald direkt über der Kante. Zugang: Fahrweg von Loke (Landeplatz, 3,5 km östlich von Nova Gorica) in Richtung Nova Gorica, Abzweigung nach Kromberg und weiter Richtung Raznica (rechts) an Kreuzung. Auf einem Fahrweg (Piste) hinein nach Raznica. Im Ort an der Kreuzung nach rechts und auf die Hauptstraße in Richtung Trnovo (rechts). Aufwärts mehrere Kilometer bis zu einem Linkskurvenschild. Davor Parknische. Ein Weg führt in 1/4 Std. durch den Wald zum Startplatz.
2. SW, Deltastartplatz, ca. 920 m, direkt an der Kante, man folgt obiger Straße durch Trnovo weiter und erreicht den Abbruch beim Deltastartplatz.
Ein weiterer Zugang: Wenn man von Tolmin-Kobarid kommt, zweigt man am Ende der Socaschlucht kurz nördlich von Nova Gorica nach links ab und folgt der Richtung Loke. Bei der Gabelung rechts halten und durch Raznica weiter in Richtung Trnovo. Wegbeschreibung ab Raznica siehe Startplatz 1.

Landeplatz

1. Loke, 80 m, Wiesenstreifen zwischen Maisfeldern, 5 Min. nördlich vom Clubgebäude (beim Reitstall) neben der Straße Ajševicia-Loke.
Dieser Landeplatz war im Sommer 95 unbrauchbar, weil zum Feld umgepflügt! Bitte Club nach neuem Hauptlandeplatz befragen!
2. Ausweichlandeplatz: direkt unterhalb des Startplatzes, 1 km östlich vom GS-Hauptlandeplatz bei der Modellflugpiste (Achtung auf Modellflieger!). Von Loke führt ein Fahrweg dorthin (verbindet beide Landeplätze).
3. Der Deltalandeplatz, 80 m, befindet sich weiter östlich neben der Abzweigung Lokvica der Straße Loke – Ozeljan. Er kann ohne weiteres von GS angeflogen werden!

HU

Gleitschirme 540 m,
Drachen 840 m

Slowenien
Trnovsker Berge

Flug

Einfach; ab Mittag meist starker Aufwind; weniger Geübte warten besser den Spätnachmittag ab. Die Aufwindbereiche sind sehr gleichmäßig verteilt. Hinter den Kanten, wo der Abbruch die Richtung wechselt, nicht zu dicht am Relief fliegen, weil dort Leeturbulenzen zu erwarten sind. Die Landeflächen sind gut einsehbar und verlangen keine besonderen Manöver.

Schwierigkeiten/Gefahren

Starkwind, Bora (Ostwind), Leezonen, wo die Kante die Richtung ändert. Nicht fliegen bei starkem West- oder Ostwind! Am Vormittag herrscht meist östlicher Wind.

Streckenmöglichkeiten

Fast ganzjährig gute Verhältnisse. An der Gratkante entlang nach Osten kilometerlanges Soaring in Richtung Ajdovsčina und Plesca (Sendeanlage) vor Postojna.

Talort: Nova Gorica, 84 m
Anfahrt: Von Norden: Villach – Tarvis – Passo di Predil – Kobarid – Tolmin – Nova Gorica.
Oder über Ljubljana – Postojna – Ajdovsčina nach Nova Gorica.
Von Italien über Udine (AB).
Club/Treffpunkt: Loke Flying Club, Tel. 065/25892, großes Gebäude (alte Fabrikhalle) beim Reitstall außerhalb der Ortschaft Loke bergwärts. Das Gebäude ist von der Hauptstraße aus gut erkennbar.
Kontakt: Peter Podgornik, Gradnikove Brigade 29, SLO-Nova Gorica, Tel. 065/31853, oder Hvala Čveto 8, Tel. 065/25711
Camping/Unterkunft: Zeltmöglichkeit (begrenzt) beim Club, sehr provisorisch. Privatunterkünfte in den kleineren Orten (Trnovo, Loke, Ajševičia). In Nova Gorica gibt es keinen Campingplatz und nur sehr teure Hotels, da die Stadt intensiv von spielcasinowütigen Italienern besucht wird. Eine Möglichkeit ist das Gasthaus Oddih, an der Straße Nova Gorica – Trnovo, etwa 2 km nach der Abzweigung Loke, wenn man von Kobarid kommt. Ansonsten nächster Campingplatz in Kanal im Socatal, etwa 30 km nördlich von Nova Gorica: Camping Korada, Kanal ob Soci,
Tel. 065/51064 (1.5.–30.9.)
Karte: WK, 1:50 000, Geodetski Zavod Slovenije, Blatt Nova Gorica

Alternativen:
– **Kolk** (S, SW, einfach – mittel), westlich von Ajdovsčina; Straße; Info: Ivo Boscarol, Tel. über Loke Flying Club
– **Kobala** (W, SW, einfach) über Tolmin; Straße
– **Kobla** (N, einfach) über Bohinjska Bistrica
– **Vogar** (S, mittel – schwierig) über dem Bohinjsker See; ideal für Sicherheitstraining

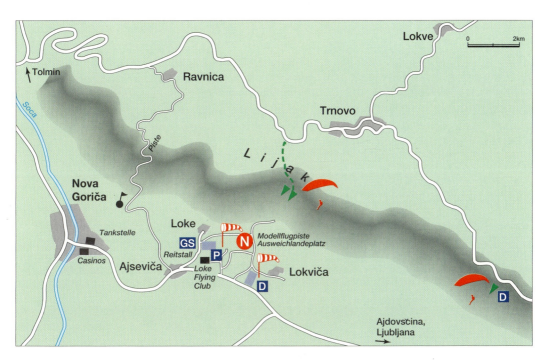

D/GS
Slowenien
Steiner Alpen

42 Krvavec 1853 m

Eines der zahlreichen Fluggebiete der Kamnischen oder Steiner Alpen, der südlichen Fortsetzung der Karawanken nördlich von Kranj und Ljubljana. Die Gelände bieten fast das ganze Jahr über ausgezeichnete Möglichkeiten für großzügige Streckenflüge und wurden 1991 zum ersten Mal für Wettkämpfe von internationalen GS-Piloten besucht. Alle waren sich danach einig: Wir kommen wieder! Der Krvavec verfügt über eine kleine Seilbahn. Es muß also nicht alles auf Pisten gefahren werden, wie bei vielen anderen Startplätzen der Gegend.

Start

1. S, SW, einfach. Steiler Wiesenhang unterhalb des Restaurants Hotel Na Krvavcu auf ca. 1560 m. Zugang: Von der Kabinenbahn-Bergstation in 20 Min. zum Start ansteigen. Zum Bergrestaurant geht in der Wintersaison ein Sessellift.
2. Krzise, SO, S, SW, einfach. Ein südlicher vorgelagerter Buckel, der von der Krvavec-Straße in 20 Min. erreicht wird.
3. Ambroz, ca. 1020 m. SW – SO, einfach. Wiese unterhalb der Häuser des Dorfes, bei den Tennisplätzen. Zugang über die Krvavec-Straße. Gilt als Ausweich-Startplatz, wenn am Krvavec zu starker Wind ist.
4. Potoska Gora, 1274 m, SW, S, einfach. Diese Kuppe befindet sich direkt über Predvor. Zu Fuß in 2 Std. zu erreichen. Landung am See von Predvor.

Landeplatz

1. Cerklje, 415 m. Große Landewiese für Drachen und Gleitschirme östlich der Kreuzung mit Dvorje, Windsack.
2. Predvor, 475 m. Landewiese neben dem See von Predvor an dessen nordwestlichem Ufer, gegenüber vom Hotel Predvor.

D/GS

Slowenien
Steiner Alpen

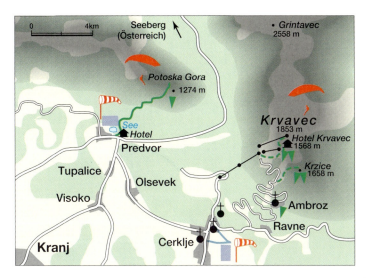

Vom Krvavec aus brauchen Gleitschirme eine Mindest-GZ von 5,5. Nicht für Drachenflieger!

HU

zwischen 610 m und 1240 m

Flug

Durch die unterhalb gelegenen Rinnen wird der Krvavec ab Mittag thermisch ideal angeströmt und ermöglicht von Februar bis in den September gute Flüge entlang seiner Westseiten, bis hinauf zum Grintavec.
Beim Flug nach Predvor ist auf ausreichende Höhe zu achten. Niemals bei thermisch überlagertem Nordwind mit Flügen in Richtung Grintavec experimentieren! Heftige Turbulenzen und wenig Landeplätze!

Schwierigkeiten/Gefahren

Nordföhn, Gewitterexposition, Ostwind (Bora). Relief durch vorgelagerte Grate kompliziert. Startüberhöhung angenehm. Nicht unbedingt für Anfänger geeignet.

Streckenmöglichkeiten

Die gesamten Steiner Alpen sind ein Streckenflugparadies. Vom Krvavec fliegt man zum Grintavec oder über Javorcev Vrh direkt nach Westen hinüber zum Storzic und weiter nach Kriska Gora und kann sich von dort aus in Richtung Hochstuhl oder Loiblpaß wagen. Der Rückflug ist dem Talwindsystem ausgesetzt, ebenso der Hinflug, denn ab der Höhe Jesenice kreuzen sich der italienische Talwind, der aus Westen (Tarvis) über Kranjska Gora heranströmt, mit dem slowenischen Windsystem, das von SO heraufströmt. Man hat also entlang der entsprechenden Flugabschnitte mit Turbulenzen zu rechnen! Im Frühjahr kann man das Savetal nach SW überqueren und zum Beispiel über Bled die Ausläufer der Julischen Alpen erreichen. Für diesen Abschnitt hilft der slowenische Talwind, der bei Bled aus Osten die Hänge anströmt. Die besten GS-Strecken waren 90-km-Zielflüge in die Julischen Alpen bzw. Zielrückflüge entlang der Steiner Alpen.

Talorte: Predvor, 475 m, Crklje, 413 m

Seilbahn: Krvavecbahn Tel. 00386/64/421379. Sie fährt im Sommer stündlich, aber stets unregelmäßig. Auskunft bei Sandy Marinčič und Vlasta Kunaver, Tel. 061/823086
Flugschule: Noch keine, aber seit 1994 bei Sandy Marinčič!
Club/Treffpunkt: Sandy Marinčič und Vlasta Kunaver freuen sich auf Besuch und machen Gebietsführungen und sogar Sicherheitstrainings über dem See von Bohin. Sandy ist Hersteller von Gleitschirmen: KIMFLY. Adresse: Potna Crno, 28, SLO-61217 Vodice, Tel./Fax: 061/823086
Man kann sich auch an Tony Svorak wenden (er ist im übrigen der Produzent der Fly-Market Schirme) Tel. 064/631025, 620442
Wetterauskunft: Flughafen Ljubljana, Tel. 064/261619
Camping/Unterkunft:
– Hotel Bor in Predvor am See, direkt gegenüber vom dortigen Landeplatz, SLO-64205 Predvor, Tel. 064/45080 oder 45370
– Touristenbüro in Predvor, Tel. 064/45023
– Camping Sobec in Bled, Tel. 064/77500

Alternativen:
– **Kriska Gora** (S, SW, SO, einfach), Straße Predvor – Gorice – Gozd + 1 Std.; hervorragender Thermik- und Streckenflugberg
– **St. Lovrenc** (SO, einfach) über Baselj, unweit von Predvor, ca. 45 Min. zu Fuß
– **Dom Kokrskeda Odreda** (SW, S, mittel), 2 Std. von Predvor, Startplatz einer GS-Europameisterschaft von 1992. Wegen Auffahrtsmöglichkeit mit Jeep Kontakt mit Sandy Marinčič, Tel. siehe Club.
– **Lubnik** (SO, S, mittel) über Skofja Loka; Straße
– **Kobla** (N, einfach) über Bohinska Bistriča; Straße + 20 Min.
– **Vogar** (S, schwierig) über Stara Fuzina/See von Bohin. Gelände für Sicherheitstraining. Piste zur Dom Draga Kosija oder 1 Std. zu Fuß.

Italien

Italien –

fliegen für Könner

Italien

Bis vor kurzem war in Italien die Reglementierung des Drachen- und Gleitschirmfliegens wegen der chaotischen Gesetzgebung völlig in Frage gestellt bzw. von regional unterschiedlicher Handhabung abhängig. Vorreiter waren dabei Südtirol und das Trentino mit einer sehr liberalen Auslegung. Inzwischen wurde dieses Problem gelöst.
In Norditalien gibt es im Alpenraum etwa drei- bis viertausend aktive GS- und D-Piloten.

Die Fluggebiete Italiens liegen zur Gänze auf der Alpensüdseite, und zwar im Bereich der südlichen Voralpen und des Alpenhauptkammes. Die meisten Gebiete sind im deutschsprachigen Raum noch unbekannt. Flugzentren sind die Südtiroler Gebiete (sehr von der Jahreszeit abhängig) um Brixen, Sexten, das Grödner Tal (Plose, Helm, Seceda) sowie der Gardasee (Monte Baldo usw.) und die Monte-Grappa-Region (beides im Trentino). Fast alle diese Gebiete sind gut durch Asphaltstraßen und Seilbahnen erschlossen.

Weniger bekannt und besucht sind die Fluggebiete der italienischen Westalpen, z. B. im Aostatal, auf der Südseite der Walliser Alpen und auf der italienischen Seite der Seealpen.
Eine Reihe von Flugzentren existieren um die oberitalienischen Seen herum, speziell Comer See und Lago Maggiore, die in Verbindung mit den Tessiner Fluggebieten besucht werden (z.B. Piana di Vigezzo oder Monte Croce di Muggio).
Die östlichen italienischen Dolomiten und die Berge des Friaul, die an Kärnten und Slowenien angrenzen, werden kaum besucht und bieten eine kleine Zahl interessanter Regionen um Aviano, Tolmezzo, Terme di Friuli und Gemona.

Das Fliegen ist meist sehr anspruchsvoll – von wenigen Ausnahmen abgesehen (Livigno, Piana di Vigezzo). Zu den typischen Alpensüdseiten-Windverhältnissen (Leethermik, Nordwindstörungen, Talwinde), insbesondere in der Nähe des Alpenhauptkammes, kommen stark verbaute Täler in Südtirol (z. B. die Landebereiche von Plose oder Hochmuter) und im Trentino sowie Reliefhindernisse (Seen, enge Täler, Hanglandungen etc.) und der von Süden aus der Poebene nach Norden strömende Ausgleichswind Ora hinzu.
Für Anfänger und Gelegenheitspiloten ist Fliegen in Italien nur in den ruhigeren Jahreszeiten bei optimalen Windverhältnissen und nach genauer Einweisung sinnvoll!
Für Streckenflieger eignen sich die Monate April bis Juni, bevor die Luft zu warm wird und die großen Ausgleichswinde die Thermik verblasen.

GS
Italien
Südtirol
Ridnauntal

43 Roßkopf 2189 m

Wenig beachtet, warten die großen Almwiesen über dem Ridnauntal auf ihre Entdeckung. Hinter dem Roßkopf verbirgt sich eines der landschaftlich schönsten und thermisch interessantesten Fluggebiete südlich des Alpenhauptkammes. Über endlosen Waldflanken zu soaren oder im Streckenflug zu den Gletschern der Stubaier vorzustoßen, bleibt jedem selbst überlassen.

Start

1. **Gipfel, S, SW, SO,** einfach, 2189 m. Im Sommer nur zu Fuß, 40 Min. von der Kabinenbahn-Bergstation. Im Winter Lifte bis zum östl. Gipfelende.
2. **Almwiesen, SW,** einfach, ca. 1950 m (Telferer Wiesen), ca. 30 Min. von der Bergstation nach Westen.

Landeplatz

1. **Stange, 970 m,** Landefeld liegt neben einer Straßenkreuzung beim Ort Stange/Ratschingstal.
2. **Gasthof Fischadler,** 950 m, große Landewiese ca. 1 km nach dem Eingang ins Ridnauntal, direkt neben der Straße vor dem Gasthof.

HU

zwischen 980 m und 1240 m

Flug

Die südwestlich des Gipfels liegende Rinne ist thermisch sehr ergiebig. Der Roßkopf ist ein Nachmittagsflug (Ausnahme: schwache S-Lage). Die Scharte unterhalb der Telfer Weißen mit Vorsicht genießen – Abwindbereiche! Beim Landeanflug Vorhaltewinkel Richtung Sterzing wegen Talwind berücksichtigen!
Interessant sind Streckenflüge zum Stubaier Hauptkamm sowie in die Pfunderer Berge nach O oder zur Plose (S).

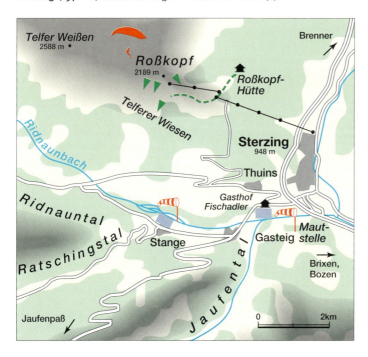

GS
Italien
Südtirol
Ridnauntal

Schwierigkeiten/Gefahren

Das Fluggelände ist nicht offiziell, der Flugbetrieb findet also nur mit Duldung der Behörden statt. Bitte Unfälle vermeiden, ebenso Außenlandungen! Das Gelände ist sehr nordwindgefährdet, bei geringster Nordföhntendenz absolutes Flugverbot!

Streckenmöglichkeiten

– Nach SW zum Jaufenpaß und bei guten Verhältnissen bis St. Leonhard im Passeiertal bzw. weiter in Richtung Meran und zurück
– Über den Alpenhauptkamm nach Norden schwierig.
– Richtung SO ins Pustertal (Merausen), schwierig (Talwind, Basis!)

Talort: Sterzing (Vipiteno), 950 m
Anfahrt: AB Innsbruck – Brenner – Sterzing bzw. Verona – Trento – Bolzano – Vipiteno. Von der Ausfahrt Sterzing weiter zur Seilbahnstation. Ein zweites Auto wäre für den Landeplatz angebracht (Ridnauntal).
Seilbahn: Tel. 0472/7655
Club/Treffpunkt: Jochrappen/Ridnauntal, Tel. 0472/84017 oder 0472/66235 (Hr. Krustlberger). Man trifft sich im Gasthof Fischadler beim Landeplatz.
Camping/Unterkunft: Fremdenverkehrsamt, Tel. 0472/765325
Karte: Kompaß-WK, 1:50 000, Blatt 43

Alternativen:
– **Jaufenpaß** (S), Info Tel. 0472/756622 Hr. Rainer im Jaufenhaus
– **Hühnerspiel** (W) über Gossensaß (nicht bei Nordwind!)
– **Plose**, siehe Seite 102

44 Plose 2504 m

Der isolierte Plosestock über Brixen ist durch Lifte und Wanderwege bestens erschlossen und als Fluggebiet gut durchorganisiert – trotz anderslautender Gerüchte. Für den Genußflieger ist hier gesorgt, wohingegen Streckenjäger sich lieber nach Meransen wenden.

2. **St. Andrä, 958 m,** direkt bei der Bahntalstation, nicht für Anfänger.
3. **Drachenlandeplatz in Vahrn,** ca. 680 m, etwa 2 km nördlich von Brixen, westlich der Autobahn. Die Landeplätze können ständig wechseln. Bitte vorherige Auskunft beim Club im Millanderhof einholen.

Start

1. **W, SW, einfach,** Skipiste 5 Min. von der Bergstation der Umlaufbahn, ca. 2050 m. Auch Straße von St. Andrä.
2. **Schönjöchl, 2301 m,** alle Richtungen, einfach, an der Skipiste nur W, SW, 20 Min. Aufstieg von der Bergstation der Umlaufbahn.
3. **Gipfelbereich, 2446 m,** alle Richtungen außer Ost, einfach, Straße nur noch bis zur Umlaufbahn-Bergstation befahrbar, dann Sondergenehmigung erforderlich bzw. Sessellift im Winter.

Landeplatz

1. **Milland, 571 m,** Landeplatz neben der Kirche auf einem kleinen Fußballfeld.

HU

zwischen 1100 m und 1870 m

Flug

Je nach Tageszeit unterschiedliche Aufwindbereiche zwischen Westseite und Südseite, jedoch nicht ausreichend für Streckenflüge ins Pustertal (Talquerung). Beim Einlanden die aus Süden anströmenden Talwinde am Nachmittag berücksichtigen.
Insgesamt sehr windexponiertes Gelände.

Schwierigkeiten/Gefahren

Starkwind, N-Föhn, kleine Landeplätze, Kabel und Leitungen.

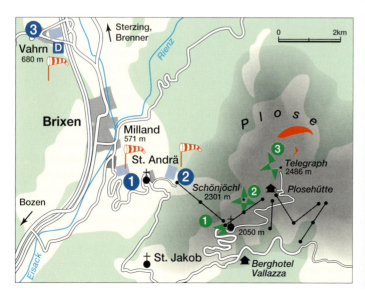

D/GS

Italien
Südtirol
Plosestock

Streckenmöglichkeiten

Mit dem Drachen wurden 130 km geflogen. Für Gleitschirme reicht die Leistung nicht aus, um die sehr weite Talquerung nach dem Pustertal zu realisieren (man fliegt auf der Leeseite der Talwindströmung).

Talort: Brixen, 564 m
Seilbahn: Plosebahnen in St. Andrä über Brixen, Tel. 0472/30595
Club/Treffpunkt: Markus Knapp im Millanderhof, Plosestr. 58, I-39042 Brixen, Tel. 0472/33834, Fax 35124. Der Millanderhof ist Treff und Info-Zentrum für alle Piloten. Hier kann man auch übernachten.
Camping/Unterkunft:
– Fremdenverkehrsamt Brixen, Tel. 0472/36401
– Camping beim Hotel Löwe in Vahrn, unweit Drachenlandeplatz, Tel. 0472/36216
Karte: Freytag & Berndt WK, 1:50 000, Blatt S 4 (Sterzing, Jaufenpaß, Brixen)

Alternativen:
– **Malsiter** (O, SO, mittel) über Tills (Straße), liegt gegenüber der Plose
– **Roßkopf**, siehe Seite 100
– **Gitsch** (Meransen, SW-SO, einfach), das »Fiesch« Südtirols für alle Streckenflieger, keine offiziellen Landeplätze, aber Flüge bis 130 km mit dem Gleitschirm (Meransen – Villach). Seilbahn von Mühlbach/Meransen im Pustertal, Tel. 0472/50158, 849712
– **Pfalzen/Pustertal** (SW-SO, einfach), gestartet wird vom Platten oder Kofel (Straße), Info: Karl Reichegger, Tel. 0474/528036
– **Kronplatz/Bruneck** (SO-SW, einfach-mittel)
– **Ahornach** (Sand in Taufers), Start einfach, SW – SO, Straße von Sand, Info: Club »Falken«, Toni Niederbauer, Tel. 0474/653241

GS

Italien
Südtirol
Texelgruppe/
Sarntaler
Alpen

45 Hochmuter 1351 m/Klammeben

Zwei anspruchsvolle Fluggelände stellen sich vor. Der Hochmuter über Dorf Tirol eignet sich eher am Vormittag, der Klammeben am Nachmittag. Beide Gelände verlangen wegen der Talwinde und schwierigen Landeplätze geübte Piloten. Für Drachenflieger sind die Landeplätze zu klein.

Start

Hochmuter:
1. **Gasthof Hochmuter, SW,** mittel, 1340 m. Der Startplatz befindet sich auf der Wiese seitlich unterhalb des Gasthofes; steil, Leitungen beachten.
2. **Mut-Schulter, 1820 m,** S, leicht, ca. 1 Std. auf markiertem Weg vom Gasthof Hochmuter (Bergstation). Start bei 3 dürren Bäumen. Achtung: Eine GZ von 4,5 empfiehlt sich als absolutes Minimum, um den Landeplatz zu erreichen!

Klammeben:
1. **1980 m, W, SW,** einfach, neben der Bergstation Klammebenhütte, 5 Min. südlich.
2. **Obertall, 1404 m,** W, einfach, Startplatz unterhalb der Straße Saltaus – Obertall am Hang bei der Kirche. Bei den Bauern vorher Erlaubnis einholen.
3. **Ca. 2300 m, S,** am Ende des Grubenschlepplifts, im Sommer ca. 1/2 Std. vom Klammeben, nur im Winter leicht zum Starten.

Landeplatz

1. **Dorf Tirol, 530 m:** Der Landeplatz für den Hochmuter ist eine genau festgelegte Wiese gegenüber dem Hotel Lisetta, 500 Meter unterhalb des Parkplatzes 2 von Dorf Tirol. Achtung: Dieser Landeplatz muß strikt eingehalten werden!

2. **Saltaus, 400 m:** Der Landeplatz befindet sich neben dem Tennisplatz vom Hotel Quellenhof, ca. 1 km nördlich der Seilbahn-Talstation.

HU

Hochmuter: zwischen 820 m und 1270 m
Klammeben: zwischen 1000 m und 1900 m

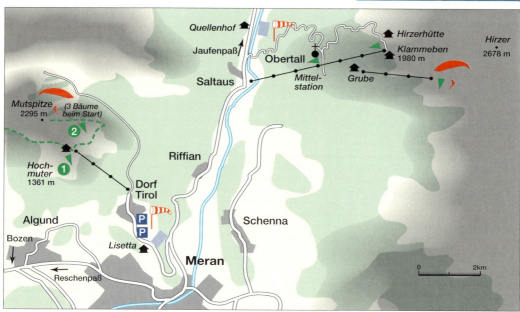

104

GS

Italien
Südtirol
Texelgruppe/
Sarntaler Alpen

1980 m (Meran)

Flug

Am Hochmuter thermisch sehr interessant. Man kann schnell in die Texelgruppe aufdrehen. Falls das nicht klappt, sollte man rechtzeitig den Hang verlassen, um gegen den Talwind den Landeplatz zu erreichen (keine Notlandemöglichkeiten wegen der vielen Obst- und Weinflächen). Die markanten drei Wiesen südlich des Ortes Dorf Tirol auf dem Rücken dienen als Orientierung. Im Passeier Tal weht ein kräftiger Talwind. Wer am Klammeben fliegt, sollte die Landung im engen Relief beherrschen!

Schwierigkeiten/Gefahren

Der Hochmuter ist für Gelegenheitspiloten ungeeignet, da das Relief keine Fehler erlaubt! Den Klammeben nur dann befliegen, wenn der Talwind noch nicht zu stark ist. Nordföhn und Gewitterexposition, Leitungen, Obstplantagen!

Streckenmöglichkeiten

Vom Hochmuter kann der ganze Vintschgau bis zum Reschenpaß hinaufgeflogen werden (W), von Klammeben bis über den Jaufenpaß nach Sterzing. Beides wurde 1992 mit Gleitschirmen geflogen. Das Streckenpotential der Gelände ist noch nicht vollständig exploriert.

Talorte: Dorf Tirol, 530 m, Saltaus, 400 m
Anfahrt:
Brennerautobahn bis Sterzing, über den Jaufenpaß ins Passeier Tal, in Richtung Meran nach Saltaus oder weiter bis zur Abzweigung Dorf Tirol. (Die Seilbahnen sind jeweils beschildert.) In Dorf Tirol am besten beim Parkplatz 2 das Auto abstellen und sich mit dem Pendelbus (gratis) zur Talstation bringen lassen. Man kommt auch über Landeck – Reschenpaß – Meran nach Dorf Tirol.
Seilbahn: Hochmut-Seilbahn, Tel. 0473/93480
Hirzer-Seilbahn, Tel. 0473/645498, GS-Sondertarife
Club/Treffpunkt:
– FC Adlerhorst, Franz Pixner, Tel. 0473/93136, 98121
– Parkplatz 2 in Dorf Tirol: Der Parkwächter ist Herbert Wenter vom Club und gibt genaue Auskunft über Start und Landung
– Paragleitzentrum Meran, Tel. 0473/35043, zuständig für Klammeben
Flugschule: Paragleitzentrum Meran, siehe oben
Camping/Unterkunft:
– Verkehrsverein Dorf Tirol, I-39019 Dorf Tirol, Tel. 0473/93314
– Camping in Meran, Tel. 0473/231249
– Verkehrsverein Saltaus, Tel. 0473/641210
Karten: Kompaß-WK, 1:25 000, Meran, sowie 1:50 000, Blatt 53

Alternativen:
– **Tarscher Alm** (W, NW, einfach) über Tarsch, Straße, Info: Franz Pixner, Tel. 0473/98121
– **Watles** (O, SO, S, einfach) über Burgeis, Tel. Sessellifte: 0473/81199
– **St. Martin** (SO – SW, einfach) über Latsch, Tel. Seilbahn: 0473/623105
– **Matsch** (S, SO, SW, einfach) über Schluderns, Straße von Schludern nach Matsch
– **Kohlern** (W, schwierig) bei Bozen, nur für Erfahrene! Info: Michael Nesler, Tel. 0471/204208
– **Penegal** (O, SO, mittel) über Kaltern, gefährliche Seitenwinde, Anfahrt über Mendelpaßstraße, Info: Michael Nesler, Tel. 0471/204208
– **Jaufenpaß** (S, SW), Info: Hr. Reiner im Jaufenhaus, Tel. 0472/756622

D/GS

Italien
Südtirol
Dolomiten
Geislergruppe

46 Seceda 2518 m

Berühmtes Ski-, Wander- und Fluggebiet über dem Grödnertal und St. Ulrich und vor der Kulisse von Sella- und Langkofelstock. Man fliegt im Aufwind, wie mit dem Geiste Luis Trenkers, und der kann im Frühsommer Hausdächer abtragen, so heftig geht es nach oben! Im Frühjahr und Sommer eines der anspruchsvollsten Fluggebiete der Alpen.

Start

1. SW, schwierig, ca. 2460 m. Man folgt etwa 300 Meter von der Bergstation, am Rande der Abbrüche ins Anatal nach Süden, der Hochfläche abwärts zu einer Einsenkung, dem Startplatz. Der Start bei der Bergstation ist verboten! Lebensgefahr! Rotoren! Nicht bei Seitenwind, nicht bei Nordföhnturbulenzen starten!
2. SO, ca. 2480 m. Man startet auf den flachen Wiesenrücken bzw. Skihängen Richtung Fermedahütte und dreht über der Scharte zwischen Seceda und Sass Pic sofort nach Westen in Richtung Anatal/ St. Ulrich. Nur bei schwachem Wind oder wenn die Aufwinde an den Westabbrüchen der Seceda noch nicht anstehen (Winter, Vormittag etc.).

Landeplatz

1. **Hauptlandeplatz** etwa 300 Meter östlich St. Ulrich, große Wiese neben der Straße nach St. Christina, ca. 1260 m.
2. **Landeplatz** (schwierig) auf schmalem Wiesenstreifen im Wald am Ausgang des Anatals kurz vor der Seceda-Talstation. Nicht für Drachen möglich.
3. **Notlandemöglichkeit** bei der Mittelstation, ca. 1700 m, im Anatal.
4. **Clublandeplatz** am Stadtrand von St. Ulrich, vorher beim Club anfragen!

HU

ca. 1200 m

Flug

Am Nachmittag optimales Soaring mit guter Startüberhöhung entlang der Westabbrüche. Um es zu wiederholen: Für Anfänger in Theorie und Praxis unseres Sports ist die Seceda völlig ungeeignet. Das Relief erlaubt keine Flugirrtümer! Gute Piloten dagegen sind im Sommer schnell in Höhe der Geislerspitzen aufgestiegen und können zur Sella anschließen. Exzellente Sommerrestitution bis in die Nacht hinein.

Schwierigkeiten/Gefahren

Nordwind bzw. Nordföhn sind in diesem Bereich fatal! Niemals unter diesen Bedingungen fliegen!

D/GS

Italien
Südtirol
Dolomiten
Geislergruppe

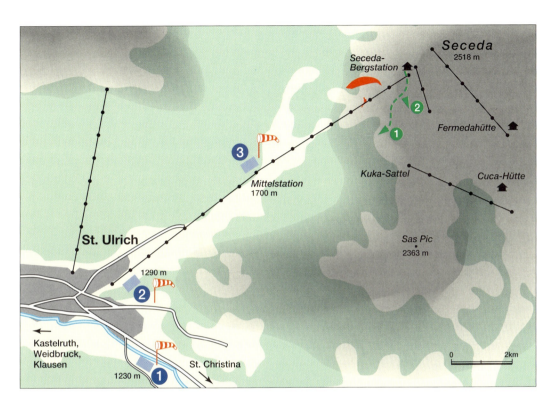

Die Frühjahrsturbulenzen und Talwinde können selbst die besten Flugpiloten aufs Kreuz legen. Die Basis erreicht im Juli/August über 4000 Meter, dann wird es interessant, die hohen Massive zu überqueren, während in den Tälern ungeheure Talwindsysteme toben.

Streckenmöglichkeiten

Wer es schafft, sich im Sommer bei den vorherrschenden westlichen Winden an die Basis katapultieren zu lassen, der kann von dort getrost Cortina d'Ampezzo im Osten und weiter entfernte Ziele ins Auge fassen. Genauso gut erreicht man das Pustertal und die Fluggebiete bei Feltre/Belluno mit etwas Planung.

Talort: St. Ulrich (Ortisei), 1265 m
Anfahrt: AB Innsbruck – Brenner – Bozen, Ausfahrt Klausen, weiter bis St. Ulrich/Grödnertal.
Seilbahn: Secedabahn, Tel. 0471/796531
Club/Treffpunkt: Club Gherdeina, Tel. 0471/798499, nur vormittags; Gastpiloten sollten sich vor dem eigenständigen Fliegen an Piloten des Clubs wenden, welche gerne mitkommen und alles erklären. Treffpunkt: meist trifft man sich am Abend im Purger's Pub.
Camping/Unterkunft:
Fremdenverkehrsamt, Reziastr. 1, I-39046 St. Ulrich,
Tel. 0471/796328
Wetterauskunft: Tel. 0471/49191
Bergrettung: 0471/797222, 797171
Karte: Grödner Tal, 1:25 000, Casa Editrice Tabacco, Blatt 05

Alternativen:
- **Sass Pic** (alle Richtungen) über St. Christina Straße von Plan da Tieja bis Runcaudie + 1 Std. zu Fuß
- **Spitzbühel** (N, NO, einfach) über Kastelruth/Seiser Alm; ideal im Frühjahr, weniger turbulent als die Seceda
- **Steviola** (S, SW), 2 Std. von Wolkenstein
- **Col di Mesdi** (N, mittel), Seilbahn von St. Ulrich
- **Plattkofel** (S, SW, W, mittel), hochalpin, 3 Std. vom Sellapaß, Flug nach St. Ulrich
- **Col Rodella**, siehe Seite 108

D/GS

Italien
Trentino
Dolomiten
Langkofel-
gruppe

47 Col Rodella 2387 m

Äußerst bekanntes und beliebtes Ski- und Wandergebiet über dem Fassatal, am Rande der weiten Hochflächen um den Sellapaß und die Langkofelgruppe. Dank der Talwindexposition ergeben sich auch für Flieger interessante Bedingungen – zumindest tagsüber im Frühjahr und Sommer. Dafür kann man lang in den Abend hinein fliegen dank ausgezeichneter Restitution! Ein Gebiet für jeden und Ausgangspunkt sowohl für Paralpinisten (Plattkofel, Sella) wie für Streckenflieger.

Start

SW, S, SO, O, leicht, ca. 2350 m. Von der Bergstation unter den Kabeln vorbei westwärts zu den Windfahnen bei den Lawinenverbauungen, 5 Min.

Landeplatz

1. Wiese mit Windsack, 1407 m, östlich der Talstation der Seilbahn.
2. Drachenlandeplatz weiter östlich bei Ronc (große Wiese mit Windsack), kurz vor Canazei.

HU

950 m

Flug

Einfaches Gelände, aber tagsüber starke Winde (Talwind und Thermik). Anfänger und Gelegenheitspiloten fliegen besser am Vormittag und Abend. Beim Soaren am besten westlich halten.

Schwierigkeiten/Gefahren

Nordwind, Talwind, Turbulenzen, Lawinenverbauungen, Seilbahnkabel. Nicht vom Gipfel starten (wegen der Antennenanlagen verboten)!

D/GS

Italien
Trentino
Dolomiten
Langkofel-
gruppe

Streckenmöglichkeiten

Ähnlich wie bei der Seceda. Man kann in die Sella- und Langkofelgruppe überhöhen und in Richtung Cortina oder Marmolada fliegen.

Talort: Campitello, 1407 m
Anfahrt: Brennerautobahn bis Ausfahrt Bozen-Nord. Weiter über den Karerpaß ins Fassatal, dort in Richtung Canazei bis Campitello. Oder über den Sellapaß: Brennerautobahn bis Waidbruck, weiter Grödnertal – Sellapaß – Canazei – Campitello.
Von Süden: Trento – Cavalese – Predazzo – Canazei.

Seilbahn: Col-Rodella-Bahn in Campitello, Tel. 0462/61161
Club/Treffpunkt: Auskunft bei Fabio Longo, Tel. 0462/501836
Camping/Unterkunft:
– Fremdenverkehrsamt, Tel. 0462/61137
– Camping Miravalle di Decristina, in Campitello, Tel. 0462/62002
Karte: Casa Editrice Tabacco, Blatt 06, Val di Fassa (1:50 000)

Alternativen:
– **Col di Ross** (W, leicht) über Canazei, Seilbahn Tel. 0462/61285 (Pecolseilbahn)
– **Col Alt** (SW – SO, leicht – mittel) über Corvara, Seilbahn
– **Paion di Cermis** (NW, W, einfach; GZ!) über Cavalese, Seilbahn
– **Porta Vescovo** (NW, mittel; O, einfach) über Arabba, Tel. Seilbahn: 0462/79127
– **Seceda**, siehe Seite 106
– Diverse hochalpine Ziele: **Punta Penia, Piz Boe, Rotwand** usw.
– **Bellamonte** (S, leicht) über Predazzo, Straße von Predazzo + 20 Min. (auch für Anfänger interessant)

D/GS

Italien
Venetien
Belluneser
Dolomiten

48 Rifugio Dolada 1560 m

Der Dolada krönt das schöne Wiesenplateau mit seinen Dörfern über der Piavetalkreuzung von Belluno.
Man blickt wie von einem Aussichtsbalkon auf den Lago di Santa Croce und den Südrand der Dolomiten.
Das Gelände ist unter Drachenfliegern äußerst populär, und seit 1988 finden dort Gleitschirmwettbewerbe (Dolomitencup) statt. Die Aufwinde und das Wettergeschehen im Frühjahr und Sommer schaffen Flugbedingungen, die ausschließlich von Profis zu bewältigen sind.

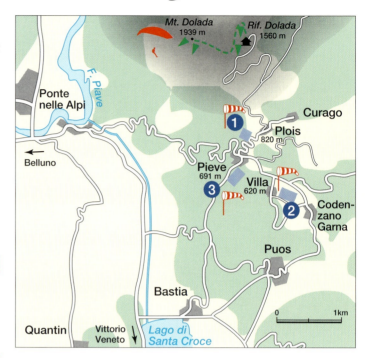

Start

S, mittel, 1560 m. Direkt beim Rifugio Dolada eine kurze Startwiese oder beim steilen Wiesenhang, ca. 20 Minuten bergaufwärts.

Landeplatz

1. Plois, ca. 820 m, schmale Wiese mit Windsack in Straßenkehre zwischen Pieve d'Alpago und dem höheren Plois an der Doladastraße. Nur für Gleitschirme.
2. Pieve d'Alpago/Villa, Landefeld für Drachen hinter hohen Bäumen, ca. 620 m, in der Nähe des Sportgeländes.
3. Tankstelle Alpago, ca. 620 m, Ausweichlandeplatz für Gleitschirme.

HU

zwischen 760 m und 960 m

Flug

Vorsicht bei Seitenwind und Turbulenzen. Am Dolada kann man ab dem späten Vormittag Höhe machen.

Schwierigkeiten/Gefahren

Sehr starke Thermik und Turbulenzen. Gewitterexponiert, bei N-Wind und O-Wind kein Flug möglich.

Streckenmöglichkeiten

Entlang des Piavetales in Richtung SW oder nach N in die Dolomiten.

Talorte: Belluno, 379 m, Pieve d'Alpago, 691 m
Anfahrt: Brennerautobahn bis Trento-Nord. Weiter auf der Bundesstraße über Levico – Feltre nach Belluno. Abzweigung in Richtung Vittorio Veneto bei Ponte negli Alpi. Nach 1 km erfolgt von dieser Straße wiederum die Abzweigung nach Pieve d'Alpago. In Kehren durch Wald empor zur Hochterrasse. In Alpago dem Schild »Dolada« folgen. Straße zur Hütte (zuletzt Piste, man kommt nicht ganz bis zur Hütte).

Club/Treffpunkt:
Man trifft sich bei der Tankstelle unterhalb vom Ort Pieve d'Alpago oder am Rifugio Dolada.
Kontakt: Ivo Gadenz,
Tel. 0439/62784
Flugschule: Deltashop Dolada, Via Catisana 6, I-3210 Pieve d'Alpago, Tel. 0473/479040
Camping/Unterkunft:
– Gutes Essen und preiswerte Unterkunft im Rifugio Dolada, Tel. 0473/479141.
– Camping in Farra d'Alpago am Lago di Santa Croce, Verkehrsverein Chiesa d'Alpago, Tel. 0473/40180
Karte: Kompaß-WK, 1:50 000, Blatt 77, Alpi Bellunesi

Alternativen:
– **Monte Avena,** siehe Seite 112
– **Monte Salfa** (W–S–SW–SO, einfach) über Casso bei Belluno, 3–4 Std. Aufstieg
– **Monte Cavallo** (S, leicht) über Aviano, Straße

D/GS
Italien
Venetien
Belluneser
Dolomiten

D/GS
Italien
Venetien
Feltriner
Dolomiten

49 Monte Avena 1454 m

Ein ausgezeichnetes und sehr bekanntes Fluggelände in den südlichen Dolomiten, unweit einiger anderer beliebter Plätze Venetiens, wie etwa das Grappaplateau. Delta und Gleitschirm tummeln sich hier an den Wochenenden. Leider ist das Landefeld zwischen Arten und Fonzaso nicht sonderlich gut markiert. Dafür ist es groß, ebenso wie die Aufwinde entlang der Felsbänder unterhalb des Wiesengrates.

Start

In der Umgebung des **Rifugio Lusa, S, SW, SO** einfach, 1450 m, großes Wiesenplateau unweit der Hütte. Man erreicht den Startplatz bequem mit dem Auto: von Feltre aus in Richtung Pedavena und weiter bis zur Abzweigung Monte Avena/Rifugio Lusa. Zuletzt 2 km Piste.

Landeplatz

320 m, genau zwischen Arten und Umgehungsstraße nach Bassano, neben Gebäuden der Zona Industriale. Gut einsehbar.

HU

1130 m

Flug

Sehr gute Thermik ab dem späten Vormittag. Für Anfänger ist der Morgen und frühe Abend empfehlenswert. Bärte findet man hier überall.

Schwierigkeiten/Gefahren

Nordwind und Ostlagen sind tabu! Heftige Sommerthermik, Talwind. An Wochenenden stark besuchtes Gelände.

Streckenmöglichkeiten

Hervorragend. Nach Süden zum Monte Grappa und entlang der venetischen Kette nach SW. Nach Norden in die Pala und ins Fassatal. Nach Nordosten in Richtung Belluno – Longarone. Nach Westen in Richtung Trento.

Talort: Fonzaso, Arten, 329 m (bei Feltre)
Anfahrt: Brennerautobahn – Trento, Ausfahrt Trento-Nord. Weiter auf der Schnellstraße über Levico in Richtung Feltre.
Von Süden: Verona – Vicenza – Bassano – Feltre.

D/GS

Italien
Venetien
Feltriner
Dolomiten

Von Norden (aus den Dolomiten): Cortina – Belluno – Feltre.
Club/Treffpunkt: siehe Flugschule
Flugschule: Maurizio Bottegal, Tel. 0439/56630
Camping/Unterkunft:
– Rifugio Dalpiaz, Tel. 0439/9065
– Rifugio Belvedere, Tel. 0439/300247
– Camping am Lago di Arsie, Tel. 0439/58540
– Camping Parc Nevegal, Tel. 0437/908143
– Fremdenverkehrsamt Feltre (A.P.T.), Tel. 0439/840216
Karte: Kompaß-WK, 1:50 000, Blatt 76, Pale di San Martino

Alternativen:
– **La Rosetta** (W, mittel), Seilbahn von San Martino di Castrozza, Tel. 0439/68204
– **Monte Pradazzo** (SO, einfach; S, mittel) über Falcade, Seilbahn zur Lareseihütte
– **Punta Ces** (SO, leicht) über San Martino di Castrozza, Tel. Seilbahn: 0439/68100
– **Cima Tognazza** (SO, O, leicht), Tognolabahn von San Martino di Castrozza, Tel. 0439/68026
– **Monte Cesen** (S – O – W, leicht, Landung schwierig) über Valdobbiadene (Vorsicht: Militärgelände!) Straße
– **Rifugio Dolada**, siehe Seite 110
– **Monte Grappa**, siehe Seite 114

D/GS
Italien
Venetien
Monte-Grappa-Gruppe

50 Bassano / Marostica

Die weiten Hügelrücken des Monte-Grappa- und des benachbarten Monte-Kaina-Massivs (Asiago-Plateau) liegen wie eine Aussichtsplattform über der Poebene und brechen in steilen Waldhängen hinunter ins Tal. Insbesondere von März bis Mai bieten sie ideale Flugbedingungen. Zum alljährlich im Frühjahr stattfindenden Monte-Grappa-Meeting treffen sich alle Größen des Flugsports bei einem Preis- und Showfliegen mit kleiner Flugmesse.

Start

Monte-Grappa-Seite:
1. Col del Pupolo, 866 m, nur Drachen (!), Rampe, S, SO. Straße von Semonzo zum Campo Croce/Grappa. Startplatz neben der Straße (beschildert).
2. Col Serai, 977 m, Gleitschirme, S, SW, einfach. Straße wie zum Startplatz 1 bis zum Parkplatz und in wenigen Minuten zum Start zu Fuß. Vorsicht: Nicht links der Windfahne starten, wegen der Rotoren!
3. Costalunga, 750 m, Gleitschirme, O, SO, einfach. Idealer Vormittagsstart, bei W-Wind verboten. Liegt auf dem Rücken, von dem die Monte-Grappa-Straße nach Bassano herunterkommt. Startrichtung auf das enge Tal des Valle S. Felicità. Start in Höhe der Alm Malga Giusella. Beschildert.
Über Marostica:
1. Tortima, 751 m, S, mittel, Start bei Bar Brazil neben der Straße.
2. Rubbio, 850 m, SW–SO, leicht, ideal zum Toplanden, Info: Bar Brazil, Auto unterhalb Kuppe parken.
3. Monte Caina, O, SO, leicht, 1003 m, Straße + 15 Min.

Landeplatz

1. Drachen: 176 m, großes Feld bei der Via Caose, Windsack, beschildert, in Semonzetto, gleich südlich der Straße Bassano – Borso del Grappa.
2. Gleitschirme: 195 m, Wiesenstreifen nördlich der Straße Bassano – Borso, gleich nach Romano Alto Beschilderung bei der Via Valentinetti. Hier abzweigen zum Landeplatz (bergwärts) an der Via G. da Semonzo.
3. Eine **Ausweichlandemöglichkeit** für Gleitschirme besteht bei Farronati, am Ausgang der Talschlucht unterhalb des Costalunga-Startes. Von dieser Landefläche ist allerdings abzuraten, da sie nicht offiziell ist und starken Turbulenzen ausgesetzt sein kann!
Landeplätze Rubbio, Tortima noch nicht offiziell, liegen bei Valle S. Floriano, in der Bar Brazil fragen!

HU

zwischen 555 m und 800 m

Flug

Wenn der Wind normalerweise aus der Poebene anströmt, stehen ab dem späten Vormittag gute Aufwindbereiche zur Verfügung. Costalunga, Monte Caina sind eher ein Vormittagsgelände, die anderen Startplätze haben ganztägig gute Flugbedingungen.

Schwierigkeiten/Gefahren

Überfrequentierung an Wochenenden in der Saison. Nordwind, starke West- und Ostlagen, Sommerturbulenzen, Gewitter.

Streckenmöglichkeiten

Sehr gut im Frühjahr. Gesamtes Grappamassiv, Flüge nach Norden zum Monte Avena und weiter in die Pala. Flüge nach Trento oder nach Osten Richtung Aviano und Belluno.

D/GS

Italien
Venetien
Monte-
Grappa-
Gruppe

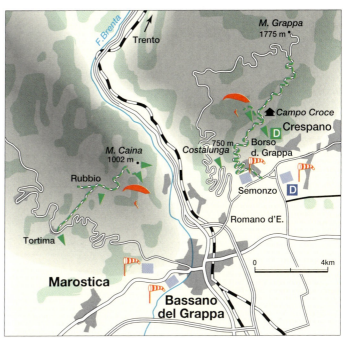

Talorte: Borso del Grappa, 180 m, Bassano, 129 m, Marostica
Anfahrt: Brennerautobahn bis Trento-Nord. Weiter auf der Schnellstraße über Levico in Richtung Feltre bis zur Abzweigung nach Assano. Weiter dieser Straße folgen nach Bassano. Dort Abzweigung nach Romano-Borso.
Auch von der Autobahn Trento-Vicenza eine Abzweigung nach Bassano.
Club/Treffpunkt: Volo Libero M. Grappa, Antonio Securo, Via Cacorrer 49, I-35013 Cittadella (PD), Tel. 5973542.
Man trifft sich entweder bei »Tillys«, etwa 100 Meter vom GS-Landeplatz, oder im Ristorante »Alla Mena« im Valle S. Felicità. Über Marostica ist Treffpunkt bei Bruno in der Bar Brazil an der Straßenkreuzung vor Tortima, Tel. 0424/ 709008
Flugschule: Scuola di Parapendio e Deltaplane, Via Caose 9, I-31030 Borso del Grappa (TV) Tel. 0423/542087, 491571

Camping/Unterkunft: Camping erlaubt beim Ristorante »Alla Mena«
Fremdenverkehrsamt Bassano, Tel. 0424/26651, 524351
Einige wenige Unterkünfte in Marostica oder Tortima, Rubbio (besser): Albergo Ciclamino und Albergo Poli
Wetterauskunft: Tel. 0436/79221
Bergrettung: 0423/538741

Alternativen:
– **Col Formiga/Panetone** (SO, leicht)
– **Col Campeggia**
– **Monte Sumano** (SO, mittel) über Schio; Straße
– **Monte Cavallo** (S, leicht), nur an Wochenenden, Club von Borso kontaktieren (Aviano, Straße)
– **Monte Cesen** (S – O – W, leicht; Landung heikel); Militärflughafen Aviano in der Nähe: vorher Club fragen!
– **Monte Croce** (S, mittel) über Cogollo del Cengio, Straße
– **Monte Avena**, siehe Führer

115

GS
Italien
Trentino
Gardasee-
berge

51 Monte Baldo 1750 m

Der lange Rücken des Monte Baldo bildet die großartige Aussichtsloge über dem Ostufer des Gardasees. Fast 1700 Meter über seinem Ufer soart man entlang der Idealhänge. Leider gibt es ein tückisches Hindernis: der starke Reliefwind von Süden, Ora genannt, weht meist ab den Mittagsstunden. Wegen der geringen Landemöglichkeiten passieren häufig Unfälle und Wasserlandungen.

Start

W, SW, einfach, 1750 m, 15 Min. nördlich der Seilbahn-Bergstation am Gipfelrücken. Toplandemöglichkeit.

Landeplatz

Aufschüttung am Seeufer, ca. 400 Meter südlich vom Ortseingang von Navene, 90 m. Wird außerhalb der Saison gerne als Stellplatz oder Parkplatz benutzt. Im Wasser eine Boje mit Windsack. Notlandemöglichkeiten südlich bei Malcesine am Ufer (für Unerfahrene unmöglich!). Im Norden hinter Navene gibt's keine Landemöglichkeiten, außer im See!

HU

1660 m

Flug

Soaringflüge bei Westwind und an thermischen Tagen am Nachmittag. Für gute Piloten wird empfohlen topzulanden. Rechtzeitig am See die Windbewegung erspähen (Schaumkronen auf dem Wasser). Der Wind ist unten am Wasser stärker als zum Gipfel hin. Der Landeplatz und die Karte sollten vor dem Flug genau analysiert werden.

Schwierigkeiten/Gefahren

Starker Reliefwind (Ora) ab der Mittagszeit, Gewitterexposition, Hochspannungsleitungen an den unteren Bergflanken über Malcesine. Geringe Landemöglichkeiten.

Streckenmöglichkeiten

Streckenflüge entlang des gesamten Monte-Baldo-Rückens nach Norden (Landemöglichkeiten nehmen ab) und nach Süden (bessere Landemöglichkeiten) möglich. Orafreie Tage sind selten!

Talort: Malcesine, 89 m
Anfahrt: Von Norden: Brennerautobahn – Bozen – Trento – Rovereto, Ausfahrt Rovereto-Nord, Bundesstraße (SS) nach Torbole, weiter die Uferstraße Ost nach Malcesine zur Seilbahn. Man passiert hinter Navene die Landeplatz-Aufschüttung. Von Süden: Autostrada Brescia – Verona – Ausfahrt Peschiera. Weiter der östlichen Uferstraße nach Malcesine folgen.
Seilbahn: Funivia del Monte Baldo, Malcesine, Tel. 045/7400206
Club/Treffpunkt: Bar Rosa im Stadtkern von Malcesine. Die »Barkeeper« sind selbst Gleitschirm-Flieger. Ali Azzurre Trentine, 38065 Mori, Tel. 0464/532566
Flugschule: Volo Libero Alto Garda, Fabio Rezore & Nicola Nardelli, Via Bettinassi, 24, 38062 Arco, Tel. 0464/531080
Fabio spricht ein wenig deutsch und organisiert für Astflieger Gebietsführungen rund um die Gardaseeberge.
Camping/Unterkunft: Die diversen Campings in und um Malcesine sind während der Saison (April bis September) von Surfern belegt. Man kann sich aber immer »dazwischenquetschen« oder eine Privatunterkunft suchen. Fremdenverkehrsamt, Tel. 045/7400044.

GS

Italien
Trentino
Gardasee-
berge

Karte: Kompaß-WK, 1:50 000, Blatt 102, 101

Alternativen:
– **Monte Costabella** (W, SW, einfach) über Castelletto di Brenzone, Straße nach Senaga (Prada Alta) + Sessellift.
– **Monte Somator,** Monte Biavena über Corniano (am besten mit der Flugschule dorthin!)
– **Monte Stivo** (NW – SW, einfach, aber am Nachmittag orabedingt heftige Turbulenzen!). Straße von Bolognano bis Capanna Finotti und 1 1/2 Std. zu Fuß bis Hütte am Gipfel (So. offen)
– **La Rosta** (W, SW, einfach) über Val Cavedine Straße von Trento oder Arco
– **Mori:** Kontakt Flugschule
– **San Giovanni** (SO, schwierig) über Dro, Straße + 10 Min.
– **Monte Brento Alto** (W, SW, S, SO, O, einfach)
– **Deltaland/Caprino Veronese,** Info: Verkehrsamt San Zeno, Tel. 0457/285076
– **Palon del Bondone** (SO – SW, einfach) über Trento, Straße + Lifte

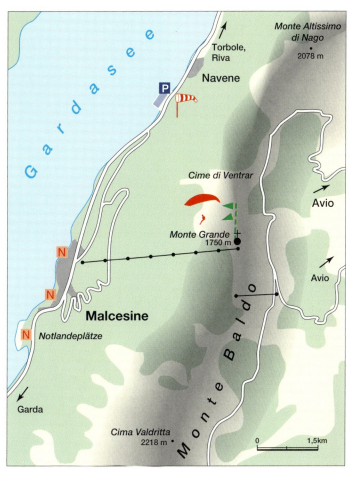

D/GS
Italien
Trentino
Brentagruppe

52 Dosso del Sabion 2101 m

Seit fünfzehn Jahren ist der Dosso del Sabion über Pinzolo im Val Rendena der beliebteste Flugberg der Region. Eingebettet zwischen Adamellogruppe und Brenta, unweit von Madonna di Campiglio, bietet das Rendenatal eine Menge Flugmöglichkeiten, auch für Streckenfreaks!

Start

1. **S, leicht,** direkt beim höchsten Punkt, 2101 m, Idealwiese.
2. **W, leicht,** nördlich neben dem Sessellift.

Landeplatz

1. **Neben der Talstation in Pinzolo,** 770 m, große Wiese nördlich der Kirche. Vorsicht am Nachmittag, wenn der starke Talwind im Sommer weht!
2. **Ausweichlandeplatz:** liegt nördlich der Brücke bei Carisolo (nördlich von Pinzolo-Ortszentrum).
3. **Der Drachen-Landeplatz** befindet sich wenig südlich von Pinzolo beim Ortsteil Giustino in der Nähe der Hauptstraße. Windsack!

HU

1330 m

Flug

Soaren entlang der SW-Flanken bis zum Monte Toff. Zum Nachmittag hin frischt das Talwindsystem (Ora) merklich auf. Dann braucht man Konzentration und einen schnellen Schirm zum Einlanden, während das Fliegen in der Höhe einfach geht.

Schwierigkeiten/Gefahren

N-Wind! Talwindsystem. Leitungen und Bahnkabel.

Streckenmöglichkeiten

Die Hauptwinde aus Süd bis West sorgen für die Ausrichtung der Hauptstrecken in Richtung Etschtal: über Brenta und Mendelpaß oder über Val di Sole in Richtung Ortler/Ultental/Meran. Flüge nach Süden sind wegen der enormen Talwindsysteme nicht einfach: Entlang des Rückens der Valli Giudicarie kann man den Adamello südlich ins Val Camonica umfliegen.

Talort: Pinzolo, 770 m
Anfahrt: Von Norden: Brennerautobahn bis Bozen, Ausfahrt Mendelpaß, über den Paß – Madonna di Campiglio – Pinzolo. Von Süden: A4 Verona – Brescia – Bergamo, Ausfahrt Salo, Lago di Garda. Schnellstraße bis zur Abzweigung Lago d'Idro – Tione. Der Straße durch die Valli Giudicarie nach Norden bis Pinzolo folgen. Vom Gardaseeraum: Riva – Arco – Sarche: dort Abzweigung nach Tione und weiter in Richtung Pinzolo.
Seilbahn: Sabionbahnen, Tel. 0465/51256. Läuft die untere Sektion nicht, kann man mit dem

D/GS

Italien
Trentino
Brentagruppe

Alternativen:
- **Malga Rosa** (SO, schwierig; für gute Piloten und gute Schirme) über Villa Rendena; Aufstieg über ein Asphaltsträßchen
- **Cima Lancia** (S, mittel, hochalpin) über Campolo im Val Genova (Adamello), Zufahrt von Carisolo bei Pinzolo; Fußaufstieg ca. 3 1/2 Std. Sehr lohnender Flug!
- **Spadalone** (S, mittel), mit dem Auto von Caderzone bis Malga Campo + 1 1/2 Std. zu Fuß
- **Monte Spinale** (SO, S, SW, W, leicht bis mittel) über Madonna di Campiglio, Auffahrt mit Seilbahn, Tel. 0472/62340
- **Crozzon di Brenta** (N – O, schwierig, hochalpin). Superflug für Bergsteiger nach Pinzolo, Aufstieg über Sabion zur 12-Apostel-Hütte und Normalweg über Cima Tosa, von dort in 4 Std. zum Gipfel (Grad III).
- **Roccia dell'Alpo** (S, leicht, auch für Anfänger) über Storo, wenig nördlich des Idrosees; Straße Baitoni – Rifugio Alpo
- **Peio** (S, leicht), Dorf über Cogolo im Val di Peio, nördl. Seitental des Val di Sole in der Ortlergruppe. Man startet neben der Gipfelstation der alten Seilbahn, Auffahrt über Peio Fonti nach Peio.

Auto zur Mittelstation Prarotondo von Pinzolo aus hoch fahren. Von dort läuft man noch ca. 1 1/2 Std.
Club/Treffpunkt: Club Par-Aria, Giuseppe Paoli (spricht deutsch), c/o Scuola di sci – Pinzolo, Via Nazionale, I – 38086 Pinzolo, Tel. 0465/501540
Informationen gibt es auch bei: Magic Sport, V. Nazionale 4 in Caderzone, Tel. 0465/84512
Camping/Unterkunft: Fremdenverkehrsamt Pinzolo, Tel. 0465/51007
Karte: Kompaß-WK, 1:50 000, Blatt 73, Gruppo di Brenta

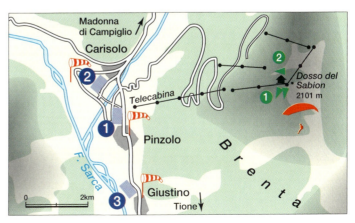

D/GS
Italien
Lombardei
Bernina

53 Mottolino 2349 m / Costaccia

Die beiden einander gegenüberliegenden Rücken über Livigno bieten für Anfänger und Genußflieger alles, was sie brauchen: einfache Start-, Lande- und Soaringflächen über dem Trubel der Einkaufsstraßen dieses Ortes. Außerdem gibt's hier ausreichend Lifte. Für Streckenflieger lohnt sich der Besuch weniger: Das Relief ist zu abgeschirmt.

Start

1. **Mottolino:** SW – NW, einfach, 15 Min. nördlich der Bergstation.
2. **Costaccia:** O, SO, S, einfach, 10 Min. südwestlich der Bergstation.

Landeplatz

1. **Mottolino:** Wiese im breiten Talboden, neben dem Bach, ohne Hindernisse, wenige hundert Meter von der Talstation, ca. 1800 m.
2. **Costaccia:** Wiese am Fuße des Berghanges neben der Talstation, ca. 1810 m.

Flug

Der Mottolino wird in der Regel am Nachmittag bevorzugt, der Costaccia eher am Vormittag beflogen (Exposition). Gute Thermik findet man am Monte della Neve und Il Motta.

HU/GZ

Mottolino: 550 m
Costaccia: 520 m
Mindest-GZ von 4 nötig

2326 m (Livigno)

D/GS
Italien
Lombardei
Bernina

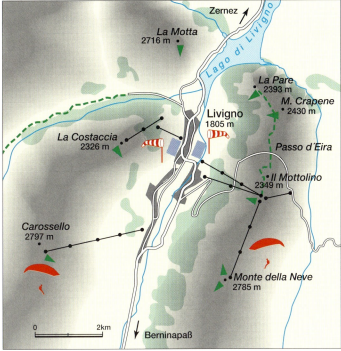

Schwierigkeiten/Gefahren

Starke Windströmungen aus Nord bis West können das Fliegen hier vermiesen. Leitungen, Seilbahnkabel im Tal beachten. Ansonsten relativ problemlos.

Streckenmöglichkeiten

Selten, da im Osten durch die Ortlergruppe, im Westen durch die Bernina stark abgeschirmt. Sehr hohe Basis nötig. Die einzige sinnvolle Möglichkeit ist der Flug nach NO ins Unterengadin in Richtung Scuol/Schuls. Gute lokale

Thermik an den Südhängen von Motta und Alpisella oberhalb des Livignosees.

Talort: Livigno, 1805 m
Anfahrt: Über Chur – St. Moritz – Berninapaß – Livigno.
Oder: München – Landeck – Schuls – Zernez – Livigno.
Vom Stilfser Joch über Bormio oder von Sondrio über Tirano.
Seilbahn: Mottolino,
Tel. 0342/970025
(GS-Wochenkarte ca. 40 000 Lit.)
Costaccia, Sitas-Sessellift,
Tel. 0342/996577
Club/Treffpunkt:
– Club: Flavio Cantoni,
Tel. 0342/997102
– Restaurant »La Grolla« an der Costaccia-Talstation,
Tel. 0342/996916
Flugschule: Scuola Sci Livigno, c/o Gasparini Luca, S.S. 301, 64, I-29030 Livigno (SO)

Camping/Unterkunft: Auskunft beim A.P.T.
Karte: Wanderkarte Oberengadin, 1:60 000, Kümmerly & Frey

Alternativen:
– **Carossello** (O, SO, einfach), Seilbahn
– **Monte della Neve** (N, NW, S, SW), Seilbahn vom Mottolino fährt nur in der Skisaison, sonst 1 Std. zu Fuß von dort
– **Il Motta** (SW – SO), zu Fuß 2 1/2–3 Std., thermisch sehr gut
– **Monte Crapene/La Pare** (W – S), kleiner Gratzug über Livigno, mit dem Auto bis Passo d'Eira + 25 Min.

D/GS
Italien
Comer See
Bergamasker
Alpen

54 Monte Croce di Muggio 1799 m

Der Wiesenbuckel des Muggio bildet mit der Alpe Giumello ein wunderschönes, thermisch schon sehr früh aktives Fluggebiet über dem Val Sassina in der Nähe des Comer Sees.

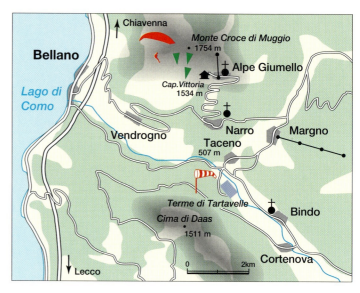

Start

SO – SW, einfach, Wiesenhänge beim Gipfel, 20 Min. vom Ende der Straße an der Alpe Giumello.

Landeplatz

Terme di Tartavalle, 450 m. Von Taceno zur Therme. Das Landefeld befindet sich daneben beim Fußballfeld (Windsack).

HU

1350 m

Flug

Soaringflug mit starker Frühjahrs- und Sommerthermik über dem Val Sassina. Entsprechende Talwinde!

Schwierigkeiten/Gefahren

Nordföhn und Gewitter, Talwindsystem.

Streckenmöglichkeiten

Gesamtes Val Sassina nach SO, Val Varrone und Veltlin im Norden und Nordosten. (Das Relief ist starken Talwindsystemen ausgesetzt!)

Talort: Taceno, 507 m
Anfahrt: Von Norden: Schweizer Rheinautobahn und Splügenpaß oder Engadin – Bergell – Chiavenna, Schnellstraße Richtung Lecco bis Ausfahrt Bellano/Valsassina. Weiter nach Taceno und Höhenstraße nach Alpe Giumello.
Von Süden: Autobahn Verona – Milano, Ausfahrt Lago di Como/Lecco. Dort Abzweigung nach Val Sassina.
Seilbahn: Keine. Die Alpe Giumello ist im Winter ein kleines Skigebiet; Straße von Taceno nach Alpe Giumello
Club/Treffpunkt: In Lecco gibt es einen Club. Ansonsten Kontakt über Alberto Amadasi, Tel. 0341/840165
Flugschule: Pegasus, c/o Dante Porta
Camping/Unterkunft: Der nächste Campingplatz liegt bei Vegno oberhalb von Taceno, Info: A.P.T. Barzio, Tel. 0341/996255. Gesamtauskünfte erteilt auch das Ufficio Informazione, Tel. 0341/362360, in Lecco, Via N. Sauro.
Karte: Kompaß-WK, 1:50 000, Blatt 105

Alternativen:
– **Piani di Bobbio/Orscellera** (W, SW, einfach) über Barzio, Seilbahn + 40 Min., Schlepplift nur im Winter
– **Cimone di Margno** (W, SW, einfach) über Margno im Val Sassina, Seilbahn bis Pian delle Betulle, ca. 40 Min. weiter zu Fuß
– **Monte Cornizzolo** (SW – SO, einfach) über Cesana Brianza (Navette), Privatstraße zum Monte Cornizzolo (nicht befahren!) + 10 Min. Pendelbus des Clubs
– **Valcava** (S, einfach), Caprino Bergamasco bei Bergamo, Info: Tel. 035/788023

D/GS
Italien
Comer See
Bergamasker Alpen

Italien
Piemont

55 Piana di Vigezzo 1804 m

Die Berge und Täler westlich des Lago Maggiore in Richtung Domodossola sind wenig bekannt, bieten aber bei Santa Maria Maggiore ein sehr schönes und einfaches Fluggebiet. Ideal für alle, vom Anfänger bis zum Streckenflieger: eine gute Alternative zur Cimetta!

Start

S, SW, leicht, auf der Cima, 1804 m. Von der Bergstation Piana di Vigezzo läuft man ca. 20 Min. nach SW den Rücken zum Startplatz hoch. Läuft der Sessellift in der Skisaison, kann auch von der Cima Trubbio (mit entsprechender Gleitleistung!) geflogen werden.

Landeplatz

S. Maria Maggiore, 770 m. Wiese mit Windsack südlich der Straße nach Domodossola, etwa 500 Meter nach dem Ortsende von S. Maria Maggiore.

HU

1034 m

Flug

Die westlich und südlich gelegenen Rinnen lösen ab Mittag gute Thermik an der Cima aus. Häufig Startüberhöhungen. Man kann dann über den diversen Rücken in Richtung Cima Trubbio (N) aufdrehen. Talwind beachten.

Schwierigkeiten/Gefahren

Nordföhn, Talwind, Ostwind, Frühjahrsturbulenzen. Die westliche Taleinbuchtung der Cima kann bei starker Thermik und Talwind für Schirme, die zu tief kommen, eine echte Leefalle werden.

GS
Italien
Piemont

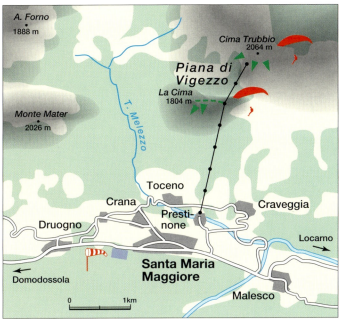

Streckenmöglichkeiten

Noch nicht exploriert, aber sehr gut. Man kann sicher bis Fiesch im NW kommen. Die meist westlichen Winde in dieser Region orientieren die Flüge jedoch nach O/NO in Richtung Cimetta, Valmaggia, Val Leventina und zum Gotthard.

Talort: S. Maria Maggiore, 770 m
Anfahrt: Von Norden über Chur – San Bernardino-Strecke bis Autobahnausfahrt Locarno und über Locarno in Richtung Centovalli nach S. Maria Maggiore.
Von Süden: Auf der A8 von Milano in Richtung Domodossola und weiter ins Val Vigezzo.
Seilbahn: Liegt im Ortsteil Prestinone, etwas oberhalb der Hauptstraße, Telefon 0324/98039
Club/Treffpunkt: Die Bar in der Seilbahntalstation, Tel. wie Seilbahn
Camping/Unterkunft: Auskünfte erteilt die Promozione Turistica Vigezzo, Piazza Risorgimento, I-28038 S. Maria Maggiore, Tel. 0324/9091

Karte: Kompaß-WK, 1:50 000, Blatt 89, Domodossola

Alternativen:
– **Alpe Guardia** (S; SW, einfach) über Preglia bei Domodossola, 1 Std. Fußanstieg
– **Alpe Pescia** (SW) über Masera bei Domodossola, Straße und 20 Min. zu Fuß
– **Val Divedro** (Flugmöglichkeiten erfragen beim: Deltaclub S. Domenico, c/o Castelli Pierangelo, Via Alneda 76, I-28039 Varzo)
– **Kühboden/Fiesch**, siehe S. 166
– **Punta Indren** (S, mittel, Landeplatz klein), Seilbahn von Alagna Valsesia im Monte-Rosa-Gebiet
– **Monte Moro** (S, mittel) über Macugnaga im Anzascatal/Monte-Rosa-Gebiet, Seilbahn Tel. 0324/65050, 65060.
Weitere Informationen beim Deltaclub Monterosa c/o Raffaele Langone, V. Statale 35, I-28050 Macugnaga (NO)

GS
Italien
Provincia
d'Aosta
Montblanc-
gruppe

56 Rifugio Torino 3375 m / Le Pa

Vor der Kulisse der ungeheuren Südabstürze des Montblancmassivs führt die Funivia del Monte Bianco hoch über das Val Ferret und Courmayeur. Hier fliegen heißt, in der Strenge des Hochalpinen seinen Weg suchen, über Eiskaskaden und Schotterhängen und turbulenter Sommerthermik. Ein unvergeßliches Erlebnis!

Start

1. Le Pavillon, S, SW, einfach, 2174 m, westlich neben der Mittelstation der Seilbahn.
2. S, SO, mittel, hochalpin (Gletscherstart), ca. 3360 m, östlich neben der Turiner Hütte (Rifugio Torino).

Landeplatz

1. La Palud, 1290 m, Parkplatz unterhalb der Seilbahn-Talstation (klein).
2. Wiesen zwischen La Palud und Planpincieux, 1300 m.

HU

880 m oder 2070 m

Flug

In den meisten Fällen (auch für Gelegenheitspiloten) fliegt man eher frühmorgens und am Nachmittag und vor allem an Tagen mit ruhigen Verhältnissen (man kann auf dem Rifugio Torino übernachten – im Winter Skigebiet, Ausgangspunkt für Bergtouren im Montblancmassiv).

Der Start beim Rifugio Torino hat selten ideale Windverhältnisse und oft Rückenwind von Norden. Aber es rentiert sich, auf günstigen Wind zu warten! Man kann die gegenüberliegenden Hänge des Mont de la Saxe erreichen und deren (ruhigere) Thermik nutzen. Talwinde beachten!

lon 2174 m (Courmayeur)

		GS
		Italien
		Provincia
		d'Aosta
		Montblanc-
		gruppe

Talorte: La Palud, 1290 m, Courmayeur, 1224 m
Anfahrt:
Von Süden: Autobahn Milano – Torino – Aosta – Monte Bianco, Ausfahrt La Palud (vor dem Montblanctunnel nach Chamonix). Von Norden: Zürich – Bern – Montreux – Martigny – St. Bernhard – Aosta – Montblanc bis La Palud oder von Chamonix über den Montblanctunnel (Maut).
Seilbahn: Funivia del Monte Bianco, Tel. 0165/89925, 89196
Club/Treffpunkt:
– Hans Marguerettaz, Tel. 0165/842116
– Ufficio delle Guide (Bergführerbüro), Tel. 0165/842357
Camping/Unterkunft:
Es empfiehlt sich, auf einen Campingplatz zu gehen, denn Courmayeur und Umgebung sind sehr teuer!
– Campeggio La Baita, Tel. 0165/89900
– Campeggio Grandes Jorasses, Tel. 0165/89253
– Information: Fremdenverkehrsbüro in Courmayeur, Tel. 0165/842060
Wetterauskunft: evtl. beim Rifugio Torino anrufen: Tel. 0165/842247
Karte: Kompaß-WK, 1:50 000, Blatt 85, Monte Bianco

Alternativen:
– **Aiguille du Toule** (S, SW, mittel, hochalpin), 1/2 Std. vom Rifugio Torino nach Westen
– **Mont Blanc/Monte Bianco** (S, SO, N, W, einfach, aber hochalpin, große Höhe, extreme Winde und Temperaturen!), 4–5 Std. vom Rifugio Torino über den Col Maudit, schwere Hochtour für gute Alpinisten
– **Bivacco Borelli** (S, mittel) über dem Val Veny, unweit des Montblanctunnels, 2 Std. von Peuterey (Camping) bzw. Rif. Monte Bianco
– **Grandes Jorasses** (SW, einfach, hochalpin, große Höhe und Ausgesetztheit), schwieriger, kombinierter Anstieg, 4–6 Std. ab Rif. Boccalatte über Planpincieux im Val Ferret (Fels II – III, Eis 50°)
– **Petit Montblanc** (S), Aiguille du Chatelet (S), Testa dei Liconi (S), Mont Crammont (O), im Val Ferret; alle zu Fuß
– **Planpraz/Brevent** (SW, einfach, SO, schwierig) über Chamonix, siehe Seite 176
– **Monte Facciabella** (S, SO, einfach) über Champoluc (Val d'Ayas), Straße nach Antagnod-Bizons + 20 Min.

Schwierigkeiten/Gefahren

Achtung Gelegenheitspiloten! Wegen der hochalpinen Lage von der Turiner Hütte aus nicht alleine fliegen! Gewitter, Höhenwinde, starke Thermik, Talwind berücksichtigen. Wer unsicher ist, sollte immer auf den Wiesen um Planpincieux landen und lieber einen längeren Weg zur Talstation in Kauf nehmen.

Streckenmöglichkeiten

Richtung Aosta und La Thuile (S, O).
Das Aostatal ist teilweise ziemlich verbaut, der Talwind kann stark sein.

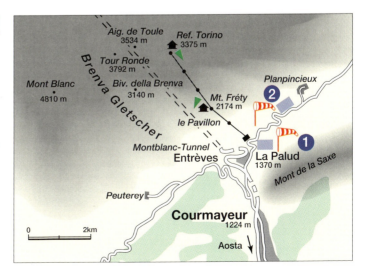

127

D/GS
Italien
Ligurien
Alpi Marittime

57 Monte Nero / Col del Bandito

Über der italienischen Blumenriviera zwischen San Remo und Bordighera liegt dieses schöne Gelände mit sechs Startplätzen halbkreisförmig über dem verschlafenen Städtchen Ospedaletti. Erst seit 1993 wird hier geflogen. Alles ist um eine Nuance familiärer, gemütlicher als das eine Dreiviertelstunde entfernte Monaco. Der große Vorteil des Gebietes besteht aber im wesentlichen aus folgendem: keine Höhenbeschränkung und freie Streckenflugmöglichkeiten nach Norden in die ligurischen Seealpen sowie ein durch das Umland geschütztes Relief, wesentlich öfter fliegbar als Monaco, unabhängig vom Mistral.

Start

1. **Monte Nero**, 3 Startplätze auf 300 m, 430 m und 600 m, S – SO, leicht (GZ 5 erforderlich). Zu erreichen alle mit der Navette (Pendelbus) des Clubs (Piste 4x4). Hauptfluggelände, ab ca. 9.30 Uhr thermisch aktiv (Ausnahme übergeordnete Wetterlagen).
2. **Col del Bandito**, 800 m, flaches Startgelände nach SW, bei Nullwind GZ 6 notwendig, um wegzukommen, meist ab ca. 11 Uhr, da eine sehr lange Rinne direkt unter dem Startplatz liegt. Vorsicht am Nachmittag: Seitenwind aus den rückseitigen Westflanken durch Thermik!
Anfahrt: per Navette des Clubs oder mit Pkw von Ospedaletti nach Coldirodi und dort weiter aufwärts Richtung M. Gozzo. In einer Straßenkurve Parkbucht. Von dort zu Fuß aufwärts und Verzweigung zum Bandito oder Monte Carparo (je ca. 15 Min.).
3. **Monte Carparo**, 905 m, höchster Startplatz nach SO, einfach. Seit Eröffnung der Monte-Nero-Startplätze weniger besucht. Zu erreichen wie Col del Bandito.
4. **Capo Nero**, 190 m Starkwindstartplatz an der SW-Seite der

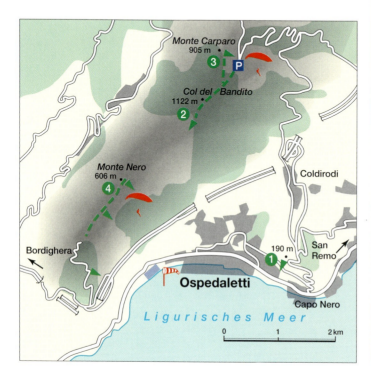

D/GS

Italien
Ligurien
Alpi Marittime

Monte Carparo (Ospedaletti)

Bucht über Ospedaletti, direkt an der Straße von Ospedaletti nach Coldirodi (Windsack in Kurve). Schwierig! Nur für Könner und ab Minimum 15km/h Wind! Häufig gut bei übergeordneten Wetterlagen.

Landeplatz

Baia Verde: Großes parkartiges Wiesenstück am Strand 400 m westlich vom Stadtstrand. Zu Fuß 10 Min. vom Treffpunkt Bar Sirena. Leicht, evtl. auch für gute Drachenflieger geeignet!

HU

zwischen 300 m und 905 m; GZ 5 Minimum für alle Gelände!

Flug

Interessante Thermikflüge über der halbkreisförmigen Bucht von Ospedaletti mit teils sehr guten Aufwinden, bedingt durch Couloirs. Je nach Tageszeit wechselt man die Startplätze.

Schwierigkeiten/Gefahren

Außer durch Starkwind und Schlechtwetter gibt es kaum Probleme. Der französische Mistral (man kann in Monaco nicht fliegen) kehrt sich hier zum Ostwind um (vento rebosso) und bietet dynamische Flüge am Monte Nero. Es besteht keine Landwindgefahr wie in Monaco. Bei zu starkem Wind weicht man auf die niederen Startplätze aus!

Streckenmöglichkeiten

Flüge nach Bordighera bzw. San Remo bei genügend Thermik (dort Landung an den Stränden). Interessant sind Flüge nach Nordosten: über Monte Bignone und Monte Ceppo ins Hinterland der Seealpen. Achtung: fast nur Hang- und Gipfellandung möglich!

Talort: Ospedaletti, am Mittelmeer
Anfahrt: am schnellsten von Milano, Torino oder Piacenza über die Autobahn Genua – Nizza. Von den Nordalpen über die San-Bernardino-Strecke – Milano – Genova – Nizza, Ausfahrt San Remo Ovest bei Coldirodi, hinab nach Ospedaletti.
Club/Treffpunkt: Club Ponente mit Treffpunkt an der Bar Sirena am Strand (Eisenbahnunterführung gegenüber Hotel Luna). Dort geht auch die Navette zu den Startplätzen ab. Täglich ab 12.30 Uhr trifft man Enzo Mamone, der sich darum kümmert, aber auch telefonisch erreichbar ist: Enzo Mamone, S. Bartolomeo 346, I-18038 San Remo (IM), Tel. 0184/669015 oder 0360/700087.
Camping/Unterkunft:
– Hotel Italia, Via Matteotti 11, 18014 Ospedaletti,
Tel. 0184/689045, gemütliche Unterkunft nah der sonstigen Treffpunkte der Stadt. Der Besitzer spricht englisch.
– Camping Camporosso bei Bordighera, Tel. 0184/18033
– Camping Isolabona
Tel. 0184/18030
– Fremdenverkehrsamt Ospedaletti Tel. 0184/689085,
Fax 0184/684455
Karte: Carta Turistica della Regione Liguria 1:50.000, Blatt San Remo, erhältlich im Tabakwarenladen im Ort.

Alternativen:
– **Mont Gros** über Monaco (siehe Führer)
– **Bavera** (SO – O, leicht), kleines Soaringgebiet unweit von Ventimiglia
– **Cima Olivastro** (S, SO, leicht) über Isolabona, Zufahrt per Straße
– **M. Bignone** (W – SO, leicht); Seilbahn und Straße von San Remo

Schweiz

Schwe

z – für jeden etwas

Schweiz

Vielfältig ist die viersprachige Schweiz in Flugregionen aufgegliedert. Sie besitzt etwa so viele Fluggebiete wie Bayern, Österreich und Slowenien zusammen, aber nur etwa 30 Prozent dieser Gebiete sind regelmäßig ausgelastet. Etwa 4000 bis 5000 aktive D- und GS-Piloten verteilen sich auf folgende Regionen:

Alpennordseite: Ostschweiz und Jura
Zentralschweiz: Glarus, Vierwaldstätter See, Berner Alpen
Südschweiz: Engadin, Tessin und Wallis
Westschweiz: Freiburger und Waadtländer Alpen, Jura.

Die bekanntesten Flugzentren liegen im Osten um Appenzell (Hoher Kasten/Ebenalp) und Davos (Jakobshorn/Gotschna), in der Zentralschweiz rund um den Vierwaldstätter See mit der größten Dichte unterschiedlicher Fluggebiete (alle per Seilbahn erschlossen) im gesamten Alpenraum (Engelberger Tal, Pilatus, Stanser Horn, Rigikette etc.).
Im Berner Oberland bilden die Fluggebiete um die Achse Interlaken Meiringen – Grindelwald und Seitentäler das Herzstück (Planplatten, First, Rothorn, Männlichen etc.)
Das Engadin und das Tessin liegen, genauso wie das restliche Süd-Graubünden, mit zahlreichen schönen, zum Teil recht anspruchsvollen Fluggebieten etwas abseits. Hier verteilt sich das Fliegen auf St. Moritz, Bad Scuol und Locarno (Cimetta).
Im Wallis sind es Fiesch und Verbier, die allen anderen Gebieten den Rang ablaufen. Hier konzentriert sich alles auf diese beiden Orte, während alle sonstigen Fluggebiete wenig besucht sind.
Die übrigen Regionen der westlichen Berner Alpen und die Regionen um den Genfer See besitzen viele schöne, zum Teil sehr einfache Fluggebiete für Anfänger, aber auch für Streckenpiloten. Herausragend sind die Flugberge um Gstaad und das Val d'Illiez. Bis auf die Nordschweiz sind die Flugregionen nordwindanfällig, und man kann sie in zwei unterschiedliche Klimazonen, nämlich Südalpen- und Nordalpenraum, unterteilen. Entweder Föhn oder N-Wind bilden die jeweiligen Störfaktoren. Im Zentralalpenraum kommen starke Sommertalwinde und Leethermik hinzu.

Meistens bieten die Fluggebiete ausreichende Start- und Landeplätze für jedermann, bestens organisierte Flugschulen und eine sehr große Kollegialität und Hilfsbereitschaft Gastpiloten gegenüber. Es gibt eine so große Auswahl, daß praktisch das ganze Jahr über interessante Flugmöglichkeiten für Thermik oder Dynamik zur Verfügung stehen. Eine Reihe von Fluggeländen in der Nord- und Zentralschweiz sind jedoch vom Herbstnebel betroffen. Die thermisch interessante Jahreszeit beginnt im Nordalpenbereich im März/April und dauert, je nach Lage des Fluggebietes, bis in den September, während der Südalpenbereich bereits ab Februar in Frage kommt und bis Ende Oktober Thermik bietet.
Die Streckenflug-Topzeit liegt etwa zwischen Ende April und Anfang Juli.

D/GS
Schweiz
Appenzeller Land
Alpsteingebiet

58 Hoher Kasten 1795 m/Ebenalp

Die beiden gegenüberliegenden Flugberge gehören zu den bekanntesten und meistbesuchten Gebieten der Ostschweiz. Beeindruckend sind die Streckenflugmöglichkeiten und Höhenflüge vom Hohen Kasten übers Rheintal bzw. in den Säntisstock. Auf der Ebenalp ist Nord- und Westwindsoaren oder Thermikfliegen überm Seealpsee gut möglich.

Start

Hoher Kasten:
1. **Kamor**, NW, W, N, mittel, 1750 m, westlich des Kamorgipfels. 20 Min. von der Kastenbergstation auf Wanderweg.
2. **SW, W, mittel**, steile Wiese über Wald, ca. 1700 m, im Sattel unterhalb vom Kamor zwischen Kastenflanke und Kamor.
3. **SO, einfach**, steile Wiese am Kamor über einem Couloir, das ins Rheintal abbricht, ca. 1700 m. Vom Startplatz 2 auf die Kamor-SO-Flanke weiter, 20 Min. von der Bergstation. Rund um die Bergstation keine offiziellen Startplätze: steil, verbaut und Turbulenzen!
Ebenalp:
1. **W, NW, N, SO**, leicht, rund um die Ebenalp-Gipfelstation, ca. 1630–1650 m.
2. **Schäfler, SO**, mittel, idealer Vormittags- und Thermikstartplatz, 3/4 Std. von der Bergstation unter dem Berggasthaus, 1900 m.
3. **Chlus, SO**, mittel, 1700 m, Grashang westlich vom Sattel zwischen Ebenalp und Schäfler, 1/2 Std. von der Bergstation.

Landeplatz

Hoher Kasten:
1. **Wiese, 940 m**, nördlich der Seilbahn-Talstation in Brülisau, Windsack.
2. **Landewiesen bei Lienz**, 450 m; wechselnde Flächen, Infos bei der Flugschule!
Ebenalp:
1. **In Brülisau** (siehe Hoher Kasten).
2. **Wasserauen** (Hauptlandeplatz), 870 m, südlich vom Bahnhof (hinter Hotel), zwischen großem Parkplatz und Kiesgrube, 10 Min. zur Seilbahn.
3. Am Westende des **Seealpsees**, 1144 m.

HU

Hoher Kasten: zwischen 760 m und 1350 m
Ebenalp: zwischen 730 m und 1030 m

Flug

Am Kasten/Kamor entweder Vormittagsflug ins Rheintal, Vorsicht bei Nordwind wegen der Rotoren – Felswände! Ideal bei West- bzw. Talwind, dann gutes Soaren über dem Wiesenkessel oberhalb Brülisau. Auf der Ebenalp kann man entlang der Felswände in Richtung Schäfler soaren und am Nachmittag zur anderen Talseite (Alp Sigel) wechseln, wo dann der Wind gut ansteht. Bei dynami-

1640 m

D/GS

Schweiz
Appenzeller Land
Alpsteingebiet

schem Westwind über der Ebenalp direkt soaren oder (wenn es dort zu eng wird) hinüber zur Westseite der Alp Sigel soaren.

Schwierigkeiten/Gefahren

Der Rheintalflug vom Kamor darf nur bei sicheren Verhältnissen (also nicht bei übergeordneten Windlagen) und früh am Vormittag unternommen werden. An beiden Bergen herrscht an Saisonwochenenden dichtes Getümmel (ähnlich wie in Andelsbuch).
Der Hohe Kasten ist durch seine exponierte Lage weit mehr als die Ebenalp Wetterwechseln und Starkwindturbulenzen ausgesetzt.

Streckenmöglichkeiten

Vom Kasten kann im Frühjahr der ganze Alpstein- und Säntisstock nach SW und S überflogen werden. Auch wurde das Rheintal nach dem Bregenzer Wald und Rätikon schon gequert (mit Anschluß in Hohenems und Weiterflug in Richtung Schnifis oder Andelsbuch). Weitere Möglichkeiten sind der Flug in Richtung Chur-firsten nach Süden oder über Alvier – Gonzen nach Bad Ragaz oder die Überquerung des Rheintals in Richtung Falknis – Vilan ins Prättigau.

Talorte: Brülisau, 922 m, Wasserauen, 868 m
Anfahrt: AB St. Gallen – Chur: Von Lindau/ Bregenz kommend Ausfahrt Au, weiter über Altstätten und Appenzell nach Wasserauen bzw. Brülisau.
Von St. Gallen direkt über Teufen – Gais – Appenzell nach Wasserauen bzw. Brülisau.
Von Sargans in Richtung St. Gallen, Ausfahrt Oberriet, weiter über Altstätten – Appenzell.
Seilbahn: Hoher Kasten: Tel. 071/881322
Ebenalp: Tel. 071/881212
Flugschulen:
– Ostschweiz, Tel. 073/313020
– Appenzell, Tel. 071/881767
– Säntis, Tel. 071/414747
Camping/Unterkunft:
– Verkehrsverein Appenzell, Tel. 071/874111
– Camping Eischen in Appenzell-Kau, Tel. 071/871497
Wetterauskunft: Info Ebenalp: Tel. 071/881544

Karte: LKS, 1:50 000, Blatt 227, Appenzell

Alternativen:
– **Hundwiler Höhe** (NW, N, einfach), Frühjahrsnordwind-Soaringgebiet über Hundwil, 3/4 Std. zu Fuß
– **Kronberg** (N; W, mittel), Seilbahn von Jakobsbad, Tel. 071/891289; heikle Startplätze: Der Wind muß genau stimmen!
– **Stauberen** (O, SO, S, einfach) über Frümsen im Rheintal, etwa 3 Std. zu Fuß
– **Stauberen** (NW, W, einfach) über Säntisersee, 2 Std. Aufstieg aus dem Alpstein
– **Alp Sigel** (NW, W, einfach, nach Brülisau bzw. Wasserauen oder SO, S, einfach, zum Säntiser See), Auffahrt per Bahn (4-Personen-Freiluftkorb), Tel. 071/881287 bei Brülisau oder 1 1/4 Std. zu Fuß vom Säntiser See
– **Säntis** (SW, schwierig), Bergbahn von Schwägalp, Tel. 071/581921

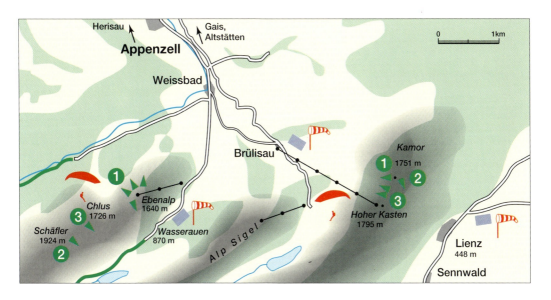

Schweiz
Appenzeller Land
Churfirsten

59 Chäserrugg 2200 m / Hinterrugg

Die Kette der Churfirsten begrenzt, wie ein Wall gigantischer Zahnstümpfe, das Appenzellerland zum Walensee. Von Norden führen Bahnen zu Aussichtsgipfeln. Der Blick nach Süden ist atemberaubend: Fast 2000 m brechen die Mauern in mehreren Stufen, garniert mit Wasserfällen, zum Walensee hinab! Im Spätwinter und Frühling startet man aus dem Schneehang des Chäserrugg zum gewaltigsten Höhenflug der Nordschweiz. Wenn keine übergeordneten Windlagen den Flug zum Risiko machen, kann entlang der Felsmauern bis in den Abend gesoart werden – ein großes Erlebnis!

Flug

Die Südseiten eignen sich im Spätwinter und Frühjahr bei guter Thermik hervorragend zum Soaren. Dann kann man die ganzen Churfirsten absoaren. Im Sommer ist auch die Nordseite im Bereich Strichboden/Alp Selun wegen der ausgezeichneten Abendthermik sehr gut geeignet. Besonders schön ist eine Kombination: Flug vom Säntis (Bahn von Schwägalp) nach Unterwasser (am Morgen und Vormittag gut) und von dort Wiederauffahrt zum Chäserrugg und Flug nach Walenstadt am Nachmittag.

Start

1. **Chäserrugg:** S, mittel, ca. 2200 m im Sommer, 5 Min. von der Bergstation absteigend in Richtung Walenstadt bis 100 m unterhalb des Grates. Im Winter können gute Piloten direkt vor der Terrasse der Bergstation starten.
2. **Hinterrugg:** W, mittel, ca. 2270 m, 15 Min. nach Westen zum Hinterrugg und bei den Lawinenverbauungen entweder südlich (Richtung Walenstadt) oder nördlich (Richtung Unterwasser) starten. Im Winter einfach. Nicht bei Föhn oder Nordwind!

Landeplatz

1. **Walenstadt,** 427 m, Landewiese außerhalb der Ortschaft beim Fußballplatz, in Richtung Seeufer, etwa 300 m vor dem östlichen Seeufer, 100 m nördlich der Uferstraße.
2. **Unterwasser,** 906 m, direkt an der Talstation.

HU/GZ

zwischen 1290 m und 1840 m
Mindest-GZ 4

Schwierigkeiten/Gefahren

Die Höhe und Exposition der Bergkette erzeugen ein hochalpines Relief, das keine Starkwinde verträgt. Nicht bei Föhn und Nordwind geeignet! Das Soaren entlang der Wände sollten nur geübte Piloten wagen, die turbulenzenbedingte Einklapper problemlos meistern!

Streckenmöglichkeiten

Bei guter Thermik kann Alpstein-Churfirsten-Toggenburgkette überflogen werden. Der weiteste Flug ging bis nach Wattwil! Leicht erreicht man (Voraussetzung: kein Nordwind!) Säntis, Ebenalp und Hoher Kasten, gelegentlich das Rheintal nach Vorarlberg oder die Fluggebiete am Eingang zum Glarnerland (Fronalp, Amden etc.).

Talorte: Unterwasser, 906 m, Walenstadt, 427 m
Anfahrt: AB St. Gallen – Chur, Ausfahrt Buchs oder Haag, weiter über Gams – Alt St. Johann nach Unterwasser zur Talstation.
Seilbahn: Unterwasser-Iltios-Chäserruggbahn, Tel. 074/52228
Club/Treffpunkt: Kontaktperson für das Fliegen am Chäserrugg ist:

2306 m

GS
Schweiz
Appenzeller Land
Churfirsten

Peter Sailer, Ruhmatt, CH-9657 Unterwasser, Tel. 074/52165 oder mobil 077/977565

Camping/Unterkunft:
- Camping in Alt St. Johann: 3 Eidgenossen, Tel. 074/51274
- Seecamping in Walenstadt, Tel. 085/35896, 35212
- Verkehrsverein Unterwasser, Tel. 075/51923

Karten: LKS, 1:50 000, Blatt 237, Walenstadt, Nr. 5015, Toggenburg/St. Galler Oberland

Alternativen:
- **Iltios** (N, mittel), 100 Meter unterhalb der Mittelstation Unterwasser-Chäserrugg
- **Strichboden/Selun** (N, einfach – schwierig), bei Nordwind und Restitution, Bahn von Starkenbach zum Strichboden, Tel. 074/51923, zur Selun 1 1/2 Std.
- **Säntis** (SW, schwierig, hochalpin), Bahn von Schwägalp, Tel. 071/581921
- **Wildhuser Schafberg** (S, SW, SO, mittel, schwierig), je nach Start 1 1/2–2 1/2 Std. von Wildhaus über Gamplüt (Sesselbahn Gamplüt, Tel. 074/52151, 59191)
- **Durschlegi/Mattstock/Amden** (SO-SW, einfach – schwierig) über Walensee, Tel. Mattstockbahn: 058/461275

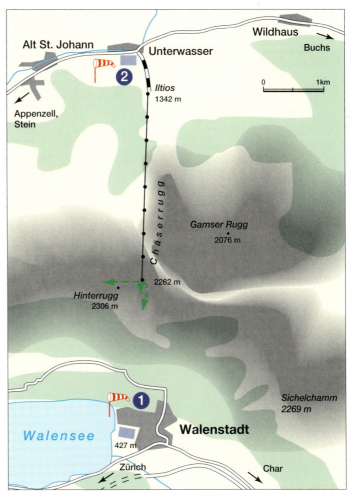

D/GS
Schweiz
Prättigau
Davoser Berge

60 Gotschnagrat 2285 m / Jakobs

Die Berge um Klosters und Davos sind vom übrigen Graubünden durch ihre langen Talzugänge isoliert. Hier, zwischen Engadin und Silvretta, trifft man auf die großen, dunklen Urgesteinsberge mit gewaltigen Thermiken und hoher Wolkenbasis für langes und anspruchsvolles Fliegen. Davos und Klosters freilich sind mondäne Skiorte mit relativ wenig Flair. Doch dies sucht der Pilot ja ohnehin weit oben am Himmel, von wo er einen grandiosen Blick auf die großen Hochgebirge der Umgebung hat. Der Gotschnagrat ist eher ein Vormittags- und Nordwindgebiet, am Jakobshorn trifft man sich bei Thermik, Westwind und Streckenabsichten.

Start

Gotschnagrat:
1. **N, einfach**, 2280 m, von der Bergstation dem Grat 300 Meter nach Westen folgen (Panoramaweg).
2. **S, SW, mittel**, ca. 2240 m, am Wildfräulitschuggen, 10 Min. von der Bergstation dem Rücken nach SW folgen bis unterhalb der Lawinenverbauungen.
3. **S, SO, einfach**, ca. 2240 m, neben dem Schwarzseelift auf kleiner Kuppe, etwa 15 Min. von der Bergstation nach SW.
Jakobshorn:
1. **N, O, W, leicht – mittel**, vom Brämabüel, etwa 20 Min. zu Fuß von der Bergstation nach NW, auf 2480 m.
2. **SW, leicht**, ca. 2500 m, 10 Min. von der Bergstation dem Rücken nach SW absteigend folgen. Häufig Seitenwind von Süden. Starke thermodynamische Winde am Nachmittag.

Landeplatz

Gotschnagrat:
1. **Klosters-Platz**, 1179 m, nur im Winter, Hauptlandeplatz auf der Wiese nordöstlich vom See und dem Flüßchen Landquart, etwa 15 Min. von der Talstation.
2. **Der Sommer-Landeplatz** befindet sich bei Boschga, ca. 1120 m, auf der Wiesenebene zwischen Klosters-Dorf und Klosters-Platz, 15 Min. nördlich der Talstation.
Jakobshorn:
1. **Davos-Bolgen**, ca. 1540 m. Große Wiese 10 Min. südlich der Talstation, über die Brücke, auf der anderen Seite der Landwasser, Hauptlandeplatz für Gleitschirme. Vorsicht beim Landeanflug mit Hochleistern wegen Seilbahnkabel und Hochspannungsleitung, bei Talwind von Süden und Thermik über den Landewiesen muß ein stark verkürzter Endanflug gemacht werden!
2. **Davoser See**, Südufer, ca. 1560 m, GZ 5 Minimum! Nicht bei Nordwind anzufliegen versuchen!
3. Drachenlandeplatz/Gleitschirme nur im Winter: Golfplatz Davos am südlichen Ende, ca. 1534 m.

HU

Gotschnagrat: zwischen 1060 m und 1160 m
Jakobshorn: ca. 940 m

Flug

Am Gotschnagrat kann man nordseitig mit dynamischem Wind oder ab dem Spätvormittag auch südseitig versuchen, sich an den Waldkanten zu halten. Gute Thermik von Süd aus Richtung Davos; aufpassen, um nicht vor Klosters zu tief hinabgedrückt zu werden. Wenn am Gotschnagrat nichts geht, quert man am Nachmittag das Tal über Klosters nach Nordosten schräg hinüber zum südwestlichen Ausläufer des Älpeltispitzes. Dort kann man sich bei Aufwinden von beiden Tälern (aus Landquart und Davos) gut halten. Am Jakobshorn geht insbesondere ab Mittag aus dem Plateau über dem Sertigtal, direkt unterhalb des Südweststartplatzes, sehr gute Thermik ab. Über diesem Plateau kann man leicht über den Gipfel aufdrehen (meist nordversetzte Thermik). Dabei kann man ganz leicht nach Klosters gelangen. Beim Einlanden ist wegen der starken Talwinde aus Süd ein Vorhaltewinkel zu fliegen. Bei Nordlagen gilt Umgekehrtes für den Brämabüel! Talquerungen nach Strela und Parsenn im Westen sind gut durchführbar.

Schwierigkeiten/Gefahren

Föhn, Höhenwinde aller Art, Sommergewitter, starke Thermik (insbesondere das Jakobshorn ist sehr windanfällig), Täler mit starken Windsystemen, Leitungen etc.

Streckenmöglichkeiten

Vom Gotschnagrat weniger geeignet, aber meist Talrunden über dem Kessel um Klosters sowie Flüge nach dem Jakobshorn oder Schiahorn.
Vom Jakobshorn hat man die bessere Thermik und erreicht oft eine relativ hohe Basis (im März schon fast 4000 Meter!). Sehr gute Streckenflüge in fast allen Richtungen (außer Südwest) wurden durchgeführt: hinaus nach Landquart entlang der gesamten Talkette zum Vilan, über die Silvretta ins Montafon und weiter ins Inntal, über den Flüela ins Unterengadin und weiter nach Landeck (Hauptrichtungen Ost bis Nordwest).

Talorte: Davos, 1583 m, Klosters, 1206 m
Anfahrt: AB St. Gallen oder Lindau – Bregenz – Richtung Chur, Ausfahrt Landquart. Weiter in Richtung Klosters – Davos.
Von Osten Fernpaß – Landeck – Schuls – Flüelapaß – Davos.
Von Süden über Tiefencastel nach Davos.

D/GS

Schweiz
Prättigau
Davoser Berge

...horn 2590 m (Davos)

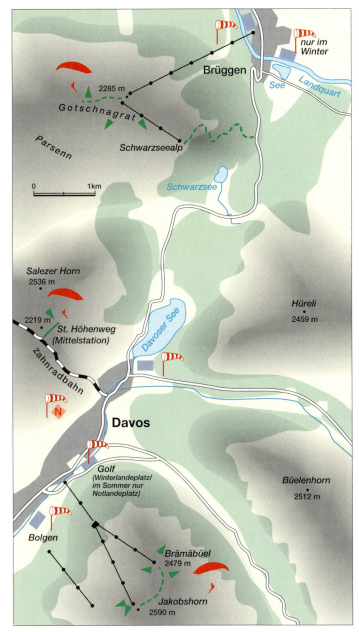

Seilbahnen: Gotschnagrat in Klosters, Tel. 081/691390 Jakobshornbahn in Davos, Tel. 081/437001
Club/Treffpunkt: In Klosters bei der Flugschule Grischa oder jeden Freitag im Restaurant Parma, Tel. 081/434866.
In Davos trifft man sich am besten beim »Guli« (Hans Guler). (Seine Stammtischrunden und Witze sind berühmt-berüchtigt.)
Flugschulen: Flugcenter Gotschna, Promenade 111, CH-7270 Davos-Platz, Tel./Fax 081/465546
Jakobshorn: Hans Guler, Tel. 081/436043, mobil 077/816043
Camping/Unterkunft:
– Kurverein Davos, Tel. 081/452121
– Jugendherberge Soldanella in Klosters, Tel. 081/691316
– JH Höhwald in Davos-Wolfgang, Tel. 081/461484
– Camping Färich in Davos-Dorf, Tel. 081/461043
– Hotel Terminus in Davos gegenüber vom Bahnhof, 5 Min. von der Jakobshornbahn, Tel. 081/437751
Karten: LKS, 1:25 000, Blatt 1197, Davos, Blatt 1177, Serneus

Alternativen:
– **Schatzalp/Strela** (SO, O, einfach), idealer Vormittagsflug über Davos, Bergbahn, Tel. 081/435726 Schulungsgelände der Flugschule Hans Guler
– **Parsenn** (SO, O, leicht), Schrägbahn von Davos, Tel. 081/462343
– **Madrisa** (S, SW, leicht bis mittel), Albeinabahn von Klosters, Tel. 081/692333, im Sommer nur bis Albeina + 40 Min. zum Startplatz in Höhe der Madrisalift-Bergstation
– **Rothorn** (siehe Führer)
– **Tigignas/Somtgant** (SO, O, NO, leicht) über Savognin, Tel. Bergbahn: 081/741308
– **Weißhorn** (S, SW, leicht – mittel) über Arosa, Tel. Bergbahn: 081/311828
– **Vilan** (W – SO, leicht), bedeutender Thermikofen am Eingang zum Prättigau über Landquart/ Malans, Älpelibahn + 1 1/2 Std.
– **Älpli** (W, SW, S, leicht) über Malans, Tel. Bergbahn: 081/514764
– **Fanaser Alpe**, über Fanas (SW, S, einfach), Straße und Bergbahn
– **Gaflei** (W, NW, leicht – mittel) über Vaduz (Straße), Info: Flugschulcenter Schönauer, Tel. 075/2327288

137

D/GS
Schweiz
Graubünden
Domleschg/
Lenzerheide

61 Rothorn 2861 m / Piz Scalottas

Über dem hochgelegenen Lenzerheide liegen im Herzen Graubündens zwei ausgezeichnete Fluggebiete für alle Bedingungen, die fast ganzjährig für Thermikflüge sorgen. Am Scalottas sind die Nachmittagsbedingungen berühmt-berüchtigt: auf seiner Westseite startet man über einer 1500 Meter hohen Rinne – einem thermischen Kanonenrohr! Das Rothorn bietet etwas ausgeglichenere Flüge. Die Basis kann bis auf 4000 Meter hinaufreichen – warm anziehen!

Start

Rothorn:
1. S, SW, einfach, ca. 2800 m, am Ostgipfel, 10 Min. von der Bergstation. Hinweis: im Winter kann auch bei Ost- und Nordwind gestartet werden. Drachentransport nur jeweils um 9 Uhr!
Scalottas:
1. O, SO, ca. 2300 m, einfach, Vormittagsstartplatz bis mittags möglich, dann
2. W, SW, ca. 2300 m, aber turbulent durch aktive Rinne (starker Aufwind am Nachmittag, ruhiger nach 17 Uhr), beide Startplätze 5 Min. von der Bergstation. Drachentransport nur am frühen Vormittag.
3. N, mittel, ca. 2300 m, nur bei schwachem Wind.

Landeplatz

Heidsee, 1510 m, im Sommer beim Nordufer mit Windsack; Heuernte beachten.
Bei starkem Nordwind Nähe Windsurfing-Center landen! (Südufer) Oder in Parpan nördlich auf grosser Wiese. Landeplatzpläne an der Rothornbahn beachten!
Wer vom Scalottas ins Rheintal hinabfliegt, findet bei Thusis Landemöglichkeiten und Bahnhof (Rückweg per Bus), Rückweg Richtung Tiefencastel.

HU

zwischen 800 m und 1300 m

Flug

Rothorn:
Man fliegt eher bei Südwind am Rothorn bzw. windstill bei Thermik am Nachmittag. Vorsicht bei Westwindeinfluß! Thermik an der Südhalde unterhalb Startplatz, sowie am Foil Cotschen und bei der Mittelstation Waldgrenze. Gut entlang der westlichen Felsflanken über dem Tal.
Scalottas:
Bereits um 10 Uhr auf Ost thermisch, aber mittags auf West wechselnd. Für Gelegenheitsflieger am Nachmittag meist zu stark. Lieber bis zum frühen Abend warten. Bei aufkommendem Südwind zum Rothorn wechseln.

Besonderheiten:
Wildschutzzonen und Wildasyle beachten: am Lenzerhorn keine tiefen Überflüge machen! Am Rothorn südlich Startplatz bis Crap La Pala; Thermikeinstieg am Westgrat und nicht südlich suchen!

Schwierigkeiten/Gefahren

Föhnturbulenzen (auf der Wetterkarte Druckunterschiede Magadino-Chur beachten!)
Ende Juli/Anfang August an heissen Tagen Winddevils auf der Westseite des Scalottas, starker Talwind aus Norden ab Mittag im Sommer.

Streckenmöglichkeiten

Dank starker Thermik und teils sehr hoher Basis ist Lenzerheide ein hervorragender Ausgangspunkt für Dreiecke und freie Strecke in Graubünden: bis Andeer einfach, zum San Bernardino (Süden), GS – Dreieck Scalottas – Davos –

D/GS
Schweiz
Graubünden
Domleschg/
Lenzerheide

2323 m (Lenzerheide)

Vilan – Lenzerheide. Mit Drachen bis Bodensee, Como, Albulapaß oder Disentis.

Talort: Lenzerheide, 1547 m
Anfahrt: Von Norden Rheintalautobahn bis Chur; Abzweigung Lenzerheide.
Von Süden: San Bernardino – Strecke bis Thuses, Julierpaß über Tiefencastel.
Club/Treffpunkt: Club Vol Liber Grischun, Präsident Uwe Schneller, Tel. 081/221462, 2570700
Flugschule: Lenzerheide, Erwin Jörg, Voa Sundroina 2, Ch-7078 Lenzerheide, Tel. 081/343734, mobil 077/813834. Besonderheit: Erwin gibt gute Tips, macht auch Ballonfahrten und Tandemflüge!
Seilbahn: Rothornbahn, Tel. 081/341661 (Tal), Mittelstation 081/342054 (Windauskunft), Scalottasbahn Tel. 081/341292 (gute Windauskunft).

Unterkunft/Camping:
– Touristikverein, Tel. 081/343434
– Jugendherberge in Valbella, Tel. 081/341208
– Camping Lenzerheide, Tel. 081/342335

Alternativen:
– **Rhäzünser Alp** (dynamisches Soaren) über Rhäzuns – Feldis (Seilbahn)
– **Präzer Alp** (Autobewilligung erforderl.)
– **Jakobshorn/Gotschnagrat** über Davos/Klosters (siehe Führer)
– **Tigignas/Somtgant** über Savognin (SO – NO, leicht) Bahn Tel. 081/741308

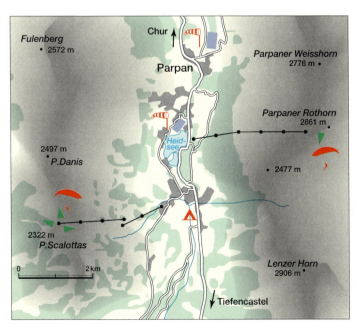

139

GS
Schweiz
Engadin
Berninagruppe

62 Piz Corvatsch 3433 m

Der Königsflug im Engadin! Während am Lagalb oder Corviglia die »normalen« Thermikflüge absolviert werden oder am Piz Nair der erfahrene Streckenjäger sein Glück versucht, blickt man hier auf die gewaltige Gletscherwelt der Bernina und startet bei guten Verhältnissen zum hochalpinen Erlebnis zwischen Eisriesen und Silvaplanasee. Am Piz Corvatsch wurde Gleitschirmgeschichte geschrieben: Hier startete Dieter Strasilla »versehentlich« mit einem Vorläufer des Gleitschirms beim »Skisegeln« zu einem der allerersten Flüge überhaupt.
Das Fliegen ist hier nicht einfach. Selten steht der Wind von vorne an, aber Soaren bedeutet hier ein unvergeßliches Erlebnis an der Viertausendmetergrenze.
Der Gleitschirmpionier Andrea Kuhn kennt seinen »Hausberg« seit zwanzig Jahren und hilft dem Neuankömmling gerne beim Höhenflug!

Start

1. **Piz Murtel**, 3433 m, W, mittel (bei gutem Wind!); SO – NO (auf der Piste bzw. an der Flanke), mittel, diese Startrichtung besser am Morgen und Vormittag, wenn der Malojawind noch nicht zu stark ist und thermische Ablösungen von Osten kommen. Die Piste apert im Sommer zum blanken Gletscher ab.
2. 2650 m, **Piste unterhalb der Mittelstation**, NW, mittel.
3. Ca. 2500 m, auf der **Flanke von Margun** bzw. der Flanke von Curtinella (NO-NW, mittel).

Landeplatz

Wiesen unterhalb Silvaplana, ca. 1900 m, in der Nähe des See-Ostufers (Windsack unterhalb Surlej). Starker Malojawind am Nachmittag (ca. 13–18 Uhr)!

HU/GZ

zwischen 600 m und 1530 m Mindest-GZ 5 beim Start nach Osten

Flug

Am Nachmittag hält man sich am besten an den Flanken über dem Fextal (Westseite), weil hier bedingt durch den Malojawind thermodynamisches Fliegen möglich ist (teilweise bis in den Abend hinein). Sehr gut geht es über Munt Arlas.
Den Landeanflug über dem Südufer des Silvaplaner Sees betreiben. Wenn man genügend Höhe hat, kann man auch in Sils landen. (Andrea Kuhn berät über die Landemöglichkeiten.)

Schwierigkeiten/Gefahren

Den Flugplatz in Samedan nicht überfliegen. Nicht in Richtung Muottas Muragl fliegen! Turbulenzen am Gipfelbereich bei SW-/W-Lagen. Leeseite im Kessel über Silvaplana. Der Julierwind (N-Wind) ist ebenfalls sehr turbulent! Auf den Malojawind achten!

Streckenmöglichkeiten

Der Piz Corvatsch bietet eher hochalpines Soaren und Gleitflüge als wirkliche Strecken, da er nach Osten durch die Flughafenzone Samedan begrenzt wird und nach Westen Reliefenge und Malojawind den Flug ausbremsen. Man müßte entweder nach Süden in die Bernina soaren oder das Tal nach Norden zum Piz Nair überqueren und dort der Kette in Richtung Schuls folgen.

Talort: Silvaplana, 1940 m
Anfahrt: Über Landeck – Schuls – St. Moritz nach Silvaplana. Oder: Rheintalautobahn Chur – Tiefencastel – Julierpaß – Silvaplana.
Seilbahn: Corvatschbahn, Tel. 082/48242. Kein Drachentransport und im Winter Schwierigkeiten mit dem Gleitschirmtransport. Die Seilbahnleitung ist GS-Piloten eher abgeneigt!
Club/Treffpunkt: Bei Andrea Kuhn ist man jederzeit willkommen. Er bietet auch als perfekter Gebietskenner Führungen zu allen umliegenden Geländen an. Weitere Treffs sind die Bars in St. Moritz-Zentrum.

GS

Schweiz
Engadin
Bernina-
gruppe

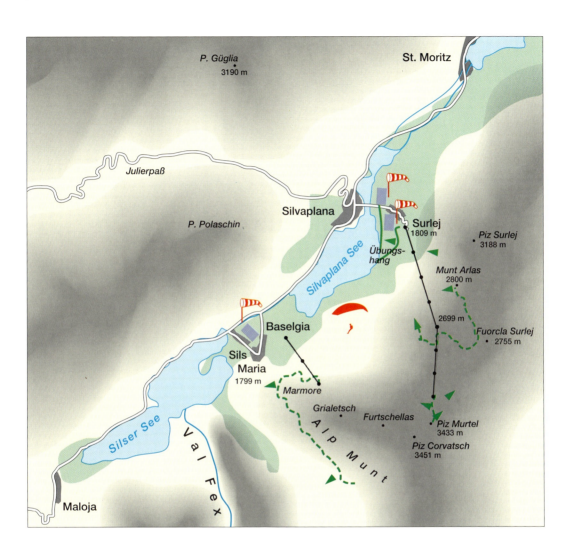

Flugschule: Flugschule Engadin, Andrea Kuhn, CH-7515 Sils-Baselgia, Tel. 082/45400

Camping/Unterkunft:
- Camping Silvaplana (im Sommer viele Windsurfer), CH-7513 Silvaplana, Tel. 082/48492
- Jugendherberge Maloja, CH-7516 Maloja, Tel. 082/43258
- Camping Pontresina-Morteratsch »Plauns«, Tel. 082/66285
- Kuramt St. Moritz, Tel. 082/33147/48

Karten: WK Oberengadin, 1:60 000, Kümmerly & Frey LKS, 1:25 000, Blatt 1257, St. Moritz

Alternativen:
- **Corviglia** (SW – SO, leicht) über St. Moritz, Schulungs- und Vormittagsfluggebiet, Tel. Schrägbahn: 082/33206
- **Piz Nair** (S, W, NO, schwierig), Auffahrt wie Corviglia, aber von dort noch eine weitere Sektion mit einer Seilbahn, Tel. 082/34344

- **Marmore/Alp Munt** (W, SW, leicht), im Fextal über Sils, ideales Nachmittagssoaringgebiet mit Malojawind und Thermik (oft starker, aber relativ laminarer Wind); Auffahrt mit der Furtschellasbahn, Tel. 082/45446, und etwa 3/4 Std. Aufstieg ins Fextal bis zu einem Wiesenabsatz
- **Suvretta** (SO, SW, leicht) über St. Moritz, Tel. Sessellift: 082/34007.
- **Lagalp** (S, W, N, einfach – mittel) über Pontresina. Tel. Bergbahn: 082/66591

GS

Schweiz
Tessin
Lago
Maggiore

63 Cimetta 1672 m

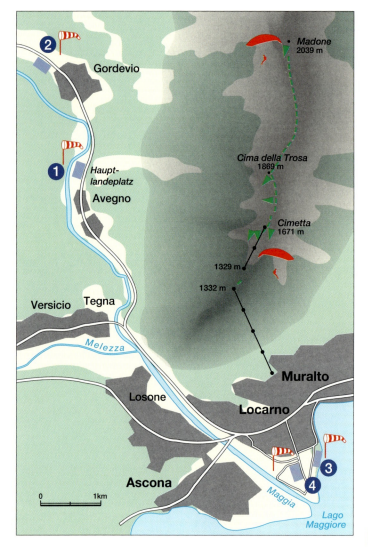

Das bekannteste Fluggelände im Tessin erhebt sich wie ein Aussichtsbalkon über dem Lago Maggiore und ist Ausgangspunkt für lange Streckenflüge (bis zum Gotthardpaß und weiter). Interessant sind hier schwache Südlagen, während Nordwind absolut zu vermeiden ist.

Start

1. **SO – SW, einfach,** ca. 1600 m, flache Wiesen direkt unterhalb von Sender und Bergstation.
2. **SO – SW, einfach,** 1672 m, direkt von den Grasflanken des Gipfels. Achtung auf Leeturbulenzen im Bereich der östlich ins Maggiatal abbrechenden Rinne!

Landeplatz

1. **Maggiatal:** Sportplätze von Avegno, 290 m, beim Kieswerk gegenüber dem Grotto »Mai Morire« abzweigen. Kleine Flächen, schwierig bei starkem Talwind!
2. **Ronchini,** 320 m, auch im Maggiatal, etwas weiter nördl. als Landeplatz 1. Der Hauptlandeplatz liegt direkt neben der Straße (Windsack, große Wiese).
3. **Locarno-Lido** (am Seeufer), 260 m, nur nach vorheriger Anmeldung beim Flughafen, Tel. 093/670148, 671386.
4. **Locarno,** 260 m, Feld im östlichen Teil der Lido-Halbinsel, unweit der Lidostraße. Außenlandungen problematisch! Unbedingt vorher besichtigen!

HU/GZ

zwischen 1280 m und 1380 m GZ für Landeplatz 3 und 4 gegen den Wind mindestens 5!

Flug

Gute Nachmittagsthermik entlang der westlichen Flanken über dem Maggiatal. Hier kann mit Thermik und Talwind weit ins Maggiatal hinauf gesoart werden, aber die Landeplätze 1 und 2 sind gegen den Talwind dann nur noch schwer erreichbar! Erreicht man die Cima della Trosa, 1869 m, kommt man in der Regel in den Genuß des Hauptbartes und kann stark überhöhen!

Schwierigkeiten/Gefahren

Nordwind, Leeturbulenzen, nicht bei starkem Südwind fliegen, Talwind, viele Leitungen.

Streckenmöglichkeiten

Maggiatal bis Fusio nach Norden, außerdem in Richtung San Bernardino (schwierig) sowie nach W in Richtung Domodossola. Hinweis: Postbus zwischen Maggiatal und Locarno, Tel. 093/312679.

GS
Schweiz
Tessin
Lago
Maggiore

Talort: Locarno, 260 m
Anfahrt: AB Zürich – St. Gallen – Chur – San Bernardino, Ausfahrt Locarno. In Locarno Richtung Orselina zur Cardada-/Cimettabahn.
Seilbahn: Cardada-/Cimettabahn, Tel. 093/312679
Club/Treffpunkt: Andrea Meder, Club Parapendio Valmaggia, Adresse bei der Cimettabahn erfragen!
Die einheimischen GS-Piloten treffen sich meist in der Pizzeria in Verccio.

Flugschulen: Pink Baron, Via S. Gottardo 86, CH-6900 Lugano-Massagno, Tel. 091/573210; Scuola Volo Libero al Monte Tamaro, Tel. 091/525821
Camping/Unterkunft:
– Piccolo Paradiso im Val Maggia, unweit der Landeplätze 1 und 2 sowie nahe der romantischen Maggia, CH-6670 Avegno, Tel. 093/811581
– Camping da Renato, CH-6672 Gordevio, Tel. 093/871364, 871432

– Ufficio Turistico di Vallemaggia, CH-6673 Maggia, Tel. 093/871885 (1.6. – 30.9.)
Wetterauskunft: Wetterzentrale Locarno-Monti, Tel. 093/312771
Karten: LKS, 1:25 000, Blatt 1312, Locarno
Ticino/ Tessin, 1:115 000, Edizioni MPA

Alternativen:
– **Cima della Trosa** (SW, einfach), 3/4 Std. von der Cimetta-Bergstation
– **Madone** (S, einfach), 2 Std. von der Cardada-Station (Cimetta-Mittelstation) über Alpe di Bietri
– **Mornera** (S, SW, mittel) über Bellinzona, Tel. Seilbahn 092/252131
– **Monte Tamaro/Alpe Foppa** (SO, mittel) über Rivera, Tel. Seilbahn: 091/952303
– **Monte Lema** (SO, einfach) über Miglieglia bzw. Suino, Tel. Seilbahn: 091/771168
– **Monte Generoso** (SW, einfach) über Capolago am Südende des Luganer Sees, Tel. Zahnradbahn: 091/481105
– **Monte Ferraro** (S, O, W, mittel) über Brosio, 1 3/4 Std. zu Fuß
– **Lago Ritom/Foisc** (SW, einfach) über Piotta südlich des Gotthardtunnels, Tel. Zahnradbahn: 094/881222
– **Roveredo** (W, einfach). Man startet vor der Burgruine Bogian im Val Misox, 1 Std. von Roveredo
– **Molare** (W, SW, einfach), Startplatz über dem Dorf Molare im oberen Leventinatal; exzellentes Abendsoaringgebiet; Straße und noch 20 Min. zu Fuß
– **Cima di Aiarlo**, Piz Cocca, Alpe di Morella, Pizzo Campo Tencia etc. (siehe Flugführer Schweiz)
– **Piana di Vigezzo**, siehe Seite 124

D/GS
Schweiz
Glarus
Glarner Alpen

64 Gumen 2042 m

Am Westrand des Kanton Glarus liegt das autofreie Braunwald auf sonniger Hochfläche mit hervorragendem Blick auf den Tödi und einwandfreier Thermik um den Gumen – im gesamten Glarus wahrscheinlich der schönste Ort zum Fliegen.

Start

S, mittel, 2000 m, steiler Hang nordwestlich oberhalb der Bergstation des Sesselliftes, 15 Min. zum Startplatz.
Hinweis: Vom Hang nördlich der Bergstation darf man nur im Winter starten.

Landeplatz

Linthal, 635 m. Die Landewiese liegt ca. 500 Meter nordöstlich der Braunwald-Zahnradbahnstation unterhalb der Straße neben dem Fluß, südlich des Fabrikgebäudes (Ortsteil Durnagel).

HU

1365 m

Flug

Gute Thermik entlang der ganzen Bergkette. Hinweisschild der Forstgemeinschaft dringend beachten (Wildschutzzeiten und Schonzonen)!

Schwierigkeiten/Gefahren

Transportseile, Talwind mit Turbulenzen am Landeplatz, Nordwind, Föhn.

Streckenmöglichkeiten

Nach Westen zum Klausenpaß und weiter nach Norden hinaus bis Glarus.

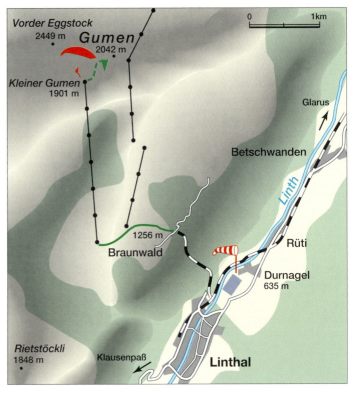

Talort: Linthal, 635 m
Anfahrt: AB Zürich – Sargans – Richtung Chur bzw. Lindau – St. Margarethen – Chur, Abzweigung Richtung Sargans – Zürich
Von der Autobahnausfahrt Glarnerland über Glarus nach Linthal.
Seilbahn: Sessellift Braunwald – Gumen, Tel. 058/841593, 841219
Zahnradbahn Linthal – Braunwald, Tel. 058/841326,
Flugschule: Alpinflugschule M. Müller, Riedernstr. 33, Ch-8750 Glarus, Tel. 058/611118
Camping/Unterkunft: Verkehrsbüro Linthal, Tel. 058/841108
Wetterauskunft: Tel. 058/843535
Karte: LKS, 1:50 000, Blatt 246, Klausenpaß

Alternativen:
– **Ortstock** (SW, W, schwierig) über Urnerboden am Klausenpaß; Aufstieg von Braunwald über Oberstafel in 4 – 5 Std.
– **Bärensol/Leuggelstock** (SO, S, einfach) über Luchsingen; Tel. Seilbahn: 058/843944, 612321
– **Schabell** (O – S, einfach), ideale Lage, ganzjährig nebelfrei, Sessellift von Elm, Tel. 058/681744
– **Wissenberg** (W, einfach) über der Autobahn Sargans – Zürich bei Niederurnen; hervorragendes Abendsoaringgebiet bei N-Wind; Aufstieg: Morgenholzbahn + 1 1/2 Std., Tel. Bahn: 058/211083
– **Fronalp/Unterstafel** (NW, mittel; W, einfach), Schulungsgelände über Mollis, Auffahrt per Bus
– **Fisetengrat** (NW, W, einfach) über Urnerboden, Seilbahn, Tel. 058/841512 + 20 Min.

D/GS
Schweiz
Glarus
Glarner Alpen

Schweiz
Zentral-
schweiz
Rigistock

65 Rigi 1797 m

Kulm 1752 m – Kaltbad 1566 m –
Dossen 1685 m – Scheidegg
1661 m – Seebodenalp 1041 m

Der Rigistock über dem Vierwaldstätter See im Herzen des Landes ist nicht nur ein Muß für Touristen, sondern auch eines der ersten und ältesten Fluggebiete der Schweiz. Von diversen Seiten und mit unterschiedlichen Aufstiegshilfen bestens erschlossen, bietet er zahlreiche Flugmöglichkeiten für Bisenlage (N-Wind) und Thermik.

Start

Rigi-Kulm, 1752 m:
O, schwierig; kleine Wiese 100 Meter östlich vom Kulm (Zahnradbahn-Bergstation).
Rigi-Kaltbad, 1566 m:
1. NW, schwierig, am Grat beim Kreuz zwischen Edelweiß und Chänzeli, 1/4 Std. von der Kaltbad-Bergstation.
2. S, mittel, flache Wiese zwischen Bergstation und Chänzeli.
Dossen:
1. 1600 m, NW, mittel, schmale, steilere Kuhwiese. Vom Kaltbad ca. 3/4 Std. in Richtung Scheidegg bis Unterstetten. Von dort am Grat entlang zum Start.
2. 1680 m, NO, einfach, Gipfelhang des Dossen, 1 Std. von der Kaltbad-Bergstation.
3. 1680 m, SW, schwierig, bewachsener Grashang am südlichen Ende des Gipfels.
Scheidegg:
1. 1650 m, NO, schwierig, 150 Meter westlich der Scheidegg-Bergstation.
2. 1370 m, NO, mittel, 20 Min. von der Scheidegg-Bergstation Richtung Lauen absteigen.
Seebodenalp (Delta):
1020 m, NW, schwierig, 1100 m, NO, schwierig (Schwändistock).

Landeplatz

1. **Arth,** 416 m. Wiesen zwischen Arth und Oberarth. Wenn kein Windsack eine bestimmte Landewiese anzeigt, bitte nur abgemähte Wiesen benutzen!
2. **Küsnacht,** 460 m. Nach dem Ort in Richtung Weggis neben der Straße, etwa 1 km von der Talstation der Seebodenalpbahn (Deltalandeplatz).
3. **Weggis,** 490 m. Neben der Straße zur Bahnstation, gegenüber Parkplatz. Windsack. Nicht einfach, da von Obstbäumen umgeben!
4. **Vitznau,** 435 m. Man landet »inoffiziell« oberhalb des Campingplatzes südlich des Ortes, unweit der Seilbahn Vitznau – Hinterbergen.
5. **Goldau-Kräbel,** 720 m. 400 Meter südlich der Scheideggbahn-Talstation bei der Hochspannungsleitung (Windsack).
6. **Lauerz-Wang,** 490 m. 1 km westlich des Lauerzer Sees an der Hauptstraße Goldau – Lauerz bei der Abzweigung Steinen (Windsack).
7. **Seebodenalp,** 1020 m. Top- und Zwischenlandemöglichkeiten.

HU

bis zu 1280 m

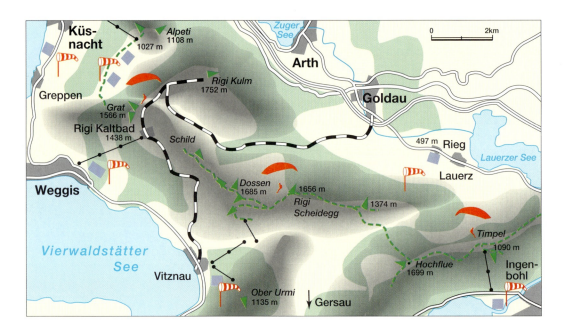

146

D/GS

Schweiz
Zentral-
schweiz
Rigistock

Flug

Am Kulm fliegt man bei Nordwind und landet in Arth oder Küsnacht. Am Kaltbad genauso, mit Landung in Weggis oder Küsnacht. Am Dossen Thermikflug auf der Rigi-Südseite mit Landung in Weggis, Vitznau oder Oberarth. Am Scheidegg fliegt man bei Nordwind und landet in Goldau-Kräbel oder Lauerz-Wang. Die Seebodenalp ist für Drachenflieger gut geeignet zum Hochsoaren auf den Kulm. Gute Schirmflieger können dies auch wagen. Im übrigen ist die Alp zum Toplanden bestens geeignet.

Schwierigkeiten/Gefahren

Föhn, Kabel und Leitungen beobachten, Nebelbildung ab Mitte Oktober.

Streckenmöglichkeiten

Vom Rigistock nicht leicht. Man kann mit dynamischem Wind entlangsoaren, aber das von drei Seiten durch den See umgebene Relief läßt kaum größere Thermik zu. Kleinere Flüge zur Klewenalp über den See oder zum Fronalpstock, nach Schwyz etc. sind möglich.

Talorte: Diverse Ausgangspunkte, davon sind Arth, 416 m und Küsnacht, 460 m, die größten Orte.
Anfahrt: AB Zürich – Luzern, Abzweigung Cham (Richtung Schwyz) und Autobahnausfahrt Goldau oder Küsnacht
Seilbahnen:
– Zahnradbahn Arth/Goldau – Rigi-Kulm, Tel. 041/821129, 824545
– Bergbahn Küsnacht – Seebodenalpe, Tel. 041/811933
– Bergbahn Goldau/Kräbel zur Rigi-Scheidegg, Tel. 041/841838
– Zahnradbahn Vitznau – Rigi-Kaltbad – Rigi-Kulm, Tel. 041/831818
– Bergbahn Weggis – Rigi-Kaltbad, Tel. 041/931844

Club/Treffpunkt: Keine speziellen Orte. Ein guter Tip, wo sich viele Piloten treffen, ist das Restaurant Waage in Lauerz.
Flugschule:
– Pilatus, Touch and Go, Gersauerstr. 25, CH-6440 Brunnen, Tel. 043/315431, 315433.
– Urs Lötscher, Küsnacht
Camping/Unterkunft: Verkehrsbüro Brunnen, Tel. 043/311777
Wetterauskunft: Automat Rigi, Tel. 041/831700, 832115
Karten: LKS, 1:25 000, Blatt 1151, Rigi, 1:50 000, Blatt 235, Blatt 5008, Sonderkarte Vierwaldstätter See (1:50 000)

Alternativen:
– **Urmiberg** (S, einfach) über Brunnen, Tel. Bahn: 043/311405 (auch Schulungsgelände)
– **Pilatus** (S, SO, mittel – schwierig), Seilbahn von Kriens, Tel. 041/455542, Zahnradbahn von Alpnachstad, Tel. 041/961130
– **Fronalpstock** (NO, NW, O, mittel – schwierig), Schulungsgelände, N-Wind-Fluggebiet über Brunnen und Morschach; Tel. Seilbahn: 043/216622, 212166
– **Rotenflue** (S, einfach; NW, schwierig), Thermikfluggebiet über Schwyz, Bergbahn von Rickenbach, Tel. 043/213440, 212550
– **Klein Mythen** (S, mittel), guter Thermikofen über Rickenbach, 1 1/2 Std. von der Rotenflue-Bergstation.
– **Hoch-Ybrig und Sternen** (NW, SW, einfach – mittel), Schulungsgelände, Thermikfluggebiet über Weglosen/Muotatal, Tel. Bahn: 055/561717, 561756
– **Hummel** (N, einfach), Anfängerberg, von Steinen 3/4 Std., von Dürrenboden 1 1/4 Std. (Straße von Arth oder Goldau)
– **Eggberge** (N, W, mittel) über Flüelen am Südende des Vierwaldstätter Sees, Seilbahn (Tel. 044/21549) + 20 Min.
– **Klewenalp** (NO, NW, S, einfach-schwierig) über Beckenried, Tel. 041/641264

GS
Schweiz
Zentralschweiz
Nidwalden/
Engelberger
Tal

66 Haldigrat 1990 m

Inmitten der unzähligen Flugmöglichkeiten dieser Gegend sticht dieses Gebiet als bemerkenswerter Thermikofen hervor, der oft noch bis lange in den Herbst und schon früh im Jahr guten Aufwind bietet. In der Frühjahrssaison findet man hier ein ausgezeichnetes Streckenflugpotential.

Start

1. SW, einfach, 1990 m, am Grat hinter der Bergstation, steile Grasflanke, hinter dem Sessellift.
2. Lauwistock, N, SW, einfach, ca. 2090 m, steile Wiese, ca. 15 Min. oberhalb der Bergstation.
3. Brisen, S, mittel, 2404 m, ca. 1 1/4 Std. oberhalb der Bergstation, steile Gras-/Geröllflanke.

Landeplatz

Im Engelberger Tal bieten sich eine Reihe von Landeplätzen an:
1. Landeplatz bei der Talstation in Dallenwil, 500 m. Die Landewiese befindet sich am Waldrand, 300 Meter nördlich der Talstation Dallenwil, oberhalb der Straße zur Talstation. Der Landeplatz muß genau eingehalten werden!
2. Hauptlandeplatz Schützenhaus, ca. 510 m, zwischen Fabrik Bettermann (grünes Gebäude) und Ortseingang Wolfenschiessen, Wiese mit Windsack neben der Straße.
3. Ausweichlandeplatz Fußballplatz Wolfenschiessen.
4. Dallenwil-Ort, ca. 530 m, Landeplatz unterhalb der Kirche (Landeplatz vom Wirzweli).
Alle sonstigen Landeplätze bei der Flugschule erfragen!

HU

zwischen 1460 m und 1910 m

GS

Schweiz
Zentralschweiz
Nidwalden/
Engelberger
Tal

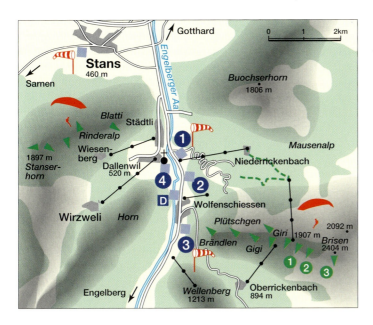

Flug

Man fliegt entweder nach Dallenwil oder Wolfenschiessen. Vorsicht am Gigi und Plütschgen wegen zahlloser Transportseile! Es gibt eine Reihe alternativer Startplätze vom Haldigrat abwärts in Richtung Tal am Giri, Gigi, Plütschgen und auf Brändlen (meist NW, am Giri auch S, SW). Auf den Talwind achten: Wer gegen den Talwind nicht nach Dallenwil ankommt, orientiert sich besser gleich nach Wolfenschiessen. Die Rinnen aus dem Oberrickenbacher Tal gegen den Haldigrat bieten bis in den Abend guten Aufwind, der den Talwind zumeist überlagert. Sehr gut geeignet sind auch die Felsen der Wandflue über der Talstation in Dallenwil.

Schwierigkeiten/Gefahren

Zahlreiche, auch dünnste Transportseile dicht an den Graten. Vorsicht vor Scherungen beim Ausflug vom Grat in den Talwindbereich! Nicht bei Föhn und N-Lagen (Bise) fliegen. Im Herbst, ab Mitte Oktober, Bodennebelbildung. Der Nebel kann bis Wolfenschiessen reichen.

Streckenmöglichkeiten

Sämtliche Auf- und Abflüge und Querungen im gesamten Engelberger Tal möglich! Ansonsten Flüge bis Meiringen über das Stanserhorn (SW) oder ins Urnertal und weiter zum Klausenpaß und nach Glarus (O, NO).

Talorte: Dallenwil, 544 m, Wolfenschiessen, 524 m
Anfahrt: AB Zürich – Luzern – Gotthard, Ausfahrt Stans-Süd, Straße ins Engelberger Tal bis zur Talstation Dallenwil-Niederrickenbach.
Auffahrt: Eine Besonderheit sind die Bahnetappen zum Haldigrat: Zuerst geht es per Seilbahn ins nicht mit dem Auto erreichbare Dörfchen Niederrickenbach, versteckt über dem Engelberger Tal, dann in 20 Min. Fußmarsch zum Haldigrat-Sessellift. Von dort etwa 1/2 Std. Fahrt bis zum Grat.
Seilbahnen:
– Dallenwil – Niederrickenbach, Tel. 041/651323, 652260 (fährt nicht im Mai und November)
– Wolfenschiessen – Brändlen, Tel. 041/651020; diese Bahn fährt zum Startplatz Brändlen (Schulungsgelände) 10 Min. von der Bergstation zum Start oder, während der Schulungen, Start vom Plütschgen, ca. 25 Min. (NW, leicht)
Flugschule: Flugschule Titlis in Wolfenschiessen, Tel. 041/652266
Camping/Unterkunft:
– Camping Eienwäldli, Engelberg, beim Hallenbad, Tel. 041/941949
– Verkehrsamt Wolfenschiessen, Tel. 041/651020
– Verkehrsamt Engelberg, Tel. 041/941161
Karten: LKS, 1:25 000, Blatt 1171, Beckenried
LKS, 1:50 000, Blatt 245, Stans

Alternativen:
– **Buochserhorn** (SW, einfach), 1 1/2 Std. von Niederrickenbach mit Landung in Dallenwil
– **Musenalp** (NW, einfach), Sessellift von Oberrickenbach
– **Klewenalp** (NW, einfach; NO, schwierig) über Beckenried, Tel. Bergbahn: 041/641264. Gut geeignet für Sicherheitstraining über dem Vierwaldstätter See.
– **Niederbauen** (NW, N, einfach)
– **Bannalp/Chaiserstüel** (W, mittel) über Oberrickenbach, Tel. Seilbahn: 041/651633/651357; zum Chaiserstüel noch 2 Std. Fußmarsch von der Bergstation
– **Eschlen/Bruniswald** (NW, mittel) über Grafenort, gute Nordwindsoaringgebiete (ebenso Wellenberg), Seilbahn + 1/4–1/2 Std.
– **Fürenalp** (SW, einfach), Schulungsgelände, Topsoaringgebiet über Engelberg, Tel. Bahn: 041/941161
– **Rigidalstock** (W, mittel), Zugang: Bahn Engelberg-Brunni (Tel. 041/941466) + 2 1/2 Std.; mit Thermik und Strecke!
– **Titlis** (NW, je nach Schneelage einfach – schwierig), hochalpin: 2700 Höhenmeter und 13 km nach Grafenort!

D/GS
Schweiz
Obwalden/
Engelberger
Tal

67 Brunni 1875 m/Fürenalp 1900 m

Der hinterste Grund des Engelberger Tales zu Füßen des imposanten Titlisstockes liegt im Herzen der Zentralschweiz. Dieses Tal der Gleitschirmflieger mit seinen insgesamt zwölf Fluggebieten zwischen Stans und Engelberg findet in der Fürenalp und Brunni – zwei leichten, sympathischen Wiesenflanken für jedermann – seinen lohnenden Abschluß!

Start

Brunni:
1. **Brunni, SW, S, leicht,** ca. 1875 m, 150 m westlich der Brunnihütte.
2. **Tümpfeli, S, SW, leicht,** ca. 1850 m, etwas abwärts östlich neben der Brunnihütte.
3. **Schonegg, S, SW, leicht,** ca. 2060 m. Von der Bergstation Brunni im Sommer nach S aufwärts zur Kuppe. Ca. 1 Std. Im Winter Skilift offen.
Fürenalp:
SW, S, leicht, 1900 m. Breite Grashänge westlich oberhalb der Bergstation, 15 Min. zu idealen Startplätzen.

Landeplatz

Brunni:
1. Sommerlandeplatz, ca. 1010 m. Beim Dürrbach an der großen Wiese (Ochsenmatte) neben der Straße, nördlich der Straßengabelung.
2. Winterlandeplatz, ca. 1025 m, oberhalb vom Kloster Engelberg.
Fürenalp:
In der Herrenrüti, 1165 m. Landeplatz neben dem Fußweg im Talgrund, 5 Min. taleinwärts von Bergbahn.

HU

zwischen 740 m und 1060 m; je nach Startplatz

(Engelberg)

D/GS

Schweiz
Obwalden/
Engelberger
Tal

quert nach Osten den Hauptkamm Richtung Walensee (Glarner Alpen) hohe Basis nötig! (Strecke geht über Klausenpaß)

Talort: Engelberg, 1000 m
Anfahrt: AB N 2 von Luzern kommend bis Ausfahrt Stans Süd und weiter Richtung Engelberg.
Seilbahn:
Brunni Tel. 041/941466,
Fürenalp Tel. 041/942094
Club/Treffpunkt: siehe Flugschule
Flugschule: Engelberg, Wasserfallstraße 135, CH-6390 Engelberg, Tel. 041/944144
Camping/Unterkunft:
- Camping/Hotel Eienwäldli (bei der Flugschule), Tel. 041/941949
- Hotel Belmont, Tel. 041/942423
- Verkehrsbüro Engelberg Tel. 041/441161
Karte: LKS 1:25000 Blatt 1191, Engelberg

Alternativen:
- **Titlis** (NW), je nach Schneelage einfach bis schwierig, hochalpiner Gleitflug vom Gipfel nach Engelberg oder Grafenort; Titlisbahn Tel. 041/941524: alternativ die Startplätze am Stand (NW) und Hüsliboden (bitte bei der Flugschule erkundigen!)
- **Lutersee** (O, NO, einfach); im Engelberger Tal mit dem Bähnli von Mettlen nach Ruggisbalm – Eggen erreichbar
- **Bruniswald** (NW), einfach, Bahn von Grafenort + 40 Min. zu Fuß
- **Haldigrat** (siehe Führer)
- **Büelen** (O, NO, leicht), ebenfalls per Bahn

Hinweis: Ein gutes Info über das Engelberger Tal bietet die Zeitschrift Gleitschirm, Heft 7/95, Seite 18 ff.

Flug

Einfache Thermikflüge über dem Talkessel; Hindernisse und Wildschonbereiche beachten! Es kann problemlos an beiden Landeplätzen gelandet werden und zu dem jeweils anderen Fluggebiet geflogen werden!

Streckenmöglichkeiten

Am besten von der Fürenalp aus. Es bietet sich das gesamte Engelberger Tal bis hinaus zum Vierwaldstätter See an (ca. 25 km). Eine weitere, wenn auch wesentlich schwierigere Strecke über-

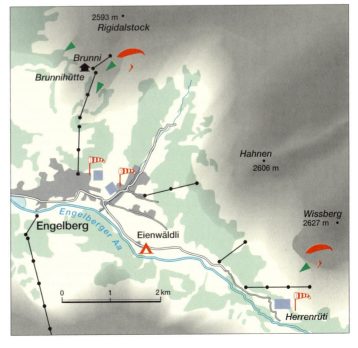

D/GS
Schweiz
Zentralschweiz
Berner Alpen

68 Planplatten 2245 m

Die Almenlandschaft vor der Kulisse des Berner Hauptkammes mit seinen Gletschern und Viertausendern ist filmreif. Der Alp-Öhi und seine Heidi hätten sich hier wohl gefühlt. Und die Flieger sowieso. Auf die Jets vom Militärflugplatz aufpassen!

Start

1. **W, einfach,** 2240 m, von der Seilbahnbergstation 5 Min. dem Grat folgen.
2. **SO, mittel,** 2240 m, in Richtung Innertkirchen über markantem Couloir (gutes Vormittagsgelände).
3. **S, einfach,** ca. 2280 m, von der Bergstation ca. 20 Min. Richtung Hohmad absteigen.
4. **Reuti** (SW, Talwindsoaring), ca. 1000 m, Info: Flugschule.

Landeplatz

1. **Meiringen,** 600 m, auf halbem Weg zwischen Aareschlucht und Talstation (über den Bach in Richtung Schlucht), 10 Min. zur Talstation, Wiese mit Windsack.
2. **Innertkirchen,** 630 m, Landeplatz westlich des Dorfes beim Zeltplatz Grund.

HU

zwischen 1610 m und 1680 m

Flug

Entlang der Westseiten am Nachmittag gute Soaringbedingungen. Wer über die Aareschlucht fliegt, sollte den Talwind beachten und außerdem ausreichend Höhe haben. In der Schlucht gibt es keine Landemöglichkeiten. Besonderheiten: Flüge im Bereich der ATZ 2400 des Militärflugplatzes Unterbach.
Militärflugzeiten: September bis Mai: 8 – 11.50 Uhr, 13.25 – 16.50 Uhr, Juli/August: 8 – 11.50 Uhr, 14.30 – 16.50 Uhr.
In dieser Zeit sind Flüge, außer an Wochenenden, nur nach Absprache mit der Flugdienstleitung erlaubt: Tel. 036/722211. Wildeinstandsbereich beachten! Auf der Südseite (Gental) von Planplatten müssen 300 Meter Hangabstand eingehalten werden. Kein Soaren! Kein Lärm!

Schwierigkeiten/Gefahren

Militärflüge, Föhn, Aareschlucht beachten, Talwindsystem.

Streckenmöglichkeiten

Nach Norden ins Melchtal oder Engelberger Tal. Nach Osten zum Sustenpaß und zum Gotthard.

D/GS

Schweiz
Zentral-
schweiz
Berner
Alpen

Club/Treffpunkt: Im Restaurant du Pont, Tel. 036/711807, beim Landeplatz Meiringen
Flugschule:
– Hans Nägli, Schulhausgasse 12, CH-3860 Meiringen, Tel. 033/9714803
Camping/Unterkunft:
– Verkehrsverein Meiringen, Tel. 036/714322
– Camping Grund, Innertkirchen, Tel. 036/714409
– Camping Aareschlucht, Tel. 036/711966
Karte: LKS, 1:25 000, Blatt 1210, Innertkirchen

Alternativen:
– **First** (SW, S, einfach), siehe Seite 156
– **Schynige Platte** (NW, einfach) über Wilderswil, Tel. Zahnrad-bahn: 036/228544, exzellentes Abendsoaring
– **Schönbüel** (S, O, einfach, NW, schwierig) über Lungern, Tel. Bergbahn: 041/691485

Nach Westen zum Rothorn und Harder.
Talort: Meiringen, 600 m
Anfahrt: AB Bern – Thun – Inter-laken, weiter bis Meiringen. Oder AB Zürich – Luzern – Hergis-wil – Richtung Sarnen – Inter-laken, nach Glaubenbüelenpaß Abzweigung Meiringen.
Seilbahn: Bergbahnen Meiringen, Tel. 036/713622, 713581, im November Revision

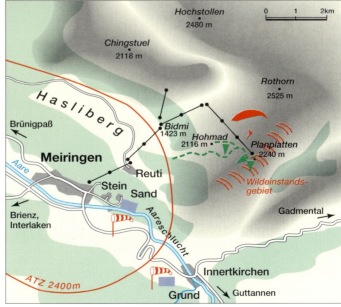

153

D/GS
Schweiz
Berner Oberland
Thuner-See-Region

69 Niederhorn 1950 m / Luegibrü

Das Hauptfluggelände im Einzugsbereich von Thun, Interlaken und Bern über dem Thuner See am Eingang zum Hochgebirge der Berner Alpen wartet häufig mit Idealbedingungen auch auf den Gelegenheitsflieger. Ist in weitem Umkreis das Wetter zweifelhaft oder in höheren Lagen der Wind ungünstig, hat man am Luegibrüggli, wo der Talwind ansteht, noch gut lachen.
An Saisonwochenenden sind hier jedoch sehr viele Piloten (auch Flugschüler) unterwegs. Man weicht dann besser woandershin aus!

Start

Niederhorn:
S, einfach, für Gleitschirm, neben der Niederhornbahn-Bergstation. W (Rampe) und S für Drachen, ebenfalls bei der Bergstation.
Luegibrüggli:
S, einfach, Wiese im Wald, Schulungsgelände, Talwind und Thermik 5 Min. von der Straße abwärts.
Achtung! An der Straße kein Privatauto parken lassen, besser Fahrgemeinschaft oder Mitfahrt ab Landeplatz Lehn (Flugschule fragen).

Landeplatz

1. **Lehn,** 565 m, Windsack, Hauptlandeplatz, auch Deltalandeplatz, große Wiese neben der Straße unweit des Ostufers vom Thuner See Flugschultreffpunkt am Parkplatz neben der Wiese.
2. **St. Niklausen,** 610 m, Ausweichlandeplatz. Vorsicht bei Wind von Westen: Leerotoren! Landeplatzmarkierungen einhalten! Keine Drachen! Zugang über Haltestelle (P) Postauto nach Beatenberg, aber nur zu Fuß, da Fahrverbot. Schirme nach der Landung auf dem Weg zusammenlegen.
3. **Höhenmatte,** 570 m, Ausweichlandeplatz am östlichen Ortsrand von Interlaken. Nur wenn Feld gemäht, erlaubt! Landebeschränkung wegen CTR Interlaken auf Mo.-Fr. ab 17 Uhr, an Wochenenden frei. Nicht für Delta!

HU

zwischen 440 m und 1380 m; je nach Start-/Landeplatz

Flug

Gute Thermik bereits sehr früh im Jahr an den Südflanken des Niederhorns, im Sommer durch Talwinde beeinflußt. Bereits am Luegibrüggli kann man sehr gut Höhe machen und erreicht oft Niederhornniveau. Nicht bei Nordlage am Niederhorn starten und ebenfalls nicht bei Westlagen am Luegibrüggli. Auf die Betriebszeiten des Militärflughafens Interlaken achten und unter der Woche erst nach Betriebsende anfliegen (CTR).

Schwierigkeiten/Gefahren

Talwind, Nordwind und Westwind, CTR Interlaken viele Piloten am Wochenende; bei stärkerem Talwind aus Ost sich nicht über den See abtreiben lassen!

Streckenmöglichkeiten

Gesamter Grat über Brienzer See bis zur Planplatte nach Meitringen (O). Talsprünge ins Oberland nach S möglich.

Talort: Interlaken, 563 m
Seilbahn: Niederhornbahn in Beatenberg, Tel. 036/411442, nach Beatenberg per Postauto ab Interlaken oder Landeplatz Lehn
Club/Treffpunkt: Man trifft sich an Wochenenden am Parkplatz neben dem Landeplatz Lehn oder in Matten beim Flugshop Ikarus.
Flugschule: Ikarus, Brunngasse 68, CH-3800 Matten,
Tel./Fax 036/220428,
mobil 077/562323
Wetter: (nur aus der Schweiz erreichbar) Tel. 157-126222 (Band), 157-5292 (Beratung)
Militärflugplatz Interlaken:
Tel. 036/272211. Fliegen im CTR-Bereich ist Mo. – Fr. von 8.00 – 17.00 Uhr verboten. Ausnahmebewilligung, wenn Funkgerät mit Frequenz 133.90 zum Flughafen mitgeführt wird!
Flugrettung: Air Glacier
Tel. 036/552100, Bohag (Gsteigwiler)
Tel. 036/229230

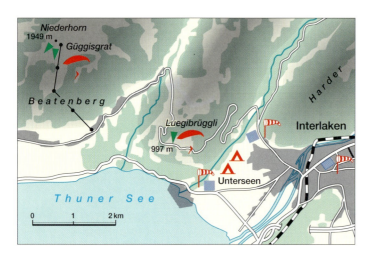

ggli 1050 m

D/GS

Schweiz
Berner Oberland
Thuner-See-Region

Camping/Unterkunft:
– Touristbüro Tel. 036/222121
– Campingplätze um Interlaken; in Lehn Tel. 036/228716
– Hotel Alpina Tel. 036/228031
– Balmer's Herberge Tel. 036/221961
Karten: LKS Gantrisch – Thun Nr. 5018, 1:50 000

Alternativen:
Bei N- und W-Wind (nicht zu stark) sowie am Abend im Sommer sehr empfehlenswert (nur GS):
– **Breitlauenen** (Haltestelle der Bahn zur Schynige Platte, Abfahrt in Wilderswil, gegenüberliegende Talseite zu Niederhorn) Tel. Bahn 036/228544
Flugregeln wie Niederhorn wegen CTR! Landeplatz Wilderswil südlich des Militärflughafens Interlaken in der Nähe der Bahn.

– **Planplatte** (siehe Führer)
– **First** (siehe Führer)
– **Brienzer Rothorn** (S, SO, W, NO), Zahnradbahn von Brienz Tel. 036/511232, Seilbahn von Schönenboden, Tel. 041/781560

D/GS
Schweiz
Berner Oberland

70 First 2167 m

Die sanfte Kuppe über dem Lütschental wirkt geradezu niedlich vor den jähen und monströsen Nordwänden von Eiger und Wetterhorn. Am First fliegt man vor den atemberaubenden Kontrasten, mit denen die Eisriesen das Grindelwalder Tal zu erdrücken scheinen. Thermik und Strecke sind hier besonders interessant, wenn auch die Landeplätze nicht besonders groß sind. Der Blick während des Fluges ist einzigartig und macht einem seine eigene Winzigkeit erst richtig bewußt.

Nordwind und Föhn fliegen. Der GS-Landeplatz ist klein und geneigt.

Streckenmöglichkeiten

Sehr interessantes Streckenfluggebiet! Nach Nordosten über Schwarzhorn und Tschinggel nach Meiringen (und evtl. weiter ins Melchtal und Engelberger Tal), nach Westen in Richtung Schynige Platte und Lauterbrunnental, nach Osten zum Grimsel und Sustenpaß.

Talort: Grindelwald, 1110 m
Anfahrt: AB Bern – Thun – Interlaken, in Richtung Lauterbrunnental – Grindelwald (Abzweigung nach Zweilütschinen).
Seilbahn: Firstbahn, Tel. 036/533638

Start

1. **S, einfach, ca. 2100 m,** großer Wiesenhang, etwa 300 Meter südlich der Bergstation.
2. **S, SW, einfach, ca. 1870 m,** am Egg, Ausweichstartplatz nahe der Mittelstation.

Landeplatz

1. **Grindelwald-Grund** (Delta + GS), 950 m, Wiese westlich des Campingplatzes im Talgrund. Terrain östlich der Station Grund der Wengernalpbahn vermeiden, da privat.
2. **Bodmi, 1150 m,** coupiertes Gelände am Terrassenweg neben Hotel Bodmi. Nur für erfahrene Piloten.

HU

zwischen 720 m und 1150 m

Flug

Gute Nachmittagsthermik. Soaring auch bei leichtem Westwind.

Schwierigkeiten/Gefahren

Beim Landeanflug Häuser und Leitungen beachten. Nicht bei

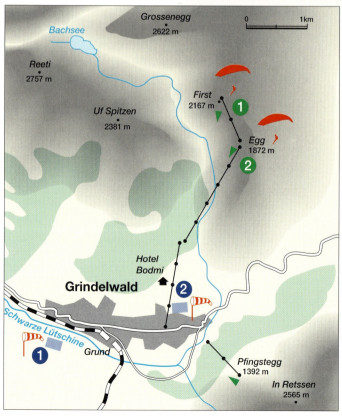

D/GS

Schweiz
Berner
Oberland

Club/Treffpunkt:
– Deltaclub Dächi-Jungfrau, Hr. Wütrich, Tel. 036/534685
– Treffpunkt im Bodmi, beim Landeplatz, Tel. 036/531414
Flugschule: Toni Wyss, Ueli Bohren, Tel. 077/565334 oder 036/533661
Wetter: Info Tel. 157-544507 (nur in der Schweiz erreichbar)
Camping/Unterkunft:
– Verkehrsverein Grindelwald, Tel. 036/531212
– Camping Eigernordwand, Tel. 036/531242
– Camping Gletscherdorf, Tel. 036/531429

Karte: LKS, 1:50 000, Blatt 264, Jungfrau

Alternativen:
– **Faulhorn** (S, mittel) über Grindelwald, ca. 1 1/2 Std. über der First-Bergstation, 2 Std. von der Buessalp
– **Buessalp** (SO, mittel), Postbus von Grindelwald + 1 Std. zu Fuß
– **Pfingstegg** (NW, schwierig, heikel bei wenig Wind), Tel. Bergbahn: 036/532626, oder zu Fuß in 35 Min. Nur für gute Piloten bei Talwind! Erhält neuen Startplatz, dann leichter.
– **Alp Holzmatten** (S, einfach), Postbus von Grindelwald bis Stoessiboden, von dort 1 Std. Fußmarsch
– **Isenfluh** (O, einfach) über Zweilütschinen/Sulwald, Seilbahnverbindung von Sulwald + 20 Min. zu Fuß, gut für Vormittagssoaring! Tel. 036/552249
– **Männlichen** (W, NW, O, einfach – schwierig) über Grindelwald bzw. Wengen, siehe Seite 158
– **Schilthorn** (NO, SO, SW, einfach – schwierig) über Stechelberg, Tel. Bergbahn 036/231444, 552141

D/GS
Schweiz
Berner Alpen

71 Männlichen 2342 m

Hier handelt es sich um eine Bergkette mit Skigebiet über dem Lauterbrunner- und Lütschental, dominiert von Eiger, Mönch und Jungfrau, dem alpinen Herzen der Schweiz. Landschaftlich imponierende Flüge sind in verschiedene Richtungen und von unterschiedlichen Startplätzen aus möglich. Bei Schneelage ist der Start besonders einfach. Gute bis exzellente Westwindsoaring- und Thermikbedingungen, zwei Bergbahnen von Wengen oder Grindelwald aus.

Flug

Gute Nachmittagsthermik entlang der Flanken über dem Lauterbrunnental. Leichter Westwind an Herbst- und Wintertagen erlaubt dynamisches Soaren. Der Flug nach Grindelwald ist weniger interessant, da lang und flach. Am Nachmittag herrscht auf dieser Seite oft Rückenwind bzw. Abwind.

Schwierigkeiten/Gefahren

Nordwind, Seilbahnkabel, Helikopterflüge. Achtung: Am Männlichen gibt es ein Winterflugfeld östlich des Bergrestaurants. In dieser Zeit nicht zwischen Bergstation und Tschuggen soaren (Anlande-/Abflugzone)!

Start

1. **O, mittel, 2340 m,** Wiese beim Gipfel, ca. 15 Min. von der Bergstation.
2. **W, schwierig, 2240 m,** Hang endet in einer Steilrinne, etwa 50 Meter nördlich der Bergstation (bei gutem Wind besser!).
3. **NW, einfach, 2240 m,** am Kleinen Tschuggen, 10 Min. südlich der Bergstation am Grat in Richtung Lauberhorn.

Landeplatz

1. **Grindelwald-Grund,** 950 m, große Wiese beim Campingplatz unterhalb Grindelwald im Lütschental.
2. **Wengen,** Seilbahntalstation, 1275 m.
3. **Lauterbrunnen,** 799 m, beim Heliport, vorher Erlaubnis einholen, Tel. 036/552110.
4. **Zweilütschinen,** 652 m, der Landeplatz liegt 100 Meter östlich vom Bahnhof.

HU/GZ

zwischen 960 m und 1690 m nach Grindelwald-Grund mindestens GZ 5

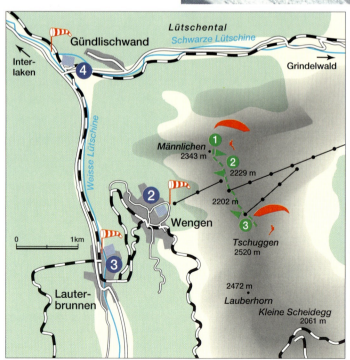

D/GS

Schweiz
Berner Alpen

Streckenmöglichkeiten

Nach Stechelberg in Richtung Schilthorn. Über First in Richtung Planplatten (NO).

Talorte: Grindelwald, 1110 m, Wengen, 1275 m, Lauterbrunnen, 799 m
Anfahrt: AB Bern – Thun – Interlaken, Ausfahrt Wilderswil/Lauterbrunnen. Weiter entweder nach Grindelwald oder Lauterbrunnen – Wengen.
Seilbahnen:
– Grindelwald-Grund, Tel. 036/533829
– Wengen, Tel. 036/552933
Flugschule: Ikarus, Claudia und Hanspeter Michel, Brunngasse 68, CH-3800 Matten,
Tel./Fax 036/220428,
mobil 077/562323
Wetter: (Band Männlichen) Tel. 157-544506
Camping/Unterkunft:
– Verkehrsbüro Wengen, Tel. 036/551414
– Camping Jungfrau in Lauterbrunnen, Tel. 036/553818
– Camping Aspen/Grindelwald, Tel. 036/531124
– Camping Gletscherdorf, Grindelwald, Tel. 036/531429
Karte: LKS, 1:50 000, Blatt 264, Jungfrau

Alternativen:
– **Lauberhorn** (S, SO, mittel), südliche Fortsetzung des Männlichen, Zahnradbahn von Grindelwald zur Kleinen Scheidegg, Tel. Bergbahn: 036/552012
– **Schilthorn** (S, SW, schwierig, NO, mittel) über Mürren, Tel. Bergbahn: 036/231444, 552141
– **Engstligenalp** (NW – NO, mittel) über Adelboden, Tel. Bergbahn: 033/732291, 733451
– **Allmenalp** (SO, O, einfach – mittel) über Kandersteg, Tel. Bergbahn: 033/751690

D/GS
Schweiz
Berner
Mittelland
Simmental

72 Stockhorn 2190 m

Großer Höhenunterschied, gute Thermik, gute Streckenflugmöglichkeiten und gute Erreichbarkeit machen diesen Berg zu einem Topziel der Region Bern/Thun. Das Stockhorn liegt am Eingang zum Simmental am Nordrand der westlichen Berner Alpen.

Start

1. S, mittel, ca. 2130 m, direkt unterhalb der Bergstation.
2. S, mittel, 2050 m, steile Wiese etwa 100 Meter unterhalb der Bergstation, für Gleitschirme besser als Startplatz 1.
3. SW, einfach, ca. 1900 m, am Walpersbärgli, Grassattel etwa 1 km östlich der Mittelstation Chrindi. Zugang: Von der Mittelstation auf markiertem Weg in Richtung Stockhorn bis Oberbärgli, dann westlich einen großen Hang zu 2/3 empor und nach S zum Startplatz queren.

Landeplatz

Seewlen, 700 m. Die Landewiese befindet sich 1 km westlich außerhalb von Erlenbach im Simmental, Richtung Zweisimmen, südlich des Flusses (Simme). 15 Min. zur Talstation.

HU

zwischen 1200 m und 1430 m

Flug

Gute Thermik ab Mittag um das Walpersbärgli. Die erste Terrasse der Südflanke hat wenig Zwischenlandemöglichkeiten. Im Bereich Hinterstocksee zahlreiche Kabel und Leitungen!

Schwierigkeiten/Gefahren

Seilbahnkabel, Talwind und Rotoren über dem Landeplatz, nicht bei N-Wind fliegen, exponiert bei Schlechtwetter. Bei Streckenflügen ins Simmental den Flugplatz Zweisimmen beachten (Tel. 01/8163968).

Streckenmöglichkeiten

Flüge ins Simmental nach Westen/Südwesten sowie ins Diemtig-, Engstligen- u. Kandertal nach SO.

Talort: Erlenbach, 700 m
Anfahrt: AB Bern – Thun – Richtung Spiez, Ausfahrt Wimmis, über Simmental nach Erlenbach.
Seilbahn: Stockhornbahn, Tel. 033/812181
Club/Treffpunkt: Deltaclub Diemtigtal, Tel. 033/811976
Flugschule: Diemtigtal, Orion Flugsport AG, CH-3753 Oey, Tel. 033/811976
Camping/Unterkunft:
– Verkehrsbüro Erlenbach, Tel. 033/811458
– Camping in Oey, Tel. 033/811225 (Hotel Rössli)
– Camping Klossner AG, Tel. 033/812002
Karte: LKS, 1:50 000, Blatt 253, Gantrisch

Alternativen:
– **Abendberg** (NW, mittel) gegenüber Stockhorn über Erlenbach, 2 3/4 Std. zu Fuß
– **Rinderalp** (O, einfach), Aufstieg wie Abendberg
– **Pfaffen** (SO, N, mittel), gut bei Bise, 2 1/2 Std. von Erlenbach über Rinderalp
– **Rinderberg** (NW, NO, O, einfach, aber flach – GZ!) über Zweisimmen, Tel. Bergbahn: 030/21195
– **Niesen** (S, SW, SO, NW, einfach), das große Nachbarfluggebiet zum Stockhorn, sehr gut für Anfänger und Genußflieger geeignet. Vorsicht: sehr exponiert bei Schlechtwetter. Tel. Bergbahn in Mülenen: 033/761113, 761112
– **Heitihubel** (N, NW, SW, einfach – mittel): mittlerweile verboten!

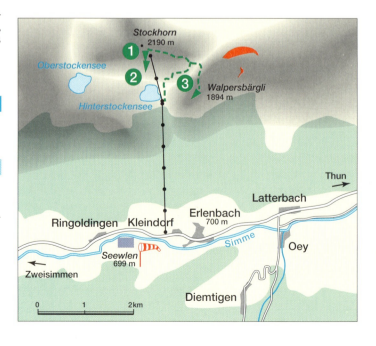

D/GS
Schweiz
Berner
Mittelland
Simmental

D/GS
Schweiz
Berner Oberland

73 Allmenalp 1800 m / Oeschiner

Das älteste Gleitschirmfluggebiet der Schweiz liegt idyllisch zu Füßen der Eisriesen der Doldenhorngruppe im Herzen der Berner Alpen.
Während der südwestlich ausgerichtete Startplatz über dem Oeschinensee eher in der kühleren Jahreszeit geeignet ist (lawinensicher, aber im Sommer im Lee des Talwinds), gelten die drei Startmöglichkeiten um die Allmenalp, da ostseitig, zu den bevorzugten Sommergeländen. Eine westorientierte Alternative bietet die Alp Giesenen über Mitholz.

Start

Allmenalp:
1. O, SO, einfach, ca. 1800 m. Wiesenflanke etwa 80 Hm (10 Min.) nördlich oberhalb der Bergstation der Allmenalpbahn (Untere Allme, 1725 m).
2. O, einfach, 1900 m, Starthang in der talwärtsgerichteten Ostflanke des Alpschelenhubel; ca. 20 Min.
3. Alpschelenhubel, 2239 m, SO, einfach, 1 1/2 Std. zu Fuß ab Bergstation auf markiertem Wanderweg.
Oeschinenbire:
S, SW, einfach, ca. 1740 m, Wiesenhang, ca. 70 Meter oberhalb der Bergstation des Sessellifts zum Oeschinensee, in der Südflanke der Bire.

Landeplatz

1. 1170 m, Wiese ca. 150 m östlich unterhalb der Talstation der Allmenalpbahn, neben der Straße beim Bach.
2. 1180 m, Wiese etwas nördlich der Straße zur Talstation, etwa 200 m von dieser.
3. Niedermatti, 1180 m, Landeplatz von der Oeschinenseite. Etwa 250 m nördlich der Talstation (Fußweg) bzw. 100 m östlich der Fahrstraße durch Niedermatti bei den Wiesen (markiert) und Chalets.

HU

zwischen 460 m und 1070 m; je nach Startplatz.

Flug

An der Allmenalp brauchbare Bedingungen bereits am Vormittag. Man kann dann zum First hinaufsoaren und weiter der Hangkante talauswärts folgen oder zur Bire hinüberqueren und weiter mit Talwind zur Jegertosse, evtl. zurück zum Ausgangspunkt. An der Oeschinenbire fliegt man dann, wenn der Talwind wetterbedingt ausbleibt oder wegen fehlender Reliefwärmung (Winter, Herbst) nicht einsetzt. Die Südseite ist auch an sonnigen Wintertagen ein lohnendes, leicht erreichbares Ziel, und die Thermik hebt einen dann hinauf zur Bire, von wo aus man wie bei der Allmenalp Talkesselspaziergänge erfliegen kann.

Schwierigkeiten/Gefahren

Nicht bei Talwind auf der Oeschinenseite südseitig fliegen – starke Rotoren! Wetterexponiertes Hochgebirgsrelief.

Streckenmöglichkeiten

– **Nach Süden** ins Gasterntal (Höhe machen an Bire, First und dann Jegertosse – Fisistock) entlang der Südseiten der Doldenhorngruppe
– **Nach Süden** über Balmhorn nach Leukerbad (sehr schwierig)
– **Nach Südwesten** über First – Banderspitze Richtung Adelboden und von dort evtl. weiter Richtung Leuk oder Gstaad
– **Nach Norden** talauswärts über Mitholz – Querung zum Dreispitz – weiter Richtung Interlaken

Talort: Kandersteg, 1176 m
Anfahrt: AB Zürich – Bern – Thun – Spiez. Weiter über Frutigen bis

Bire 1740 m (Kandersteg)

D/GS

Schweiz
Berner
Oberland

Abzweigung Adelboden/Kandersteg/Lötschberg. Weiter abzweigen nach Kandersteg.
Seilbahnen:
– Allmenalpbahn, Tel. 033/751690, Betrieb Mai bis Oktober, danach nur nach Vereinbarung
– Oeschinensessellift, Tel. 033/751118
Flugschule/Club: Martin Sigel, CH-3718 Kandersteg, Tel. 033/751020.
Martin ist der erste Gleitschirmlehrer der Schweiz gewesen. Er organisiert für Gebietsfremde Einweisung und Beratung, die ich nur empfehlen kann.
Camping/Unterkunft:
– Verkehrsbüro Kandersteg, Tel. 033/751234
– Restaurant Rendez-Vous bietet Unterkünfte für Piloten, Tel. 033/751354. Der Campingplatz liegt unweit der Liftstation!
– Hotel Oeschinensee, Tel. 033/751119

Wetter: Lokalwetterbericht (nur aus der Schweiz zu erreichen!): Tel. 157-126222
Karte: Wanderkarte Kandersteg 1:25000, im Verkehrsbüro erhältlich

Alternativen:
– **Alp Giesenen** (W, SW, NW, leicht), über Mitholz, Giesenen-Bähnli in Mitholz-Blausee, Herr Albert Künzli, Tel. 033/712674. Der GS-Club Frutigen bietet Autoauffahrten, Landeplatz ist beim Flugplatz Mitholz.
– **Unterschiedliche Startmöglichkeiten** nach SO am First über Allmenalp
– **Niesen** (NW, schwierig, S, SO, leicht), über Thun-Mühlenen, Tel. Seilbahn 033/761112
– **Gehrihorn** (O, NW, leicht), über Frutigen bzw. Kiental, Ramslauenen – Sessellift von Kiental, Tel. 033/761115 sowie 1 Std. Fußmarsch; sehr lohnend!

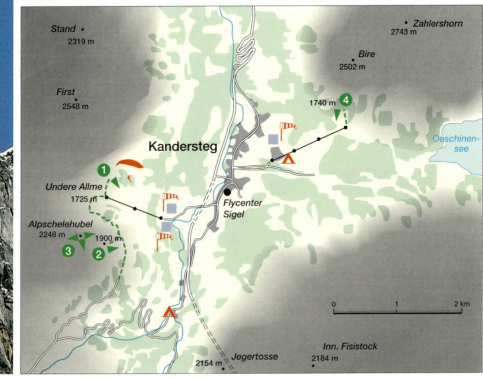

D/GS
Schweiz
Kanton Bern
Saanenland

74 Höhi Wispile 1939 m

Die außergewöhnliche Relieflage des Fünftälersternes rund um Gstaad ergibt zwei Besonderheiten: erstens nur geringe Talwinde, die die Flankenthermik nicht besonders behindern, und zweitens stets Flankenbereiche, die ideal im Sonnenstand liegen. Man kann von der Wispile ab dem Vormittag Talquerungen und Spaziergänge rund um Gstaad durchführen, ohne dabei größere Anstrengungen unternehmen zu müssen.
Ein besonders dankbares Übungsgelände für Thermikanfänger und Streckenflugneulinge mit immer guten Landemöglichkeiten. Leider ist Gstaad für kleine Pilotengeldbeutel nicht unbedingt das geeignete Pflaster!

Start

1. N, NW, mittel, ca. 1880 m, 200 Meter nördlich der Bergstation, Nachmittagsstartplatz, flache Wiese in Waldschneise.
2. NW, mittel, ca. 1900 m, direkt bei der Bergstation, sehr flach über den Wald, GZ 5 Minimum!
3. O, SO, einfach, ca. 300 Meter südlich der Bergstation, auf dem breiten Gratrücken nach Osten, Vormittagsstart.
4. NO, mittel, ca. 1930 m, 200 Meter südlich der Bergstation in einer Waldschneise.

Landeplatz

1. Talstation Gstaad, ca. 1050 m. Die Landewiese liegt etwa 300 Meter südlich der Talstation, unweit der Straße zum Col du Pillon (Windsack).
2. Trom, 1120 m, Landeplatz Wasserngrat, etwa 1 km südlich der Talstation im Lauenental (Windsack).
3. Engi, 1190 m, etwa 1,5 km vor Lauenen, neben der Straße eine Wiese mit Windsack.

HU

zwischen 690 m und 890 m

Flug

Bei Thermik kann man am Vormittag gut über den Flanken ins Lauenental Höhe machen und nach Westen in Richtung Hasenegg und Stalde übersetzen oder nach Süden folgen. Auch der Flug nach Norden zur Flanke der Hornflue ist lohnend, weil deren Kante direkt Talwind und Thermik über Gstaad ausgesetzt ist und ab dem späten Vormittag aktiv ist. Am Nachmittag geht es besser auf der Simmentalseite. Wiederum sind Hornflue, aber auch Rellerli im Norden interessant, wenn man sie mit genügend Höhe erreicht.

Schwierigkeiten/Gefahren

Relativ gering. Üblicherweise bei Starkwinden übergeordneter Art, ansonsten ein Fluggebiet, welches durch sein Relief geschützt ist.
Bei Landeanflügen auf Straßen: Leitungen beachten!

Streckenmöglichkeiten

Sehr gute Streckenflüge entlang des Saanen- und Simmentals, ins Lauenental, nach Lenk, zum Col du Pillon, zum Berner Hauptkamm und ins Unterwallis.

Talort: Gstaad, 1050 m
Anfahrt: AB Bern – Thun – Spiez, Ausfahrt in Richtung Zweisimmen – Saanen nach Gstaad.
Von Westen: AB Genf – Montreux – Aigle, Ausfahrt über Col du Pillon nach Gstaad.
Seilbahn: Wispilebahn, Tel. 030/43244
Flugschule: Paragliding School Gstaad, Markus Tschan, Egglistraße, CH-3780 Gstaad, Tel. 030/43003; neues Tel. ab 10/96: 033/7443003

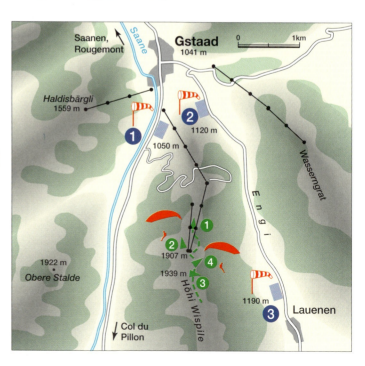

D/GS

Schweiz
Kanton Bern
Saanenland

Club/Treffpunkt: A. Stricker, Rain, CH-3792 Saanen, Tel. 030/46288, 41358

Camping/Unterkunft:
Gstaad ist extrem teuer. Wer sich kein Hotel leisten kann, weicht auf den Campingplatz oder nach Saanen oder anderen Orten in der Nähe aus.
– Verkehrsbüro Gstaad,
Tel. 030/41055
– Camping Bellerive,
Tel. 030/46330,
– Camping Chaletpark,
Tel. 030/45823
– Jugendherberge Chalet Rüblihorn in Saanen, Tel. 030/41343
Empfehlenswert: Hotel Bahnhof in Saanen, preisgünstige Zimmer und gutes Essen

Karte: Wanderkarte Saanenland, 1:40 000, erhältlich in Gstaad im Verkehrsbüro

Alternativen:
– **Wasserngrat** (N, NW, W, SW, einfach – mittel), Tel. Seilbahn: 030/41500
– **Horntube** (SW, S, SO, einfach), Fortsetzung der Hornflue-Horneggli über dem Turbachtal, Hornegglibahn und 3/4 Std. zu Fuß.
– **Horneggli** (W, SW, einfach) über Gstaad, Bahn von Schönried, Tel. 030/41430. Super Westwindsoaring bis in die Nacht!
– **Rellerli** (SO, S, SW, W, einfach) über Schönried, Tel. Bahn: 030/41919
– **Glacier des Diablerets** (SW, W, mittel, NO, schwierig), Start beim Sex Rouge, hochalpin, höhenwindanfällig, Tel. Seilbahn: 030/51070 (Reusch), 025/531377 (Col du Pillon)

D/GS
Schweiz
Oberwallis
Fiescher Tal/Goms

75 Kühboden 2200 m

Hier am Südrand der Berner Hochalpen über dem gewaltigen Aletschgletscher befindet sich das weltberühmte Mekka der Streckenflieger. Von April bis August reicht die Jagdsaison, doch je später, desto gefährlicher ist der Kampf mit Talwinden und Gewitterfronten. Vorsicht, wenn hier auf der Alpen-Leeseite der Nordwind hereinbricht! Genußflieger sollten in der Thermik ihr Segel im Griff haben und für lange Flüge eine Brotzeit mitnehmen.

Start

1. **Galvera,** SO, mittel, 2150 m, 600 Meter südlich der Seilbahnstation. Auf dem Weg leicht abwärts in 10 Min. zu erreichen!
2. **Fiescheralp,** S, 2250 m, **Deltastartplatz!** 10 Min. nach Norden aufwärts vom Kühboden.
3. **Kühboden,** S, leicht, 2200 m, nur für Flugschüler oder Tandem. Anmeldung bei Roland Good.

Landeplatz

1. **Fiesch-Lischa,** 1050 m, neben der Straße ins Fieschertal 5 Min. von der Talstation. Im Sommer sehr turbulent! Gegenüber Shop der Flugschule Good. Auch Drachenlandeplatz!
2. **Fiesch-Seilbahn,** 1050 m, nur für Gleitschirme, nicht bei Bise, eng!
3. **Fieschertal,** ca. 1100 m, 1 km weiter als Landeplatz 1, ein Landeplatz der Flugschule Oberwallis, Info: Tel. 028/712551
4. **Weitere Landeplätze** in Ulrichen, Niederwald, Selkingen, Naters, Baltschieder – siehe Info-Broschüren der Seilbahn und Flugschulen. Unbedingt anschauen!

HU

zwischen 1120 m und 1250 m

Flug

SO- und S-Hänge eignen sich ab dem späten Vormittag gleichermaßen gut. Die Thermik im Hochsommer ist ab Mittag von starkem Talwind durchsetzt. Sehr turbulent im Talbereich.

Schwierigkeiten/Gefahren

Nordwindfalle im Bereich des gesamten Südabfalls des Oberlandes, ab der Furkaverengung insbesondere auch bei zusätzlichen Talwindturbulenzen lebensgefährlich! Die Talböden des hindernisfreien Goms sind für Notlandungen unproblematisch. Durch Leethermik im Bereich Rhônetal gab es bereits diverse Unfälle mit Todesfolge! Talwind: Die hochsommerlichen Talwinde der Rhônetaldüse gehören zu den stärksten Europas!
Ansonsten CTR Ulrichen: Reglement beachten!

Streckenmöglichkeiten

Im Sommer 92 wurde von Fiesch aus mit dem Gleitschirm praktisch Chur erreicht. Wer mit SW-Höhenströmung und Talwind zu arbeiten vermag und Mut und Geduld besitzt, dürfte Furka und Oberalppaß bezwingen können und, wenn er Andermatt hoch genug überfliegt (Düse des Windsystems der Schöllenenschlucht), die Surselva erreichen, jenes Ostwest-Längstal, welches von Disentis nach Chur führt. Weitaus schwieriger ist der Flug nach Westen, das Rhônetal abwärts, gegen den Talwind. Spätestens hinter Visp werden die Landemöglichkeiten knapp! Auch sind Flüge zum Sustenpaß und in die Zentralschweiz möglich. Eine weitere, jedoch weitaus schwierigere Variante geht in Richtung Simplon ins Tessin bzw. über den Gotthard ins Levantinatal (hier fliegt man gegen den Talwind).

D/GS

Schweiz
Oberwallis
Fiescher Tal/
Goms

Talort: Fiesch, 1050 m
Anfahrt: AB Zürich – Luzern – Gotthardstrecke bis Andermatt und über den Furkapaß nach Fiesch. Von Westen über Montreux – Martigny – Sion – Sierre – Visp – Brig nach Fiesch.
Oder AB Lindau – Bregenz – Rheinautobahn nach Chur, weiter Flims – Disentis – Oberalppaß – Andermatt – Furkapaß – Fiesch.
Seilbahn: Eggishornbahn, Tel. 028/712700
Flugschulen:
– Good, Chalet Gletscherfloh, CH-3984 Fiesch, Tel. 028/712085
– Hansi Zeiter, Flugschule Oberwallis, Tel. 028/712551
Camping/Unterkunft:
– Hotel du Glacier in Fiesch (auch Matratzenlager), Tel. 028/711301, 711608
– Camping Blatter in Reckingen, Tel. 028/731555
– JH Fiescheralp, Tel. 028/711377
– Verkehrsbüro Fiesch, Tel. 028/711466
Wetter: Eggishorn, Tel. 028/712622
Karte: LKS, 1:50 000, Blatt 264, Jungfrau

Alternativen:
– **Bellwald** (W, SW, leicht, D + GS), Sesselbahn Bellwald – Richenen-Steibenkreuz, Tel. Bahn 028/711684, 711926. Sehr schöne Alternative zu Fiesch am Nachmittag. Ebenfalls kann man zum Steibenkreuz aufsteigen von Bellwald (bis dorthin auch Straße)
– **Riederalp** (SO, S, einfach) über Mörel, Tel. Bergbahn: 028/272227; ähnlich gut wie Fiesch, jedoch schwieriger Talbereich!
– **Belalp** (SO – SW, einfach) über Blatten. Tel. Bergbahn: 028/232068
– **Rosswald** (SW, leicht), über Ried Seilbahn Ried – Brig – Rosswald + Fußmarsch 1 Std., im Winter mit Ski
– **Bächigalen** (SO, mittel), 2 1/2 Std. von Reckingen oder Fahrweg
– **Uerlichergale** (S, O, einfach) über Ulrichen, Fahrweg oder 2 Std. Aufstieg

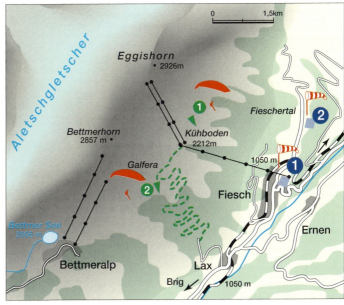

D/GS
Schweiz
Wallis
Mattertal/
Oberwallis

76 Riffelberg 2550 m/Unterrothorn

Die eindrucksvollsten Flüge der Walliser Alpen macht man zweifelsohne über dem autofreien Zermatt und seiner überwältigenden Kulisse von 20 Viertausendern! Berühmt aber ist die ungeheure Felssäule des Matterhorns; seit über 100 Jahren der Grund für die Popularität dieses Ortes und seinen Stellenwert in der Geschichte des Bergsteigens. (1987 wurde übrigens mit Schirm vom Gipfel gestartet – bitte nicht nachahmen!).
Auch muß der Pilot, der hierher kommt, mit allen Wassern gewaschen sein, ja, besser, er wäre Paralpinist mit der Vorsicht und Kenntnis für das ganz große Hochgebirge! Eine Einweisung durch die Flugschule ist für Interessierte nicht nur obligatorisch, sondern lebenswichtig! Es lohnt sich ...

Hinweis: Am **Riffelberg** bietet sich das **Sommerfluggebiet** an, während die Startplätze am **Unterrothorn** im **Winter** genutzt werden. Grund dafür sind Relief, Talwinde und Bestimmungen (die tiefer gelegenen Starts Sunegga und Blauherd können im Sommer beflogen werden).

Start

Riffelberg (vorwiegend Nachmittagsfluggebiet):
1. NW, N, mittel, 2550 m, 150 m westlich der Bergstation, nördlich vor dem Hotel. Startplatz mit Windsack.
2. W, NW – Start, einfach, 2535 m, von der Kuppe, die 500 m westlich des Hotels liegt. Bei schwachem Wind geeignet.
3. NW, einfach, ca. 2700 m, 1 km östlich der Station Richtung Gugle auf schönem Grashang. 15 Min. Zustieg.
4. Gugle, W, mittel, 2700 m, 30 Min. von der Bergstation.
Unterrothorn (am Vormittag geeignet):
1. SW – SO, mittel, 3100 m, steiniger Hang, 5 Min. östlich der Bergstation.
2. W, einfach, 3000 m, Grashang, 200 m nordöstlich abwärts.
3. Blauherd, SW, mittel, ca. 2590 m, Hang neben der Station unterhalb der Skihütte (nicht im Winter).
4. Sunegga, W, einfach, 2280 m, neben der Station direkt über Zermatt. Nicht im Winter!

Landeplatz

1. Hauptlandeplatz liegt **200 m nördlich** hinter dem Bahnhofsplatz auf dem Dach einer Zuggalerie neben dem Camping. 1606 m, Windsack.
Achtung! Hochspannungskabel in der Nähe! Helizone beachten (häufig Helieinsätze der Air Zermatt)! Bahnlinie beachten! Im Sommer starker Talwind möglich. Im Talgrund südlich von Zermatt, westlich nach dem Beginn der ersten Sektion der Bahn zum Kleinen Matterhorn auf 1640 m.
Ausweichlandeplatz: Bei Furi, 1860 m, nur im Winter, aber auch Landeplatz für Flüge von Schwarzsee.

HU

zwischen 660 m und 1380 m

Flug

Am Riffelberg herrschen im Winter starke Abwinde; man weicht zum Unterrothorn aus, dessen Startgelände schneebedeckt auch viel sicherer ist. Insgesamt hochalpines Fliegen, nur mit der nötigen Vorkenntnis und Vorbereitung anzugehen. Landeanflug heikel. Sperrzone an der Westseite des Unterrothorns zwischen Täsch und Zermatt, die bis fast in Höhe Sunegga heraufreicht. Diese Flanke wird für den Arbeitsverkehr der Air Zermatt beansprucht. Anlanden mit kurzer Landevolte. Luftverkehr genau beobachten!
Deltapiloten: Fliegen nur nach Absprache mit der Flugschule!

Schwierigkeiten/Gefahren

Enges Tal mit starken Sommerturbulenzen. Landeanflug und Landung nur für Könner! Teilweise sehr hochalpines Gelände, für Gelegenheitsflieger nur nach Einweisung.

3103 m (Zermatt)

D/GS

Schweiz
Wallis
Mattertal/
Oberwallis

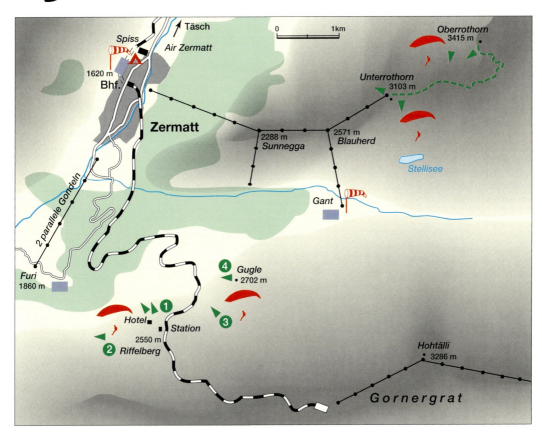

Streckenmöglichkeiten

Das extrem hohe, abschließende Relief erlaubt keine Streckenflüge (Gletscher auf allen Seiten), aber sehr hohe Basis im Vorfrühling und Spätsommer bei trockener Luft (Blauthermik reicht bis über 4500 Meter!)

Talort: Zermatt, 1620 m
Anfahrt: AB Bern – Martigny – Sion: über Sierre – Visp ins Mattertal abzweigen.
Seilbahnen:
– Rothornbahn, Tel. 028/673612
– Gornergratbahn, Tel. 028/642744
– Standseilbahn Sunnegga – Metro Tel. 028/672226
– Luftseilbahn Schwarzsee – Klein Matterhorn, Tel. 028/672520

Club/Treffpunkt: Paralpinclub Zermatt, siehe Flugschule! Man trifft sich ansonsten im Papperla-Pub, Tel. 028/674040.
Flugschule: Airborne, Bruno Schmid, Postfach 436, CH-3920 Zermatt (Haus Montana), Tel./Fax 028/676744
Air Zermatt (Bergrettung): Tel. 028/673487
Camping/Unterkunft:
– Verkehrsbüro Zermatt, Tel. 028/661181
– Camping Matterhorn, Tel. 028/675414
– Jugendherberge Winkelmatten, Tel. 028/672320
– Hotel Bahnhof (günstige Lager), Tel. 028/672406
Karte: LKS, 1:50 000, Blatt 284, Mischabel

Alternativen:
– **Oberrothorn** (S, SW, hochalpin), 1 Std. von der Bergstation Unterrothorn
– **Höhbalmen** (SO, leicht, NO, heikel), Vormittagsflug, Aufstieg 2 1/2 Std. von Zermatt
– **Breithorn** (4139 m, W, SW, hochalpin), 1 Std. von der Bergstation Klein-Matter. Nur für Experten!
– **Alphubel** (4206 m, W, NW oder SO), hochalpin, mit Zustieg von Täsch über die Täschhütte
– **Mittel-Allalin** (N, NO, nur bei schwachem Wind), Metro Alpin von Saas Fee, Tel. 028/571414, Felskinn-Seilbahn 028/572717
– **Mälig** (O, SO, leicht), über Saas Fee, Thermikflug am Vormittag, Seilbahn Tel. 028/572615
– **Kreuzboden** (W, einfach), über Saas Grund, Bergbahn Tel. 028/572226

169

GS
Schweiz
Wallis
Torrent/
Zentralwallis

77 Rinderhütte 2310 m / Horlini

Hier stellt sich ein Fluggelände vor, welches für alle Piloten, vom Anfänger bis zum Streckenflieger beste Voraussetzungen für einen zünftigen Urlaub bietet. Nach Süden offen und bereits im Wallis, aber geographisch eigentlich noch in den Berner Alpen, flankieren die sanften Wiesenhänge über Leukerbad ein relativ höhenwindgeschütztes Seitental. Zusätzlich gibt es hier zahlreiche Bergstarts für Gleitschirmwanderer rund um das Torrenthorn.

Start

1. Rinderhütte: W, NW, N, mittel, 2300 m, direkt neben der Torrentbahn – Bergstation.
Bei SW-Wind kann im Sommer auch oberhalb des dritten Masten der Gondelbahn Rinderhütte – Torrentalp gestartet werden.
2. Horlini: SO, S, SW, W, einfach, Marschzeit ca. 50 Min. von der Bergstation Rinderhütte auf dem Weg in Richtung Restipaß. Ab Schnydi quert man nach Süden über Alpweiden bis unterhalb Punkt 2452 m.
3. Deltastartplatz Alpe Oberu (auch GS), 2100 m, SO – SW, einfach, Fahrstraße von Leuk über Guttet zum Startplatz.

Landeplatz

1. Leukerbad, Obere Maressen, 1443 m. Nur GS! Wiese bei der Talstation des Sesselliftes Obere Maressen – Folljeret. Besonderheit: Gegenanflug immer hangseitig! Rückweg zur Torrentbahn 12 Min. Gratisbus Ringjet alle halbe Stunde.
2. Susten (Rhônetal). Nicht mehr offiziell! Nur auf abgemähten Wiesen landen. Oft starker Talwind! Für GS ist GZ 6 nötig (Wiesen neben Bundesstraße).
3. Drachenlandeplatz beim Militärflugplatz Turtmann außerhalb der Dienstzeiten. Tel. 028/422310 Gemeindeverwaltung.

HU

zwischen 860 m und 1770 m

Flug

Mehrere Thermikquellen ab Rinderhütte, z.B. 1,3 km SW der Mittelstation Torrentalp (dieser Bart ist von Februar bis Juni aktiv), ansonsten an den Felswänden östlich des Gemmipasses gutes Soaren möglich. Ab Frühjahr schon oft am Vormittag aktiv. Im Hochsommer ab ca. 14 Uhr gehen die Nordhänge zwischen Torrentbahn und Majinghorn.

Schwierigkeiten/Gefahren

Der Talgrund von Leukerbad ist relativ windgeschützt. Bei N- (Bisen-) Lage kann es ab Mittag zu heftigem Nordwind kommen (Gemmipaßwind), was bedeutet, daß am Startplatz starker, dyna-

GS

Schweiz
Wallis
Torrent/
Zentralwallis

2400 m / Alpe Oberu 2100 m

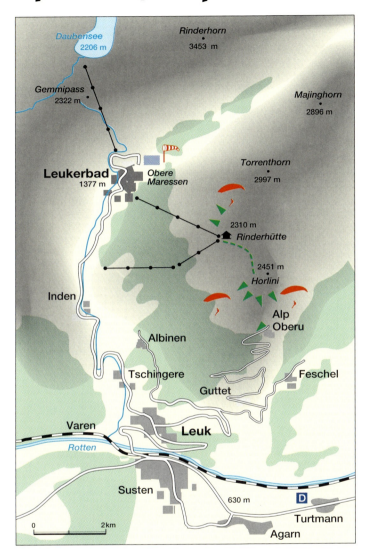

Oder Bern – Thun – Kandersteg – Lötschberg – Rhônetal – Susten – Leukerbad oder über Grimselpaß – Brig (siehe auch Anfahrt Kühboden).

Seilbahn: Torrentbahnen, Tel. 027/611616
Flugschule: Thomi's Tandem – Flugschule, CH-3941 Albinen, Tel./Fax 027/634041 (ab Nov. 1996: 027/4734041), mobil 089/2207241. Grundausbildung am Tandem, Fluggebietseinweisung
Club/Treffpunkt:
– Leukerbad: Para-Team, Nestor Matter, Tel. 027/612603
– Albinen: Mosquitos, Ruedi Thomi, Tel. siehe Flugschule!
Camping/Unterkunft:
– Verkehrsbüro Leukerbad, Tel. 027/621111
– Camping, Tel. 027/611037
– Hotel Chamois, Tel. 027/611357
– Hotel Derby, Tel. 027/611727
– Verkehrsbüro Susten/Leuk, Tel. 027/631094
Rettung: Helikopter-Einsatzzentrale Sitten; Tel. 027/225656
Karte: LKS, 1:50 000, Blatt 273, Montana

Alternativen:
– **Bräntschu** (D + GS), einfach, SW, Straße von Leuk über Erschmatt
– **Schafberg** (W, mittel), 1 Std. von der Rinderhütte, Auffahrt mit Torrentbahnen zur Rinderhütte
– **Petit Mont Bonvin/Aminona** (S, SW, leicht – mittel) über Aminona/Montana/Miège, Seilbahn von Aminona, Tel. 027/413382
– **Sorebois** (O, SO, einfach) über Zinal, Tel. Bergbahn: 027/651362, 651288
– **Fluggebiete im Val de Nendaz/ Val d'Hérémence** bei Sion (Walliser Alpen)
– **Fluggebiete im Lötschental** (Lauchernalp, Restialp, Bietschhornhütte)
– **Kandersteg** (siehe Führer) und Zermatt, Seite 168

mischer Wind herrscht und in Leukerbad starke Turbulenzen und Rotoren auftreten. Flüge ins Rhônetal sollten bei Südföhn vermieden werden. Um die Mittagszeit kann der Talwind im Sommer in Susten über 40 km/h erreichen!

Streckenmöglichkeiten

Beste Zeit für Rinderhütte: Februar bis August. Seit 1993 wird mit GS regelmäßig zum Furkapaß geflogen. Es wurden schon Dreiecke von 123 km und 138 km erflogen. Einzelne Streckenflieger können über ihre Route beim Restaurant Rinderhütte oder der Flugschule eine Nachricht hinterlassen!

Talort: Leukerbad, 1377 m
Anfahrt: AB Zürich – Bern – Montreux – Martigny – Richtung Brig, Bundesstraße bis Susten, Abzweigung nach Leukerbad.

D/GS
Schweiz
Vaude
Val de
Bagnes/
Wallis

78 Verbier

Gleitschirm-Mekka Verbier! Der Wintersportort mit seinem Bergkessel voller Liftanlagen und Idealhängen wurde 1987 durch die Austragung der ersten GS-Weltmeisterschaft (damals noch inoffiziell) mit dieser Sportart international bekannt. Das Thermikparadies ist mit mehreren Flugmöglichkeiten bestens erschlossen. Jährlich stattfindende Wettbewerbe sorgen für zusätzliche Attraktionen. Verbier ist ideal bei schwachen Hochdrucklagen und SW-Wind, bei Bise (N-Wind) zu vermeiden!

Start

1. **Les Ruinettes,** W, SW, einfach, 2170 m, nach Westen unmittelbar unterhalb der Station.
2. **Les Fontanets,** W, einfach, 2320 m, nach SW etwa 1 km südlich der Station oberhalb der Fahrstraße zum Col des Gentianes, 20 Min.
3. **Les Attelas/Le Creblet,** 2700 m, W, SW, mittel – schwierig, von der Bergstation 1/4 Std. dem Grat nach W folgen. Im Winter Lawinengefahr unterhalb des Startplatzes, im Sommer früh gewitterexponiert. Der Start von Le Creblet ist schwierig!
4. **Savoleyres,** S, mittel, 2340 m, Gratwiese etwa 800 Meter südwestlich der Bergstation, viele Hochspannungsleitungen in der Nähe. Man läuft in Richtung Gratsenke vor dem Felsturm des Pierre Avoi.
5. **Croix de Coeur,** SW, S, einfach, 2200 m, am Grat, Fahrstraße von Verbier über Les Esserts und Les Planards zum Start (wenige Minuten vom Auto).

Landeplatz

1. **Verbier-Les Plampraz,** 1580 m, klein, aber gut markiert, befindet sich etwa 100 Meter unterhalb des Centre de Parapente am westlichen Ortsrand.
2. **Verbier-Les Esserts,** 1680 m, abschüssig, turbulent, im Winter Lawinenzone! Etwas oberhalb von Verbier.
3. **Montagnier,** 878 m, hindernisreich, stark abfallend, bei der Kapelle südöstlich vom Ort Bäume! 1/4 Std. von der Gondelbahntalstation Le Chable.
4. **Champsec,** 945 m, auch Drachenlandeplatz, leicht abfallend, Talwind! Autoparkplatz etwa 200 Meter oberhalb.
5. **Les Planards,** 1929 m, Schulungsgelände, Landeplatz für Flugschüler freihalten.

HU

zwischen 270 m und 1820 m

Flug

Je nach Startplatzwahl vormittags oder nachmittags gut. Hauptstartplatz ist Les Attelas, falls der Wind nicht zu stark ist. Von dort wird entlang des Grates nach NW in Richtung Croix de Coeur gesoart. Am Sattel auf Westwindturbulenzen aufpassen! Wer ganz ins Tal fliegt, sollte im Hochsommer mit sehr starkem Talwind rechnen! Die dortigen Landeplätze Montagnier und Champsec unbedingt vorher besichtigen! Die Thermik über dem Kessel von Verbier, besonders in den Flanken von Attelas und Ruinettes, ist sehr gut und teilweise heftig. Lange Frühsommerrestitution bis in den Abend. Bei Nordwind sind die Grate lebensgefährlich!

Schwierigkeiten/Gefahren

Starke Sommerthermik, Talwind im Val de Bagnes, gewitterexponiert, N-Wind, Landeplätze z.T. uneben mit Hindernissen, viele Leitungen um Savoleyres.

Streckenmöglichkeiten

Gut, jedoch durch Landeprobleme im Rhônetal behindert sowie im Süden durch die hohen Gletscherberge abgeschnitten. Flüge entlang der Nordseiten bis Fiesch im Osten, ebenso nach Westen in Richtung Col de la Forclaz und Chamonix (sehr anspruchsvoll, hohe Basis nötig), nach Südwesten zum Val Ferret oder im Kessel von Verbier bzw. im Val de Bagnes.

Talort: Verbier, 1490 m
Anfahrt: AB Genf – Lausanne – Montreux bis Martigny, Ausfahrt in Richtung Col du Grand, St. Bernard bis Sembranche. Abzweigen nach Le Chable/Val de Bagnes. Dort nochmals abzweigen nach Verbier. Verbier kann auch von Le Chable mittels Gondel autofrei erreicht werden! Von der Deutschschweiz Anreise über AB Zürich – Bern – Genf und in Montreux abzweigen in Richtung Martigny. Weiter wie beschrieben.
Seilbahn: Téléverbier (Seilbahnvermittlung), Tel. 026/313000
Club/Treffpunkt:
– Para-Delta-Club des Combins, Tel. 026/315555
– Kneipe »La Grotte à Max« bei Philippe Bernard
– Weitere Fliegertreffs sind: Pizzeria Le Fer à Cheval, Au Borsalino und Chez Heinz.
Flugschule:
Centre-Ecole, Claude Amann (spricht deutsch), liegt neben dem Landeplatz Les Plampraz, Tel. 026/316818
Camping/Unterkunft:
– Office du Tourisme, Tel. 026/316222
– Camping La Prairie in Sembrancher, Tel. 026/852206
Wetter: Metéo Génève (Genf), Tel. 022/7982424
Karte: LKS, 1:25 000, Blatt 1325, Sembrancher, oder 1326, Rosablanche

D/GS

Schweiz
Vaude
Val de Bagnes/
Wallis

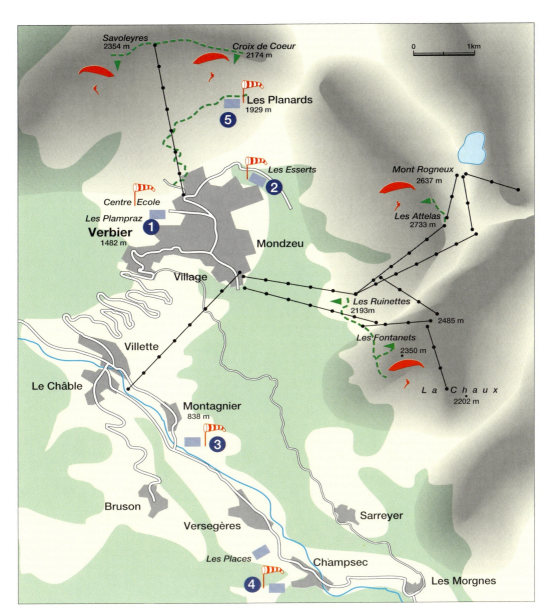

Alternativen:
Im Val de Bagnes:
– **Petit Combin** (N – W, schwierig; S, einfach; hochalpin), 5 Std. ab Cabane de Panossière, 8 Std. ab Fionnay
Im Val d'Anniviers rund um Zinal:
– **Hotel Weißhorn** über Vissoie sowie einige weitere schöne Fluggebiete, Info bei Ecole de Vol Libre de Zinal, Philippe Briod, Tel. 027/652810

Im Rhônetal:
– **La Baye** (SO, einfach), über Fully; Fahrstraße bis L'Erie + 1/2 Std. zu Fuß
– **Pas de Maimbré** (W, SO, einfach – mittel), über Anzère, Bergbahn, Tel. 027/381414

– **Petit Mont Bonvin** (S, einfach, mittel) über Aminona; Tel. Bergbahn: 027/413382

Frankreich

Frank

eich – fliegen total

Frankreich

Über 30 000 D- und GS-Piloten und ein riesiger Raum für die Ausbreitung des »Esprit du Vol libre«, von dem die Rhône-Alpes, der französische Alpenanteil, nur einen kleinen Teil darstellen, haben das Segelfliegen hier zu einem Begriff gemacht. Nirgendwo in den Alpen wird soviel für das Gleitschirm- und Drachenfliegen getan, nirgendwo sonst ist die Lobby und das Interesse so stark. Kein Wunder, daß es scharenweise Deutschsprachige hierher in den Fliegerurlaub treibt.

Vom Genfer See bis nach Monaco am Mittelmeer reichen die unterschiedlichen Möglichkeiten im Nordalpenbereich (bis Grenoble) und Südalpenbereich (ab der Höhe Col de la Croix Haute, etwa 50 km südlich von Grenoble). Für Anfänger und Gelegenheitspiloten bietet die Genfer-See-Region zwischen Thonon, Genf und Chamonix, das sogenannte Chablais, eine große Reihe einfacher, großzügiger Flugberge (z. B. Mieussy, Thollon – Les Mémises, Montagne d'Hirmentaz etc.). Dasselbe gilt für die Regionen südlich des Arvetales bis in die Höhe von Annecy.

Chamonix und Salève über Genf, mit ihrem anspruchsvollen Relief, sind den Erfahrenen vorbehalten. Auch am berühmten Col de la Forclaz über dem See von Annecy fliegen besser nur Erfahrene. Die langen, von Albertville nach Osten ziehenden Täler mit den unzähligen berühmten Skigebieten sind gespickt mit Flugmöglichkeiten und Seilbahnen, aber im Frühjahr ist man dort harter Thermik und schwierigen Landebedingungen ausgeliefert. In Richtung Grenoble ist natürlich St. Hilaire das sehenswerteste Fliegermekka mit zahlreichen alternativen Fluggebieten im Hinterland der Chartreuse. Dasselbe gilt für die gegenüberliegende Belledonne-Gruppe.

Ab Grenoble werden die Fluggebiete etwas anspruchsvoller, die engen Täler bewirken im Frühjahr und Sommer, daß sich hier heftige Talwinde austoben und die Thermik nichts mehr für Gelegenheitspiloten darstellt.
In der Provence mit ihrem besonderen Flair liegt jedoch der wahre »Schatz« des französischen Drachen- und Gleitschirmfliegens: Anspruchsvolle Piloten kommen hier auf ihre Kosten. Die Frühjahres- und Sommerverhältnisse sind für Gleitschirme oft zu heftig, so daß nur gut trainierte Profis die gewaltigen Streckenflüge der Südalpen versuchen sollten.

Das Haupthindernis dabei sind Schlechtwetterperioden in den Nordalpen, die im Süden den bekannten Mistral entstehen lassen, einen böigen, kalten Nordwind, der zum Fliegen ungeeignet ist. Als Durchschnittspilot kann man hier den Tag verbummeln, um am frühen Abend bei sanfterer Thermik einzusteigen. Die Flugzentren sind insbesondere St. André, Moustiers, Laragne und Aspres. Weiter im Süden wird das Relief felsiger, und die Flugmöglichkeiten dünnen sich aus: Zwischen Marseille und Nizza kommt zur Thermik noch die Meeresbrise hinzu, und thermodynamische »Felsenflüge« wie an der Ste. Victoire oder Coudon sind nicht jedermanns Geschmack. Dafür drängeln sich die Piloten, wegen der herrlichen Aussicht und der siebenhundert Meter hinab zum Meer, am Mont Gros über Monaco – dem Ganzjahresfluggebiet.

Wer also in Frankreich zum Fliegen geht, sollte sanft beginnen, im weniger »harten« Norden anfangen und sich nach Süden vortasten. Die beste Jahreszeit reicht von April bis September, und man kann die überlaufenen Zentren durch die große Auswahl an Alternativen problemlos umgehen!

D/GS
Frankreich
Hochsavoyen
Aiguilles
Rouges

79 Planpraz 2020 m (Chamonix)

Die Mittelstation der Brévent-Seilbahn über Chamonix bietet eines der anspruchsvollsten und faszinierendsten Fluggebiete dieses Buches. Eingebettet zwischen der hochalpinen Eiskulisse der Montblancgruppe, dem engen, dichtbesiedelten Tal und den dunkelbraunen Gneisabbrüchen der Aiguilles Rouges, liegt der Startplatz über dem thermischen Kanonenrohr des Bréventcouloirs.

Start

1. SW, einfach, 2020 m, Start über dem Couloir, 10 Min. nördlich, oberhalb der Mittelstation. Das umliegende Gelände (Seilbahnkabel und Turbulenzen, außerdem chaotische Piloten in der Luft) ist zu beachten! Ausweichstart 50 Meter weiter, ebenfalls in Richtung Rinne.
2. SO, schwierig, 2000 m, direkt vom Absatz, östlich oberhalb der Mittelstation, Deltastartplatz und gute Piloten, wenn vormittags die darunterliegende Rinne auslöst.

Landeplatz

1. Clos du Savoy, 1050 m, Wiesenfeld beim Babylift, 300 Meter von der Talstation östlich unterhalb der Straße nach Praz de Chamonix. Turbulenzen im Gebäudebereich. Im Winter verboten!
2. Bois du Bouchet, 1050 m, Lichtung im Wald in der nordöstlichen Verlängerung des Centre Sportif (Stadion), Hauptlandeplatz, 15 bis 20 Min. zur Talstation der Bréventbahn. Stichstraße kurz vor dem Kreisverkehr, wenn man von Argentière kommt (D + GS).
3. Champ à Bosson, 1100 m, westlich oberhalb der Talstation, Landung ist nur im Winter erlaubt!
4. Plaine de Praz, 1050 m, und Golfplatz (nur Winter) liegen 3 km östlich von Chamonix beim Dorf Praz de Chamonix (D).

HU

zwischen 900 m und 970 m

Flug

Wer nach Südosten startet (am Vormittag) bleibt über der Rinne vor der Station (Vorbau) und fliegt nicht hinein ins Bréventcouloir. Dieser Start kann bei Föhn guten Wind vortäuschen (Gesamtwetterlage beachten!). Das Bréventcouloir braucht ab Mittag kein Variometer. Es geht praktisch ganzjährig nach oben. Nur die Bedingungen müssen sorgfältig eingeschätzt werden: Bei N-Wind in der Höhe jedenfalls gilt für Vernünftige absolutes Startverbot. Die Turbulenzen sind unberechenbar. Bei guten Verhältnissen fliegt man über die Rinne nach Westen an die Flanken der Aiguillette. In diesem Bereich (Richtung Talausgang) wird man bei guter Thermik weit über die Aiguilles gehoben.

Schwierigkeiten/Gefahren

Hochalpines Relief, zahllose Kabel, verbautes Tal mit Talwind und Turbulenzen. Am Wochenende viele Flieger auf engstem Raum, starke Thermik (10 m/sec. sind im Sommer keine Seltenheit), bei Nordwind extrem gefährlich (mehrere Todesfälle). Hohe Basis im August: bis über 4500 Meter.

Streckenmöglichkeiten

Das Tal von Chamonix ist ein Klassiker: Erst zum Talausgang und später mit Talwindhilfe in Richtung Argentière! Für den Flug nach Verbier (ca. 34 km) sollte die Basis mindestens 3200 m sein (Querung der engen Täler beim Col de la Forclaz). Flüge nach Val d'Illiez auf die Schweizer Seite und auch Flüge ins Rhônetal sind möglich. Im Frühjahr auch nach Westen in Richtung Sallanches und weiter!

Talort: Chamonix, 1050 m, Welthauptstadt des Bergsports, inzwischen verbaut und überlaufen.
Anfahrt: Von Genf Richtung Chamonix (Autobahn und Fastautobahn) oder über Montreux – Martigny, Ausfahrt Col de la Forclaz, ins Tal von Chamonix.
Seilbahn: Brévent-Seilbahn, Tel. 05053/1318
Flugschulen:
– Azur Developpement, 79, Rue Whymper, 74400 Chamonix, Tel. 05053/5014
– Chamonix Parapente, Tel. 05055/9922
Club/Treffpunkt: Les Grattes-Ciel, Chemin des Gourgnes, 74400 Chamonix, Tel. 05055/9178.
Man trifft sich schräg gegenüber der Talstation in der Bar »La Cabolée«.
Camping/Unterkunft:
– Office du Tourisme, Tel. 05053/0024
– Camping Les Arolles, Chamonix-Sud, Tel. 05053/1430
Matratzenlager und Herbergen:
– Gîte d'Etape »Le nouveau Grassonnets«, Tel. 05054/0187
Wetter: Méteo im Maison de la Montagne, Tel. 05053/2208, 0340 (wird zweimal täglich ausgehängt)
Karte: IGN, 1:25 000, Blatt 3630, ouest

Alternativen:
– **Plan de L'Aiguille** (W, mittel; NO, schwierig), neben der Mittelstation der Aiguille du Midi-Bahn
– **Midi-Plan-Grat** (N, schwierig, hochalpin); der Extremstart über der Nordwand der Aiguille du Midi ist nur für beste Piloten bei leichtem N-Wind möglich. Bei Nullwind lieber nach Süden starten und das Vallée Blanche ausfliegen (GZ 6)! Aiguille du Midi-Seilbahn, Tel. 05053/3080
– **Montblanc du Tacul** (N, leicht,

D/GS

Frankreich
Hochsavoyen
Aiguilles
Rouges

hochalpin), Pickel, Seil, Steigeisen erforderlich, 2–3 Std. ab Midi-Gipfelstation, früh aufbrechen!
– **Montblanc** (N, NW, SW, O, mittel, hochalpin, große Höhe, starke Winde, tiefe Temperaturen). Der gigantischste Flug: 4400 Höhenmeter vom Gipfel nach Le Fayet im Arvetal. 5–6 Std. ab Aiguille du Midi oder 2 Tage ab Les Houches/Plateau de Bellevue via Refuge du Goûter. Akklimatisation dringend angeraten! Der Flug nach Chamonix ist vom 1.7. bis 31.8. verboten.
– **Grands Montets** (W, einfach; N von Lognan im Winter), Kulminationspunkt des berühmten Skigebietes über Argentière, Nachmittagsflug, hochalpin, Seilbahn (Tel. 05054/0071) + 10 Min., Startplatz bei Ausaperung spaltengefährdet!
– **La Joux** (SW, S, einfach), über Plateau d'Assy bei Le Fayet. Ideales Ausweichfluggebiet

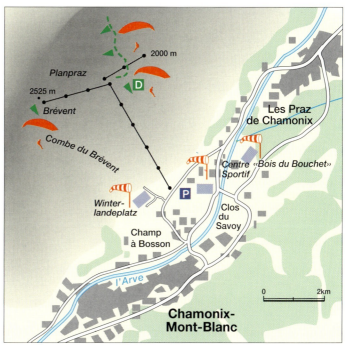

Frankreich
Hochsavoyen
Chablais

80 Pic des Mémises 1674 m

Ein kleiner, sympathischer Gratrücken hoch über der Landschaft und dem Genfer See, der sich für Soaringflüge am Nachmittag und bei dynamischem Westwind anbietet.

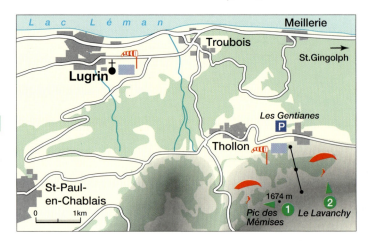

Start

1. **W, einfach,** am Gipfelrücken, 10 Min. nach Westen von der Seilbahnbergstation ansteigen.
2. **NO, mittel, 1620 m,** 250 m östlich der Bergstation am Grat.
3. **N, schwierig,** Drachenrampe, direkt bei der Bergstation.

Landeplatz

1. Rechts neben der **Talstation in Thollon, 1020 m,** über dem Hotel-Restaurant »Les Gentianes«.
2. **Lugrin, 405 m,** Wiese oberhalb der Kirche (auf Stromleitung achten).

HU

zwischen 600 m und 1270 m

Flug

Einfacher Soaringflug entlang der Felswände und Kanten; dynamisch durch Hangaufwinde am Nachmittag sowie West- und Nordlagen entlang des Genferseebeckens (auf Seitenwind achten!). Sehr schön über dem Genfer See!

Schwierigkeiten/Gefahren

Kabel und Leitungen, zu starker Westwind, zu starker Nordwind, Föhn.

Streckenmöglichkeiten

Im zeitigen Frühjahr gibt es durchaus Möglichkeiten, in Richtung Osten und Südosten zu steuern: über Dent d'Oche, Cornettes des Bise in Richtung Châtel und weiter zum Pas de Morgins oder zum Mont Chauffé – Mont de Grange in Richtung Avoriaz. Wer das Dransetal im Südwesten erreicht (schwierig), hat über dessen östlicher Kette sehr gute Chancen, einen weiten Flug zu unternehmen: Mont Ouzon – Roc de Taverneuse – Pointe des Nantaux und noch weiter.

Talort: Thollon, 1020 m
Anfahrt: Genf – Thonon – Evian (N 5), weiter auf der D 24 nach Thollon, Parkplatz vor der Seilbahn.
Seilbahn: Télécabine des Mémises, Tel. 05070/9231
Club/Treffpunkt: Club Les Aigles, Eric Graisony, Pré Moret, Lugrin, 74500 Evian-les-Bains, Tel. 05076/039

Camping/Unterkunft:
– Syndicat d'Initiative, Tel. 05070/9001
– Camping in St. Paul, Tel. über das dortige Syndicat d'Initiative, Tel. 05075/2817
Karte: IGN, 1:25 000, Blatt 3528, est

Alternativen:
– **Dent d'Oche** (W, SW, mittel), 2 1/2 Std. von Bernex
– **Col de Rebollion** (NW, N, SW, S, einfach – mittel) 1 1/2 Std. ab Bernex
– **Les Cornettes de Bise** (S, SO, einfach), 3 Std. ab Chalet de Chevenne, Straße von La Chapelle d'Abondance
– **Pointe des Nantaux** (S, SW, einfach; NW, mittel), 1–1 1/2 Std. ab Montriond
– **Morzine** (SW, einfach); neben der D 338 über dem Ort Morzine
– **Pointe de Nyons** (NW, einfach) über Morzine

D/GS
Frankreich
Hochsavoyen
Chablais

D/GS
Frankreich
Hochsavoyen
Chablais

81 Pertuiset 1620 m (Mieussy)

Hier hat alles begonnen: Im Juni des Jahres 1978 exerzierten die Fallschirmlehrer Bohn, Bettemps und Bosson vor versammelter Presse die Fußstartfähigkeit des Flächenfallschirms vor und eröffneten damit ein neues Zeitalter des Segelflugsports. Ein Hauch von Historie begleitet einen beim Soaring über den ehrwürdigen Graten ... Ein absolutes Muß für jeden »waschechten« Piloten! Achtung: An Wochenenden extrem überlaufen! Die Startflächen reichen trotz Erosion noch aus.

Start

W, SW, O, SO, leicht, ca. 1620 m. Der Hauptstart ist die völlig kahlerodierte runde Kuppe, 20 Gehminuten vom (beschränkten) Parkplatz beim Brotzeit-Chalet. Manche starten außerdem entlang der Wiesenhänge, über und neben dem Aufstiegsweg sowie von der höhergelegenen Pointe de Perret (SW, S, 40 Min. ab Startplatz).

Landeplatz

1. Hauptlandeplatz, 620 m, neben dem Sportplatz von Mieussy, an Wochenenden schnell erkennbar wegen des extremen Zustroms von Luft- und Bodenfahrzeugen. Unterhalb der D 7 (Mieussy – Taninges), etwa 1 km außerhalb von Mieussy. Windsack, kleine Holzhütte mit Brotzeitstand und Flugschule »Les Choucas«.
2. Landeplatz von Airone (Flugschule), ca. 590 m, unterhalb des Ortes Mieussy, Wiese vor dem Fluß (Giffre). Vom Ortscentrum zu den Tennisplätzen, dort parken und 5 Min. dem Weg abwärts folgen.

HU

zwischen 1000 m und 1030 m

Flug

Am Vormittag bei thermischen Bedingungen kann man rechts vom Startplatz über dem Couloir Aufwind finden, darf aber nicht zu tief kommen. Es befindet sich ein ausgeprägter Gratrücken zwischen Tal und Startplatz, etwa zweihundert Höhenmeter tiefer. An dessem östlichen Ende bei der kleinen Kapelle findet man am Vormittag gute Thermik. Am Mittag und Nachmittag ist der Aufwindbereich über die gesamte Süd- bis Westseite verteilt. Das westlich unter dem Start gelegene Couloir ist dann recht aktiv, und es wäre fatal, nach Osten zu fliegen (Rotoren).
Man überfliegt danach den vorgelagerten Grat nach Südwesten und kann entlang der Felswände des oberen Grates entlangsoaren. Bei guten Bedingungen am Nachmittag (kein überregionaler, dynamischer Wind!) fliegt man bis in den Winkel, den die Felswände über der Straße Mieussy – Sommand bilden, und kann dort Höhe machen (La Rovagne)!

Schwierigkeiten/Gefahren

Kollisionsgefahr an Saisonwochenenden, kompliziertes Relief unterhalb des Startes, welches bei stärkerem, übergeordnetem Wind ausgesprochen heftige Turbulenzen auslösen kann. Der Gipfel- und Startbereich ist sehr föhn- und gewitterexponiert.

Streckenmöglichkeiten

Im Frühjahr gut: Flüge nach Osten entlang des Giffretales bis Samoens und weiter sind bei ausreichend hoher Basis kein Problem. Ausreichend Landemöglichkeiten. Flüge nach Südosten in Richtung Arvetal – Avoriaz – Massif de Plate sind schon durchgeführt worden und verlangen ebenfalls eine hohe Basis und einen allge-

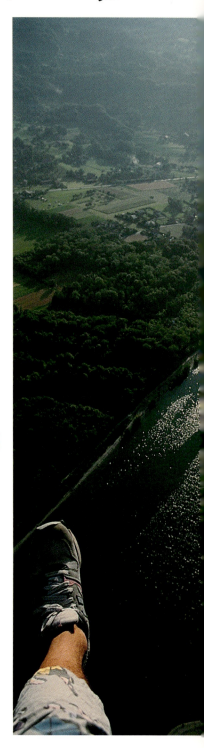

D/GS

Frankreich
Hochsavoyen
Chablais

mein guten Gradienten, um die stellenweise turbulenten Talsprünge zu meistern.
Flüge nach Chamonix sind optimal: leichte Westlage + hohe Basis (April/Mai/Juni)! Flüge nach Norden sind selten, da das Relief zu stark unterbrochen ist.

Talort: Mieussy, 620 m
Anfahrt: AB Genf – Chamonix bis zur Ausfahrt Cluses. Weiter auf der D 902 nach Taninges. Dort über die D 907 nach Mieussy (Hauptrichtung Annemasse). Man kann auch über Marignier – Pont du Giffre die D 907 von Westen erreichen und ihr nach Mieussy folgen.
Auffahrt: Als Selbstfahrer biegt man, wenn man auf der D 907 von Taninges kommt, etwa 500 Meter, nachdem man den Landeplatz passiert hat, kurz vor dem Ortsbeginn an der Kreuzung rechts (aufwärts) ab und folgt der Bergstraße über 11 km (Hauptrichtung Skistation Sommand) in diversen Kehren. Nach dem Felsriegel kommt eine Abzweigung nach rechts, der man durch den Wald bis zum Straßenende folgt (Chalets bei Wiesenhang). Besser läßt man sein Auto am Landeplatz stehen und benutzt den Pendelbus (Navette) der Flugschule (an Saisonwochenenden von April bis Ende September; im Juli/August täglich).

Flugschulen:
– Les Choucas, B.P. 14, Centre-Ecole du Parapente, am Landeplatz, Tel. 05043/0513
– Air One, Le Ranchy, 74440 Mieussy, Tel. 05043/0747

Camping/Unterkunft:
– Syndicat d'Initiative, Tel. 05043/0272
– Le Gîte du Présbytaire (Gemeinde-Ferienunterkunft, Anmeldung über das Syndicat-Touribüro)
– La Ferme du Château (Ferienlager), Tel. 05043/0707
– Camping La Domaine du Vieux Chêne, Tel. 05043/0564

Karte: IGN, 1:25 000, Blatt 3529, ouest

Alternativen:
– **Pointe de Marcelly** (SW, leicht), etwa 1 1/4 Std. ab Start Pertuiset
– **Pointe de Chavasse** (SW, leicht), mit dem Auto auf der D 308 wie Auffahrt Sommand, nach der Felswand nicht zum Pertuiset abbiegen, sondern gerade weiter bis Ramaz, dann Piste bis Col de Chavan + 3/4 Std. zu Fuß
– **La Joux/Pointe des Brasses** (SO, leicht; NW, W, leicht), Straße von Viuz-en-Sallaz über Bogève
– **Montagne d'Hirmentaz** (W, NW, einfach – mittel; SO, S, einfach), Straße über Viuz-en-Sallaz – Bogève – Col du Terramont – Hirmentaz nach La Glappaz + 1/2 Std.
– **Le Mole** (alle Richtungen außer O), markanter Grasdom über dem Arvetal – ein »Muß« der Region! Straße von Marignier + 1 Std.
– **La Bourgeoise** (SO, S, SW, einfach) über Samoens, Straße zum Col de Joux Plane + 20 Min.
– **Plateau des Saix** (N, NO, NW, einfach – mittel); Straße von Samoens, im Winter Skilift

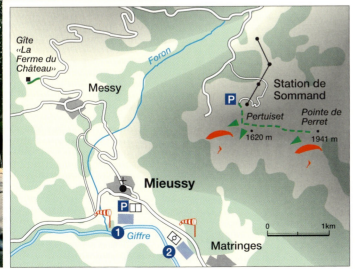

D/GS
Frankreich
Hochsavoyen

82 Salève 1307 m

Der berühmte Hausberg der Genfer Gleitschirm- und Drachenpiloten liegt auf französischem Boden. Seine kilometerlangen Soaringgrate sorgen ganzjährig durch Thermik oder dynamische Winde aus West bis Nord (Bise entlang des Genfer Seebeckens) für interessante Flüge. Reges Treiben herrscht daher an den Wochenenden. Einzig im ausklingenden Winter und zeitigen Frühjahr, ab Februar bis Anfang Juni, hat man eine Chance, in Ruhe auf Strecke zu gehen. Im Winter und Herbst ist stationäres Soaren angesagt, sofern nicht dichter Nebel herrscht. Still ist es am Salève ansonsten nur bei Föhn, denn die zahlreichen Startplätze sind allesamt nord- bis westseitig orientiert.

Start

1. **Téléphérique**, N, NO, schwierig, 1260 m, im Prinzip ausschließlich als Drachenstartplatz verwendet, liegt etwas links (östlich) der Seilbahn-Bergstation.
2. **Hauptstartplatz »La Table d'Orientation«**, NW, mittel, ca. 1300 m, Rampe und Hang für Gleitschirme, gefährliche Rotoren bei NO-Wind möglich! Sehr stark von D und GS frequentiert. Zugang: Von der Seilbahnstation auf einem Pfad gerade hoch, dann stets rechtshaltend (südwestlich) aufwärts, die Kehren der Höhenstraße abkürzend, durch Wald zur Startfläche (1/4 Std.). Deutlicher Pfad.
3. **La Petite Gorge**, N, NW, schwierig, ca. 1300 m, Startmöglichkeit über einer kleinen Schlucht, bei Westwind rotorengefährdet, unweit des Sendemastes, 10 Min. vom Startplatz 2.
4. **Les Champs**, NW, W, mittel, ca. 1300 m, Startmöglichkeit im westlichen Teil des Salève, Zufahrt von La Croisette über die Höhenstraße. Häufig besucht. Etwa 10 Min. zu Fuß vom Parkplatz beim Bar-Restaurant (man quert die Wiesenrücken auf einem Pfad hinüber zur Kante).
5. **La Corraterie** und **Les Balmes** liegen weiter westlich; letzterer in einer wenig besuchten Einbuchtung.
6. **Les Crêts**, SW – NW, leicht – mittel, der beste Salève-Startplatz, auf einer Wiesenkuppe neben der Straße (D 41), unweit von La Croisette.

Landeplatz

1. **Gleitschirm-Hauptlandeplatz**, 720 m, ca. 500 Meter südwestlich der Talstation der Seilbahn, 200 m neben der Zufahrtsstraße hinter dem alten Landeplatz (einem länglichen Streifen). 10 Min. zur Station, Talort Veyrier/Pas de l'Echelle. In der Nähe des Landeplatzes befindet sich ein Kieswerk.
2. **GS-Landeplatz Champ à Kern/Le Coin:** Dieser Landeplatz wird von Les Crêts aus angeflogen und befindet sich 3 km südwestlich von Veyrier in Le Coin (einem Ortsteil von Collonges), direkt unterhalb der Felsen des Salève beim Kletterzentrum »Refuge du Salève«. Zufahrt: Von Veyrier folgt man der N 206 bis Collonges. Weiter geradeaus aufwärts auf der D 45 bis Le Coin und durch ein Wäldchen zum Refuge du Salève (Parkplatz). Zum Landeplatz in 5 Min. hinauf durch Wald. Weiter in engen Kehren hinauf nach La Croisette zu den Startplätzen des westlichen Teils.
3. **Drachenlandeplatz Troinex**, 452 m, große Wiese mit Windsack. Wird auch von Gleitschirmen angeflogen – insbesondere wenn die anderen Landeplätze zu turbulente Verhältnisse aufweisen. GZ 5 ist Minimum.
Achtung: Der Landeplatz liegt auf Schweizer Gebiet – Ausweise mitnehmen! Zugang: Von der Seilbahn-Talstation in Veyrier zurück auf die Hauptstraße (N 206) und nach Westen weiter bis zur Ab-

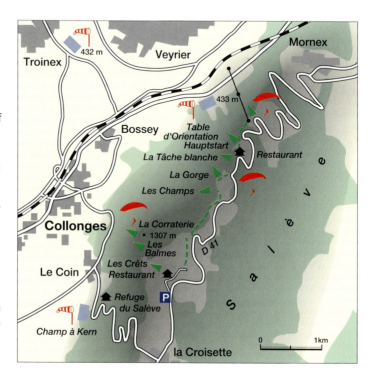

182

zweigung Troinex. Man folgt der Straße über den Zoll (Zollstation Bossey) geradeaus weiter, bis man rechts (östlich) das Landefeld sieht. Dort abbiegen.

HU

zwischen 640 m und 850 m

Flug

Thermische Hangaufwinde wegen der Westexposition der Abbrüche meist ab dem Nachmittag. Dann sind lange Soarings, Startüberhöhung und Toplandungen auf den Wiesen des westlichen Salève möglich. Nicht bei übergeordnetem Wind! An dynamischen Tagen mit Nordlagen (Startplatz 2 oder 1) fliegt man vom Start aus nach rechts (Osten), auch am Abend. Nicht nach Westen (Lee und Wind), weil man von dort die Landeplätze nicht mehr erreicht. Eine Notlandung wäre dann nur auf dem Golfplatz oder der Autobahn möglich! An dynamischen Tagen mit schwachem West- und Südwestwind startet man am besten auf Les Crêtes. Hier bleibt man im westlichen Bereich des Salève und fliegt in keinem Falle zur Seilbahn, weil man dort möglicherweise in Leezonen gerät und auch bei starkem Talwind keinen Landeplatz mehr erreicht.

Schwierigkeiten/Gefahren

An Sommerabenden und Wochenenden hohe Fliegerdichte mit Kollisionsgefahr im Bereich La Table d'Orientation. Bei NO-Lagen Leerotoren im östlichen Teil des Startplatzes La Table d'Orientation. Bei starkem Wind gefährliche Rotoren im gesamten Gratbereich sowie bei den Landeplätzen mit Ausnahme von Troinex. Am Salève empfiehlt sich für Anfänger nur der Flug nach Troinex, bei schwachen thermischen Bedingungen.

Streckenmöglichkeiten

Am besten über den gesamten Salève nach Südwesten und zurück (die ideale Zeit dafür ist April/Mai). Nicht in Richtung Genf fliegen, wegen des Flughafens in Genf. Streckenflüge über den Salèverücken hinaus sind äußerst selten und nur von Drachenfliegern ausgeführt worden, da das Relief hier sehr isoliert ist. Vorstellbar wäre im zeitigen Frühjahr ein Flug in Richtung Annecy.

Talort: Genf-Veyrier, 421 m
Anfahrt: AB Lausanne – Genf, in Genf durchs Zentrum bis zur Abzweigung nach Troinex. Weiter über den Zoll und rechts abbiegen auf die N 206 und nach wenigen hundert Metern zur Seilbahn-Talstation (Schild Téléphérique du Salève). Auch von Chamonix – Genf (Autobahn A 40) gelangt man zur Talstation. Die Ausfahrt ist beschildert!
Zur Höhenstraße: Entweder die Ausfahrt (A 40) Le Salève nehmen und in Richtung Mornex dem Schild Route du Salève folgen bis zur Seilbahn-Bergstation. Dieser Straße kann man den ganzen Salèverücken bis nach La Croisette folgen. Dort geht eine abzweigende Straße hinab nach Collonges und zur N 206. Oder umgekehrt von Veyrier bis Collonges und auf der D 45 nach La Croisette. Dort auf die D 41, Gratstraße oder Abzweigung Les Crêts (Startplätze 5 + 6).
Seilbahn: Téléphérique du Salève, Tel. 05037/1022
Club/Treffpunkt: Club du Parapente du Salève – ohne Telefon, man kann über die Seilbahn Näheres erfahren. Häufig treffen sich Flieger auch im Refuge du Salève und am Landeplatz in Troinex.
Flugschule: Ein bißchen kompliziert – sie liegt in der Schweiz und wird von einem Engländer geleitet mit Büro in Genf, Thonex und Verbier: Christopher Smith, Tel. 022/7843808 oder 025/371552.
Camping/Unterkunft: Der nächste Campingplatz liegt in Collonges, wenige Kilometer von der Seilbahn-Talstation.
Unterkommen kann man auch im Refuge du Salève.
Das nächste größere Syndicat d'Initiative liegt in Annemasse, Tel. 05092/5303
Karte: IGN, 1:25 000, Blatt 3329, est, Blatt 3429, ouest

Alternativen:
– **Petit Montrond/La Faucille** (SO, O, mittel) über Gex im Jura (nördlich von Genf), Straße
– **Le Sorgia** (W, SW, S, einfach) über Bellegarde, Straße
– **Sur Cou** (NW – NO, einfach) über St. Laurent bei Bonneville, exzellentes Soaringziel, Straße bis Le Chesnet + 1 Std.
– **Montagne de Sous Dine** (N, SW, schwierig) über Mont Piton bei La Roche sur Foron, 2 Std.
– **Pointe des Brasses** (W, SW, einfach), Straße von Viuz-en-Sallaz über Bogève
– **Le Pertuiset,** siehe Seite 180

D/GS
Frankreich
Hochsavoyen
Bargy

83 Mont Lachat 2050 m

Umrahmt von den Kalkmassiven von Bargy und Aravis liegt diese breite Kuppe mit idealen Wiesenhängen über Le Grand Bornand. Das sehr einfache Gelände läßt sich in alle Richtungen starten und eignet sich ideal für Anfänger wie Fortgeschrittene. Dank der geschützten Hufeisenlage können von hier aus auch bei mäßiger Bise (Nordwind) noch Flüge gemacht werden! Die Umrahmung des Lachat lädt zu kleinen Streckenflügen mit Rundreisecharakter ein.

Start

1. **Le Châtillon,** 2040 m, SW, S, einfach. Hauptstartplatz am Mont Lachat neben der Bergstation des Sesselliftes. Von der Umgebung aus kann in alle Richtungen gestartet werden!
2. **Covaleux,** 1510 m, W, SW, leicht. Schulungsstartplatz oder Ausweichstartplatz, liegt im Talwindbereich.

Landeplatz

1. **Le Bouchet Sud,** 1005 m, Landeplatz mit Windsack, direkt neben der Straße ins Vallée du Bouchet, etwa 2 km außerhalb von Grand Bornand, 100 Meter hinter der Abzweigung nach L'Envers du Bouchet (Ortsteil Les Jounaux). Auch Drachenlandeplatz!
2. **L'Envers de Villeneuve,** 920 m, Landeplatz in Grand Bornand, 200 Meter hinter dem Eislaufgelände (Pâtinoire) talaufwärts. Von der Kirche abwärts, über den Bach und beim Kreisverkehr links aufwärts. Achtung! Im Sommer ab der Mittagszeit stark verwirbelt, dann besser Landeplatz 1 anfliegen! 10 Min. südlich der Talstation der Télécabine du Rosay.

HU

zwischen 505 m und 1120 m

Flug

Sehr früh thermisch gut (bereits ab 10.30 Uhr in der Regel Startüberhöhung möglich). Es kann hindernislos um den Gipfel und den vorgelagerten Grat Roc des Arces Thermik genutzt werden.

Schwierigkeiten/Gefahren

Beim Landen in Grand Bornand auf Talwind und Verwirbelungen achten! Ansonsten ein ungewöhnlich sicheres Relief mit reichlich Notlandemöglichkeiten auf den weiten Almen!

D/GS

Frankreich
Hochsavoyen
Bargy

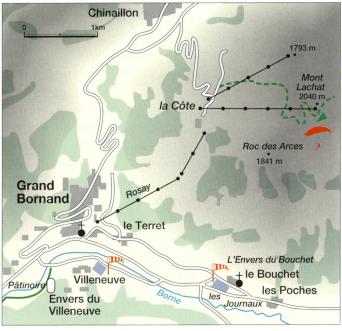

Streckenmöglichkeiten

Exzellenter Ort für Streckenanfänger! Kleine Spazierflüge, Rundflüge und Dreiecke innerhalb des Hufeisens, hinüber zum Jallouvre oder ins Aravis sind sehr beliebt. Es wurden von hier aus in den letzten Jahren 105 km Dreieck, 104 km Zielrück und 121 km freie Strecke mit dem Schirm erflogen. Die Hauptrichtungen sind Annecy im Südwesten und Chamonix im Nordosten.

Talort: Le Grand Bornand, 923 m
Anfahrt: AB (A 40) Genf – Chamonix bis Ausfahrt Bonneville, weiter in Richtung St. Pierre-en-Faucigny und dort auf die D 12 nach Grand Bornand.
Seilbahn: Télécabine du Rosay von Grand Bornand nach La Côte, dann Umsteigen in Sessellift. **Sondertarif Parapente!**
Flugschule: Les Passagers du Vent, Pierre Naville, Le Pont de Suize, F-74450 Le Grand Bornand, Tel. 05002/3262 (neben Talstation)
Camping/Unterkunft:
– Office du Tourisme, Tel. 05002/7800
– Camping L'Escale, Tel. 05002/2069, vermietet Studios!
– Gîte La Chêvrerie, Tel. 05002/3143

Treffpunkt: An der Flugschule oder abends im L'Arpège oder La Tartouffle im Ort
Karte: IGN, 1:25 000, Blatt 3430, est

Alternativen:
– **L'Etale** (NW, W, einfach), Seilbahn von La Clusaz
– **Pic de Jallouvre** (W, S, einfach, aber hochalpin), 2 Std. ab Col de la Colombière (Parkmöglichkeit)
– **Crête du Loup** (N, W, S, schwierig), Straße von La Clusaz
– **Mont Charvin** (W, SW, NW, einfach), Straße von Ugine nach Thones (D 162), Abzweigung nach La Savatte + 3 Std.
– **Sur Cou** (N – SW, einfach), über La Roche-sur-Foron, 1 Std. zu Fuß ab Waldparkplatz Le Chesnet
– **Col de la Forclaz** (Annecy), siehe Seite 186 f.

D/GS
Frankreich
Hochsavoyen
Bauges

84 Col de la Forclaz 1150 m

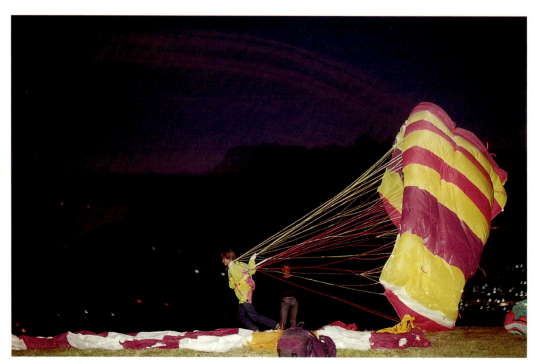

Einmalig schönes Fluggebiet für gute Piloten über dem See von Annecy. Wegen der häufigen Seitenwinde und Turbulenzen sowie der zahlreichen Drachenflieger während der Saison und des kleinen GS-Landeplatzes sollte dieses Fluggebiet nur von Piloten besucht werden, die die Verhältnisse beherrschen!
Ausweichfluggebiet für Gleitschirmpiloten ist Planfait über Talloires, weiter nördlich am See von Annecy.

Start

1. **W, Drachenstartplatz** (Rampe), 1170 m, liegt neben dem Paßrestaurant oberhalb des Parkplatzes.
2. **W, NW, mittel, 1215 m,** Gleitschirmstart, etwa 100 Meter vom Restaurant, etwas oberhalb von diesem.
3. **SW, W, mittel, 1491 m,** dieser Startplatz liegt oberhalb auf der Kuppe Pointe de la Rochette, etwa 1/2 Std. Fußmarsch
4. **La Coche Cabane,** W, leicht, 1/2 Std. Zustieg; Weg unterhalb Rampe.

Landeplatz

1. **Drachenlandeplatz:** Liegt bei Doussard, 450 m, am Südende des Sees, westlich neben der Straße, zwischen Seeufer und Straße.
Nur für Drachenflieger!
2. **Gleitschirmlandeplatz:** Liegt schräg gegenüber auf gleicher Höhe links (orographisch östlich) der Straße (D 990 a), zwischen Hang (Wald) und Straße.
Vorsicht: Die Landewiese wird am unteren Ende von einer Leitung gekreuzt!

HU

zwischen 720 m und 1040 m

Flug

Wegen des Nord-Süd-orientierten Reliefs haben die Startplätze häufig Seitenwind, der bei Hochdruck aus Norden weht. Gegenwind erzeugen nur die nachmittäglichen Ablösungen oder der dynamische Westwind, der meistens zu stark für GS-Flieger ist. In der Regel fliegt man nach dem Start nach Norden um die Ecke, entlang des Rückens, und kann sich soarend halten oder Höhe gewinnen und über die Pointe de la Rochette zu den Dents de Lanfont und evtl. zum Veyrier nach Norden ausholen. Man fliegt dann zumeist gegen den Wind. Bei SW-Wind ist es etwas ruhiger. Seit drei Jahren existiert mit Planfait ein ideales Ausweichfluggebiet, das viel besucht wird. Ein Tip: Ideal fliegt man bei Frühsommer-Restitution am frühen Abend, wenn der Nordwind mit Thermik noch gut ansteht und die meisten Piloten schon zu Hause sind.

D/GS

Frankreich
Hochsavoyen
Bauges

(Annecy)

Schwierigkeiten/Gefahren

Turbulenzen und Seitenwindrotoren am Start, kleiner GS-Landeplatz, Starkwinden ausgesetzter Start, Kollisionsgefahr an Saisonwochenenden. Für Gelegenheitspiloten absolut tabu!

Streckenmöglichkeiten

Für Gleitschirme: Hier flogen Pierre Bouilloux und Thierry Barboux als erste die »Tour du Lac d'Annecy«, ein Streckenflugklassiker für das Frühjahr rund um den See gegen den Uhrzeigersinn: früher Start nach Norden, hochdrehen zur Tournette oder zu den Dents de Lanfont, weiter nach Veyrier, dort Höhe machen für die Talquerung zum Semnoz. Von dort über Entrevernes zurück zum Forclaz. Jedoch gibt es auch hervorragendes Gelände östlich der Tournette: über Tournette – Sulens zum Mont Charvin und den gesamten Aravisgrat entlang in Richtung Sallanches oder Chamonix – im April, Mai und Juni problemlos! Eine Alternative ist der Flug nach Süden (mit leichtem Nordwind) Richtung Dent d'Arcalod und weiter ins Isèretal.

Talorte:
Talloires, 490 m, Annecy, 454 m
Hinweis: Ein Besuch Annecys lohnt sehr. Die Altstadt mit ihren zahlreichen Wasserarmen und Brücken, Gassen und Restaurants wird das »Venedig Savoyens« genannt.
Anfahrt: Autobahn A 41 Genf – Chamonix, Ausfahrt Annecy-Sud, und zum See (Lac) an die Ostuferstraße (D 909 a) in Richtung Talloires bis zur Abzweigung Col de la Forclaz. Geradeaus weiterfahrend erreicht man die Landeplätze neben der Straße, am Südende des Sees.
Club/Treffpunkt:
– Fliegertreff ist das Restaurant beim Startplatz, Tel. 050/607261.
– Club Les Chamois Volants, Hotel Roc de Chère, 74410 Talloires, Tel. 050/601915
– Deltaclub d'Annecy, Tel. 050/515926
Flugschulen:
– Ecole de Parapente Annecy Sup'air, 12, Avenue Mandallaz, F-74000 Annecy, Tel. 050/457529
– Directe Cime, Tel. 050/674187
– Annecy Vol de Pente, Tel. 050/528485
Camping/Unterkunft:
– Office du Tourisme in Talloires, Tel. 050/607064
Es gibt 8 Campingplätze in und um Talloires und eine Jugendherberge in Annecy sowie eine sehr empfehlenswerte Gîte d'étape in Arnand bei Doussard!
– Camping Le Roc de Chère, Tel. 050/607272
– Camping L'Horizon, Tel. 050/607536

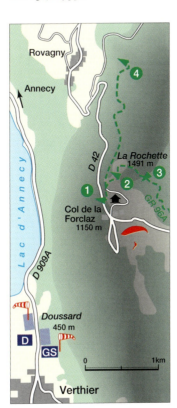

Karte: IGN, 1:25 000, Blatt 3431, Annecy ouest

Alternativen:
– **Planfait** (W, leicht), über Talloires nordwindgeschütztes Hauptfluggebiet für Gleitschirme über dem See am Fuße der Dents de Lanfont. Kontakt: Rip'air, Z.I. des Perroix, Talloires, Tel. 050/644102
– **Veyrier** (W, schwierig), Bahn oder Straße und Weg von Annecy
– **Entrevernes** (O, schwierig; Rampe), am Ostufer des Sees von Duingt, Straße
– **Roc des Boeufs** (O, SO, einfach), 1/2 Std. ab Entrevernes
– **Semnoz** (W, NW, einfach), die Alternative zum Forclaz, Höhenstraße von Annecy, sehr schönes W-Wind-Soaringgebiet
– **La Sambuy** (Seythenex NW – NO, SO, einfach – mittel), Seilbahn von Le Vargnoz über Faverges
– **La Tournette** (NW – SW, O, einfach – mittel), 2 1/2 Std. ab Col de la Forclaz
– **Montagne de Sulens** (alle Richtungen; einfach) 1 Std. von Le Mont über Serraval (Straße Faverges – Thones)
– **Le Revard** (SW, mittel), Straße von Aix-les-Bains

D/GS
Frankreich
Savoyen
Vanoise

85 Tête du Solaise 2558 m

Diese einfache Kuppe liegt am Ende des langen Tarentaisetales über dem weltberühmten Val d'Isère und bietet einfache Soaringmöglichkeiten bei Westwind und Nachmittagsthermik.

Start

1. W, einfach, ca. 2500 m, wenig unterhalb der Seilbahn-Gipfelstation am obersten Hang (im Winter neben den Skipisten). Ideal für Anfänger und meist Gegenwind, da der Talwind hier ansteht. 10 Min. von der Station.
2. NW, N, mittel, ca. 2550 m, neben dem Téléski du Plan über den Lawinenschutzbauten gelegen, 5 Min. von der Gipfelstation.

Landeplatz

1. Ca. 1850 m, im Vallée du Manchet, neben dem Tennisgelände, etwa 800 m südlich der Seilbahn-Talstation hinter einem Hügel. Fahrweg, Windsack.
2. Ausweichlandeplatz: 1805 m, kleine Wiese östlich der Straße kurz vor Val d'Isère, zwischen den Ortsteilen La Daille und Le Crêt.

HU

zwischen 650 m und 700 m

D/GS

Frankreich
Savoyen
Vanoise

(Val d'Isère)

Flug

Hindernisloser Flug, im Sommer Talwind berücksichtigen.

Schwierigkeiten/Gefahren

Im Sommer starker Talwind. Im Winter Rücksicht auf den Skibetrieb nehmen. Das Becken von Val d'Isère sollte unter keinen Umständen in Richtung Bourg St. Maurice verlassen werden: keine Landeplätze und extreme Leeturbulenzen!

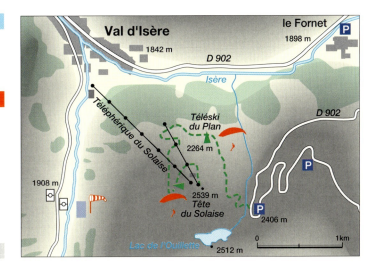

Streckenmöglichkeiten

Die Solaise ist zum Crossfliegen ungeeignet, weil das umgebende Relief zu gefährlich ist.
Zum Streckenfliegen begibt man sich zum Fort du Truc oder Fort 2000 über Bourg St. Maurice (ab dem späten Vormittag exzellente Cross bis Albertville möglich). Für logistische Hilfe steht Richard Baldauf von der Gleitschirmschule Air Montagne Evasion in Val d'Isère zur Verfügung.

Talort: Val d'Isère, 1842 m
Anfahrt: Von Albertville folgt man der N 90 nach Bourg St. Maurice und fährt auf der D 902 nach Val d'Isère (ca. 100 km von Albertville).
Seilbahn: Téléphérique du Solaise, Tel. 07906/0035, geöffnet ca. 1.12. bis 8.5. sowie Juli/August
Anstieg: Wenn die Seilbahn geschlossen ist, kommt man ab Talstation, der Piste folgend, in 1 1/2 Std. zum Start empor; wenn die Straße zum Col de l'Iséran offen ist, parkt man in der Kurve P. 2409 m vor dem Aussichtspunkt Tête de L'Avolla und folgt dem markierten Steig in 20 Min. Querung zum Start.
Club/Treffpunkt: siehe Flugschule

Flugschule: Air Montagne Evasion, Richard Baldauf, Info beim Laden Killy Sports, F-73150 Val d'Isère, Tel. 07906/2816, Fax 07941/1629 Richard spricht deutsch und organisiert für Gastpiloten auch Gleitschirmtouren. Die Schule ist ganzjährig geöffnet.
Wetter: Wetterstation Bourg St. Maurice, Tel. 03668/0273
Camping/Unterkunft:
– Office du Tourisme, Tel. 07906/1083
– Camping du Lasinant in Val d'Isère, Tel. 07906/0060
Karte: IGN, 1:25 000, Blatt 3633, est

Alternativen:
– **Bellevarde** (NO, O, mittel), Vorsicht wegen der neuen Lawinenverbauungen und Sprengseile! Vorher Info bei Richard Baldauf von der Flugschule einholen!
– **La Grande Motte** (alle Richtungen, N, NO nach Tignes, Startplatz einfach, aber hochalpin), nur für Bergerfahrene (Gletscher), hohe GZ nötig! Ausgangspunkt Val Claret und Grande-Motte-Seilbahn (Tel. 07906/3466) von der Bergstation in 1/2–3/4 Std. zum Gipfel. Achtung! Für den Vanoise-Nationalpark: vorher Genehmigung bei der Parkverwaltung einholen!
– **Aiguille Grive/Aiguille Rouge** (NW – SW, S, mittel) über Les Arc/Arc 2000. Seilbahn + 20 Min. Info: Paraclub in Bourg St. Maurice, Tel. 07907/3853, Centre Jean Moulin, F-73700 Bourg St. Maurice.
– **Fort du Truc** (1500 m, SO – SW, einfach), Straße von Bourg St. Maurice, exzellentes Streckenfluggelände, Info beim Club (siehe oben).
– **La Rosière**, (SW, einfach), über Villard am Col du Petit St. Bernard, Straße. Wegen Talwind häufig gute Verhältnisse.
– **La Saulire** (S, SW, einfach), eine der Kuppen über den berühmten »Trois Vallées«, diese ist durch Wettkämpfe am bekanntesten. Von Méribel nach Mottaret mit der Pas du Lac-Seilbahn hochfahren. Info beim Office du Tourisme, Tel. 07900/5584

D/GS
Frankreich
Isère
Chartreuse

86 Saint Hilaire 950 m

Saint Hilaire – ein Ort in Frankreich und ein Beitrag zur Geschichte des Drachen- und Gleitschirmsports. Wenn es je ein »Muß« gegeben hat im GS-Sport, dann ist es dieser Platz. Schon die Lage dieses Dorfes ist unglaublich: Auf einem sanften Wiesenplateau gelegen, überbrückt es durch seinen Charme die jähen und atemberaubenden Kontraste der riesenhaften Felsabbrüche ins Isèretal und der über dem Ort thronenden Kalkklötze der Chartreusekette. Als Horizontale zwischen zwei Vertikalen ist Saint Hilaire ein Fluggebiet der Superlative. Seit Jahren trifft sich hier im September alles, was im Flugsport Rang und Namen hat. Ob zum Filmfestival oder zum Karneval, die Flugfans amüsieren sich hier immer prächtig ...

Start

Gleitschirme:
O, mittel, ca. 930 m, eine fast horizontale Wiese, etwa 100 Meter unterhalb des bekannten »Chalet«, dem Flugsportzentrum in St. Hilaire, am Rande der überhängenden Abbrüche!
Besondere Hinweise: An Wochenenden äußerst frequentierter Start, fremde Piloten müssen als Gäste vorher eine Gastpilotenkarte im Chalet bei der Flugschule ausfüllen und sich strikt den Bedingungen unterwerfen, sonst ist die Genehmigung für das Fluggelände bedroht (was sie vor Jahren schon einmal gewesen ist). Startrichtung und Exposition des Geländes machen es trotz der beim Abbruch ausgelegten Netze zwingend erforderlich, daß ungeübte Gastpiloten sich einem Fluglehrer anvertrauen! An Nachmittagen kommt in der Regel spätestens um 14 Uhr Rückenwind, der gelegentlich von Ablösungen unterbrochen wird. Außerdem wird wegen des Straßenverkehrs nicht vor dem Startplatz gesoart! Äußerste Kollisionsgefahr, bereits diverse Unfälle!
Drachenstartplätze:
1. S, Rampe, leicht, ca. 950 m. In St. Hilaire beim Syndicat d'Initiative dem dahinterliegenden Erdweg 150 Meter folgen. Man parkt beim Syndicat und geht zu der mitten auf einem Grasabsatz gelegenen Rampe. Am Nachmittag, besonders bei N-Wind-Einfluß, Rotoren und Rückenwind!
2. N, NO, 3 Rampen, ca. 980 m, Klippenstart ins Leere. Nicht bei Südtendenz versuchen! In St. Hilaire zum Tennisplatz, dem Feldweg in Richtung Abbrüche folgen, in den ersten Weg nach links zum Parkplatz einbiegen. Dem Weg zu den Rampen folgen.

Landeplatz

1. Drachenlandeplatz: Les Marais, 228 m, großes Feld südlich von Montfort etwa 300 Meter neben der Straße. Zugang: Im Tal folgt man 50 Meter südlich der Talstation der Zahnradbahn (Funiculaire) dem Feldweg, der nach 200 Metern den Landeplatz erreicht.
2. GS-Landeplatz: Steiniges, erodiertes Feld neben der Straße (N 90), etwa 150 Meter nördlich der Talstation der Funiculaire, 236 m. Das Feld ist bestens markiert. In der Saison fahren Buvette und Pendelbus. Bitte genauestens die Landezone einhalten!
3. Toplandeplatz für GS: außerhalb des Ortes beim höchsten Punkt (Fußballplatz daneben), ca. 1020 m.

HU

ca. 700 m

D/GS

Frankreich
Isère
Chartreuse

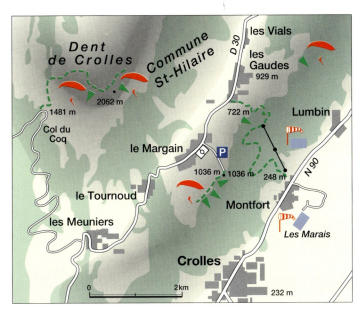

Club/Treffpunkt: In St. Hilaire im Restaurant von Chalet. Weiters vor dem Syndicat d'Initiative.
Flugschulen:
– Prévol, Le Chalet,
F-38720 St. Hilaire du Touvet,
Tel. 07608/3872
– Survol, 109 a Avenue Ambrose Croizat, Z.I. 38190 Crolles,
Tel. 07608/9606, 7608/9644
– Particules, Montalieur,
38660 Le Touvet,
Tel. 07608/5165, 07645/0779
Camping/Unterkunft: Im Chalet können sich diejenigen einquartieren, die immer am Brennpunkt des Geschehens sein wollen. Weitere Möglichkeiten im Syndicat d'Initiative, Tel. 07608/3399 oder anderen diversen möblierten Locations rund um den Ort.
Karte: IGN, 1:25 000, Blatt 3234, est, und 3334, est

Flug

Ab dem Vormittag ist es wegen der Felsen relativ leicht, Höhe zu gewinnen und eventuell auf dem Hochplateau topzulanden (nicht am Startplatz!). Bei Nord- und Südwinden befindet man sich trotz Aufwind entlang der Abbrüche immer wieder in Rotorbereichen. An thermisch guten Tagen fliegt man hier unter der Woche am besten. Vor- und Nachflieger hat man genügend.

Schwierigkeiten/Gefahren

Extrem überlaufen mit Kollisionsgefahr an Saisonwochenenden. Rotorgefährdet bei überregionalen Winden aus Nord, West und Süd, ab Nachmittag wegen der Startrichtung. Gewitterexponiert.

Streckenmöglichkeiten

Im Frühjahr und noch im Frühsommer: die gesamte Chartreuse in Nord- oder Südrichtung. Die Großstadt Grenoble mit Flughafen darf nicht überflogen werden! Wer ins Vercors auf Strecke geht, muß in großem Bogen ausweichen. Es ist auch möglich, nach Westen in die Chartreuse hinein zu fliegen, wohingegen die Talquerung des Grésivaudan nach der gegenüberliegenden Belledonne fast aussichtslos ist – es sei denn, man hat im April einen starkthermischen Tag mit hoher Basis.

Talort: St. Hilaire, 950 m (zugleich Startplatz)
Anfahrt: Autobahn A 41 Genf – Annecy – Chambéry – Grenoble bis Ausfahrt Le Touvet oder Brignoud. Weiter zur N 90 (Westseite des Tales). Von La Terrasse oder Petit Lumbin führt eine Bergstraße nach St. Hilaire.
Seilbahn: Die Funiculaire (Zahnradbahn) in Montfort direkt nach St. Hilaire erspart die Autofahrerei – sie ist jedoch nur in der Saison von Mai bis September geöffnet und auch dann nur sehr unregelmäßig. Auskunft beim Syndicat d'Initiative in St. Hilaire,
Tel. 07608/3399.
Zu Fuß vom Landeplatz auf Felsensteig in 1 Std. nach St. Hilaire.

Alternativen:
– **Dent de Crolles** (SW, mittel; NO, mittel, hochalpin), D 30 a von St. Hilaire in Richtung Col du Coq + ca. 1 1/2 Std. Der Traumflug über dem Isèretal!
– **Charmant Som** (O, SO, einfach – mittel), Straße über Sappey-en-Chartreuse oder St. Hugues via Col de Porte (D 57 d) + 25 Min.
– **Pas de la Fosse** (W, NW, schwierig), Hangsoaring bei Westwind und Talwind am Nachmittag, Straße von Montmélian/Pontcharra über Les Marches in Richtung Col du Granier + 1/4 Std. (Parkplatz beim Tunnel)
– **Grand Replomb** (W, NW, SW, S, einfach), Traumflug in der Belledonne für Wanderer über St. Mury
– **La Buffe/Bec de l'Orient** (N – W, schwierig), Hangsoaring und Thermik über Montaud im Vercors. Straße zum Buffe, 40 Min. zu Fuß ab der Straße zum Bec de l'Orient.
– **Croix de Chamrousse** (S – NW, einfach) über Grenoble, Straße über St. Martin d'Uriage

GS

Frankreich
Isère/
Haut
Dauphiné

87 Les Deux Alpes 1650 m

Die bekannte Skistation, nahe den Eisgiganten Des Ecrins/Oisans, liegt fünfzig Kilometer östlich von Grenoble und bietet Soaring à la carte über den endlosen Alpwiesen rund um Deux Alpes – wunderbar geeignet für Leute, die das »Soaren« lernen wollen. Bitte in Deux Alpes und im Sommer nicht nach Venosc ins Tal fliegen, wenn der brachiale Romanchetalwind weht!

Start

1. **Le Diable, 2380 m,** SW, W, einfach, Hang neben der Bergstation der Diable-Seilbahn.
2. **Les Deux Alpes, ca. 1650 m bis 1800 m,** SW, einfach. Wiesenhänge vor der Station über dem Romanchetal, unweit der »Télécabine du Diable«-Talstation. Hinweis: Die meisten Aufstiegshilfen laufen nur in der Wintersaison, dann gibt es auch mehr Möglichkeiten.

Landeplatz

1. **Les Deux Alpes, 1650 m** neben der Talstation der Diable-Seilbahn.
2. **Venosc, 955 m,** Wiese neben dem Ort und der D 530. Im Sommer sehr starker Talwind und thermische Turbulenzen und etwas umständlich, zurück zum Ausgangspunkt zu kommen, da die Venosc-Seilbahn nach Les Deux Alpes nur von Dezember bis April läuft.

HU

bis zu 1425 m

Flug

Hangsoaring über der Skistation und dem Romanchetal mit relativ weiten, hindernislosen Hängen. Weniger Geübte sollten rechtzeitig erkennen können, wenn der Wind zu stark wird. Im Sommer sollten Gelegenheitspiloten nicht allein starten!

Schwierigkeiten/Gefahren

Starker Wind und starke Thermik im Frühjahr und Sommer, Talwind, im Romanchetal beschränkte Notlandemöglichkeiten.

Streckenmöglichkeiten

Reliefabhängig ist man nach Süden und Osten durch die hohen Eisberge des Ecrins/Oisans sowie durch das enge und gefährliche Romanchetal, das mit seinen Leitungen blockiert. Flüge nach Villard-Notre Dame und entlang der Westseite des Massivs in Richtung Corps sind möglich. Dabei sollte jedoch nur schwacher Höhenwind wehen und die Basis ausgesprochen hoch sein (mindestens 3000 Meter).
Ebenso kann man versuchen, nach Alpe d'Huez im Norden zu gelangen. Insgesamt gesehen sind die Streckenflugmöglichkeiten noch wenig erschlossen und verlangen einen exzellenten Piloten, der mit schwierigen Notlandungen und brachialer Leethermik zurechtkommt.

Talorte:
Venosc, 955 m,
Les Deux Alpes, 1650 m
Anfahrt: Autobahn A 41 Genf – Grenoble, in Richtung Gap, weiter in Richtung Briançon, in Vizille auf die N 91, über Bourg d'Oisans nach Mont de Lans (vorher Abzweigung nach Venosc – D 530) und nach Les Deux Alpes. Durch den Ort bis zur Talstation der Télécabine du Diable.
Seilbahn: Télécabine du Diable, Tel. 07679/7517
Club/Treffpunkt: Einen großen Club gibt es im Nachbargebiet Alpe d'Huez: Club Parapente de l'Oisans, Auberge Ensoleillée, 38750 L'Alpe d'Huez,
Tel. 07680/2509.

GS

Frankreich
Isère/
Haut
Dauphiné

Flugschule: Bei der Ecole de Ski, Tel. 07679/2121 bzw. Didier Pellisier, Tel. 07679/0297
Camping/Unterkunft:
– Office du Tourisme Tel. 07679/2200
– Camping La Caravaneige in Les Deux Alpes, Tel. 07679/2047
Karte: IGN, 1:25 000, Blatt 242, (Massif des Ecrins)

Alternativen:
– **Fioc, Montagne de Rachs** (S, SW, einfach), bei Les Deux Alpes, erreichbar im Winter mit Sesselliften
– **Le Bras** (N, NW, einfach), Idealflug bei Alpe d'Huez nach Bourg d'Oisans. Straße bis zum Shangri-La-Gebäude + 1/2 Std. zum Start. Im Winter von oben mit dem Skilift unerreichbar.
– **Pic du Lac Blanc** (SW, W, mittel, hochalpin) über Alpe d'Huez, mindestens GZ 5,5 für eine Landung im Tal, sonst Landung in Alpe d'Huez. Seilbahn.
Info über Flugschule: Air Ecrins, Tel. 07680/2509
– **Col de Poutran** (W, einfach), sehr schöner Flug auch für Deltaflieger mit Toplandemöglichkeit, Straße von Alpe d'Huez
– **Signal de l'Homme** (alle Richtungen, einfach), 1 Std. ab Alpe d'Hjuez oder Skilift im Winter
– **Villard-Notre Dame** (O, NO, einfach) schöner Flug und tolle Auffahrt über Bourg d'Oisans
– **Le Prégentil** (O, einfach), 3/4 Std. ab Villard-Notre Dame
– **Clos de la Chèvre** (SW, einfach; trotzdem nichts für Anfänger – starker Wind!) über Bourg d'Oisans, Straße Alpe d'Huez – Armentier, Abzweigung nach Le Chatelard
– **Dome de Neige** (NO, mittel, hochalpin) über La Berarde. 6 Std. bis zum Refuge des Ecrins, von dort 3–4 Std. zum Gipfel (4015 m), Seil, Pickel, Steigeisen erforderlich
– **Meije Orientale** (NO, mittel, hochalpin) über La Grave, 5–6 Std. zum Refuge de l'Aigle, weitere 2 Std. zum Gipfel (3890 m). Seil, Pickel, Steigeisen erforderlich. Auch Start am Refuge oder am Bec de l'Homme möglich!

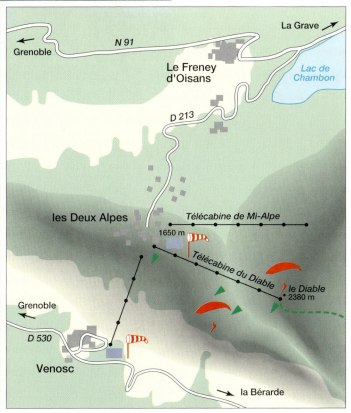

D/GS
Frankreich
Hautes Alpes
Briançonnais

88 Le Prorel 2566 m (Briançon)

Briançon – die mittelalterliche Festungsstadt liegt am Fuße hoher Pässe und am Übergang zwischen den französischen Nord- und Südalpen. Neben dem Fluggelände des Col du Granon, den Winterflügen von Serre-Chevalier und der Skistation am Montgénèvre ist seit einiger Zeit (dank der Prorelseilbahn) dieses Fluggebiet fast ganzjährig zugänglich. Damit hat man einen hochgelegenen Startplatz für die außergewöhnliche Thermik des Durancetales und des Kessels von Briançon.

Start

1. SO – NO, leicht, 2404 m, nördlich der Bergstation. Etwa 50 Höhenmeter auf eine Kuppe steigen, 10 Min. Bei NO-Start darf der NO-Wind nicht stark sein! Gefährlich bei W/SW-Wind, da das Plateau Rotoren provoziert, die an diesem Startplatz Aufwind vortäuschen können. Bei guten Bedingungen ab 9 Uhr morgens Aufwind.

2. SW, S, leicht, ca. 2300 m, von der Prorel-Bergstation zum südlichen Ende des kleinen Plateaus, vorbei an der Kapelle – im Umkreis von dieser darf nicht gestartet werden! Dieser Startplatz weist ab Mittag gute Bedingungen auf (das Talwindsystem kann bis hierher hinauf reichen). Nicht bei NW-Wind hier starten!

Landeplatz

1. D/GS, ca. 1340 m, Landeplatz des Deltaclubs unterhalb der Straße (N 91) zum Col du Lautaret zwischen Chaffrey und Chantemerle.

2. GS, Atterrissage de la Gravière, ca. 1190 m, von Briançon auf der N 94 (Süden). Die erste Abzweigung nach links (Osten) in Richtung Villard-St. Pancrace bis zum Schotterwerk. Daneben liegt der Landeplatz mit Windsack.

Hinweis: Dieser Landeplatz kann wechseln. Vorher bei der Flugschule nachfragen! Es gibt zwischen Landeplatz und Seilbahn-Talstation einen Pendelbus.

HU

zwischen 960 m und 1210 m

Flug

Am Prorel findet man sehr lange im Jahr interessante Verhältnisse auch an sonnigen Wintertagen. Im Frühjahr und Sommer sind die Aufwinde und Talwinde besonders stark – die Restitution (Durancetal) ist außergewöhnlich ausgeprägt. Man kann bis spät am Abend Aufwind erwarten, während im Tal Turbulenzen und Reliefwinde das Landen für Gleitschirme bis zum Abend hin sehr heikel gestalten: Besser in der Luft bleiben oder toplanden!

Schwierigkeiten/Gefahren

Nicht bei ausgeprägten Höhenwinden starten. Bei starkem Nord- und Westwind Lebensgefahr! Ein weiteres Windphänomen bildet der italienische Ostwind (Lombarde) – ein Ausgleichswind bei heranziehendem Tiefdruck. Bei schwachem Lombarde ist das Fliegen noch unproblematisch, aber bei zunehmender Stärke droht Lebensgefahr! Trotz dieser Windphänomene kann der Start am Prorel relativ harmlos aussehen – meist wird es erst in der Luft oder in Talnähe für Piloten gefährlich!
Ansonsten: Große E-Leitung auf halber Höhe rund um den Berg beachten! Landeplätze unbedingt einhalten! Unerfahrene Piloten begeben sich besser in die Obhut der Flugschule.

Streckenmöglichkeiten

Über dem gesamten Talkessel von Briançon sowie nach SO in Richtung Queyras. Flüge nach Norden sind selten. Nach Süden über Bouchier das Durancetal entlang in Richtung Lac de Serre – Poncon. Vom Prorel ist mit Startüberhöhung die Talquerung nach N zum Col du Granon möglich: Flüge bis nach Turin!

Talort: Briançon, 1204 m
Anfahrt: Genf – Annecy – Grenoble, über den Col du Lautaret. Von Italien über Milano – Torino – Montginevra nach Briançon.
Seilbahn: Télécabine du Prorel, Tel. 09225/5500, läuft von Dezember bis April und vom 15.6. bis 15.9. Wochenpaß für Piloten: 250 FF für 8 Tage!
Club/Treffpunkt: Les Suces-Pentes, siehe Flugschule
Bergwacht: (Secours en Montagne) Tel. 09221/1042
Flugschule: Alp Parapente Briançon, Pierre Roques, 23, Route d'Italie, F-05100 Briançon, Tel. 09220/3521, Fax 09220/3739
Camping/Unterkunft:
– Office du Tourisme, Tel. 09221/0850
– Jugendherberge Serre Chevalier-Le Bez, Tel. 09224/7454
– Camping »Champ de Blanc«, Tel. 09220/5556
– Hotel »Les Airelles«, Alain Bloch, Le Rosier, Val des Près, Tel. 09220/4436
– Auberge du Bois Barracan, Tel. 09221/2779
Wetter: Automat Tel. 03668/0205
Karte: IGN, 1:25 000, Blatt 3536, ouest

Alternativen:
– **Bouchier** (S, SO, einfach), Straße von Prelles oder Les Vigneaux im Vallouise zum Startplatz
– **Puy Aillaud** (SO – SW, einfach) über Vallouise, Landeplatz sehr turbulent. Information: Flugschule Pollen in Puy St. Vincent, Tel. 09223/3908

D/GS

Frankreich
Hautes Alpes
Briançonnais

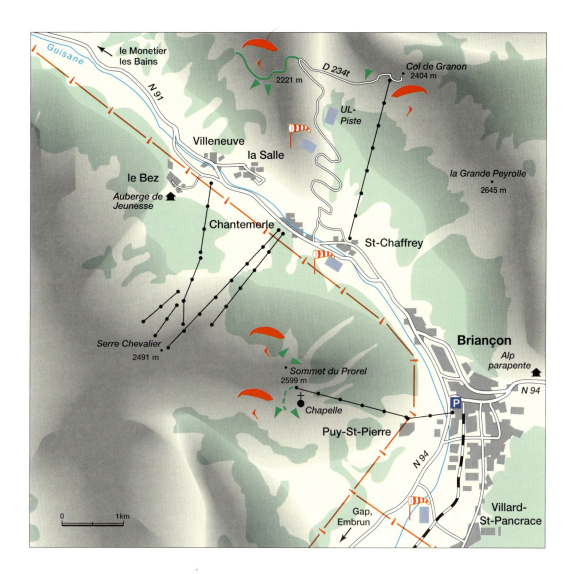

- **Col du Granon** (S – SW, leicht), Straße, Info: Robert Serfatti, Tel. 09224/1650
- **Col de Fenêtre** (N, S, leicht) Cerena Torinese, Kontakt: Scuola di Volo Libero »Peter Pan«, Guido Teppa, Tel. 011/254171
- **Ceillac** (W, NW, einfach), fast immer Soaring möglich, aber in der Saison vermeiden
- **Cima di Bercia** (N – O) über Cerena Torinese, Seilbahn
- **Cime de Valbelle/Risoul** (N-S-O, leicht) über Guillestre
- **Le Montagnou/Les Lauzières** (S, SW, W, SO, leicht) über Orcières-Merlette, Info:Club Les Ayasses, Tel. 09250/7132
- **Les Couniets/Col de la Coulette** (W, SW, einfach) über Vars, Info: Cuzco Club, Tel.09246/5131
Briançon im Winter:
- **von La Balme** (SO) nach Vallon de la Cucumelle
- **von La Cucumelle** (NO – SO) nach Les Vallons
- **von L'Eychauda** (N) nach L'Echaillon
- **von Serre-Chevalier** (NW) nach L'Echaillon
- **vom Prorel-Gipfel** (O) nach Chantemerle
- **von La Croix de la Nore/Notre Dame** (NO, SW) nach Briançon. Alle Plätze sind mit den Liften der Skigebiete von Serre-Chevalier und Briançon bis Villeneuve/ Monetier einfach erreichbar! Télécabine du Serre-Chevalier, Tel. 09220/4545

Frankreich
Drôme
Haut Diois

89 Le Clamontard 1085 m / Mont

Zwei Flugberge über Luc-en-Diois, einem sympathischen kleinen Ort im Drôme, die bei unterschiedlichen Bedingungen für exzellente Flüge sorgen. Besonders am Clamontard ist auch bei Nordwind, der in der gesamten Region eher zu fürchten ist, noch Soaren möglich. Im Sommer ausgezeichnete Bedingungen für Streckenflüge nach Laragne, Aspres, Gap, Digne und St. André.

Start

1. Clamontard, N, einfach, ca. 1070 m. Gut präparierter Startplatz, der über einen Fahrweg schnell erreicht werden kann. Zugang: von Luc auf direkter Straße nach Poyols und an den Landeplätzen vorbei. Dahinter zweigt der Fahrweg ab.
2. Montagne du Puy, SO, S, einfach, es kann entlang des gesamten Grates gestartet werden (Hauptstartplatz auf 1542 m). Zugang: Von Luc nach Lesches-en-Diois (D 175), geradeaus weiter, bis 500 m nach dem Ort (Richtung Beaurières) nach links (N) ein Fahrweg zum Landeplatz abzweigt, der sich dort gabelt. Links (orographisch) zum Gipfelgrat.

Landeplatz

1. Clamontard: Le Plantier, 560 m, zwei Landemöglichkeiten. Von Luc in Richtung Poyols, über den Fluß, nach 800 m erreicht man neben der Straße ein Landefeld für Gleitschirme (Ausweich- und Notlandefeld). An dessen Rand führt ein Weg zum 150 Meter dahinterliegenden Hauptlandeplatz (beschildert, Windsack).
2. Montagne du Puy, Landewiese bei Les Versannes, 1020 m, etwa 500 Meter von der D 175 (Fahrweg) am Fuß des Berges.

HU

ca. 520 m

Flug

Am Clamontard steht die Talbrise in der Sommersaison reichlich ab dem späten Vormittag an. Bei Nordwind und leichtem Mistral ist dynamisches Soaring um den Gipfel herum möglich. Oft löst der Talwind so gut aus, daß schnelle Startüberhöhung und rascher Anschluß für Streckenflüge möglich sind. Bei Südwind und Thermik ist man dagegen am Puy besser aufgehoben.

...gne du Puy 1550 m

D/GS

Frankreich
Drôme
Haut Diois

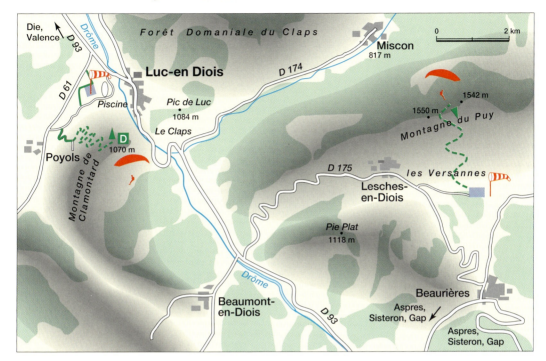

Schwierigkeiten/Gefahren

Starker Mistral, Seitenwind aus West.

Streckenmöglichkeiten

Meist in Richtung Osten/Südosten über Puy – Serre de Rigaud – M. d'Aureille zur St. Apôtre und weiter in Richtung Laragne oder Gap. Flüge nach Süden: in Richtung Bergiès (Séderon) bzw. Sisteron (Lure) bzw. Digne. Es wurden schon Dormillouse und St. André erreicht.

Talort: Luc-en-Diois, 562 m
Anfahrt: Von Norden: Genf – Grenoble, auf der N 75 in Richtung Sisteron bis Aspres-sur-Buech. Dort auf die D 993 in Richtung Die/Valence bis Luc.
Vom Rhônetal: Lyon – Valence – Avignon, Ausfahrt Loriol, Richtung Gap/Sisteron/Die bis Luc.

Auffahrt: Die Flugschule organisiert ab Ortszentrum (Café de Sport) in der Saison 6 mal täglich einen Pendelbus zu den Startplätzen. In der Nebensaison: Zugang wie beschrieben unter Start.
Club/Treffpunkt: am Café du Sport oder bei der Flugschule im Ort
Flugschule: Haut Diois Vol Libre, Jean-Marcel Gau, Rue de la Cime de Luc, F-26310 Luc-en-Diois, Tel. 07521/3447, Flugschulfrequenz: 147.300, Rundrufmöglichkeit für Pendelbus.
Camping/Unterkunft:
– Die Flugschule besitzt eine Selbstversorger-Unterkunft.
– Im Ort: Gîte des Parapentistes, Anmeldung Flugschule
– Hotel Le Levant, neben der Flugschule, Tel. 07521/3330
– Camping Municipal in Luc: Tel. 07521/3484
– Office de Tourisme, Tel. 07521/3414
Karte: IGN, 1:25 000, Blatt 3238, ouest

Alternativen:
– **Montagne de St. Apôtre,** siehe Seite 198
– **Montagne de l'Eriau** (S) über Chalançon, Straße
– **Montagne de Glandasse** (SW, einfach) über Châtillon-en-Diois, exzellenter Flugberg, aber 2 1/2 Std. zu Fuß
– **Montagne de Couspeau** (S, einfach), Privatgelände: Bruno Palayer kontaktieren, Tel. 07553/3084 (Les Tonils)
– **Roc de Toulon im Vercors** (alle Richtungen, viel Wind!)
– **Le Serre Gros** (NW, einfach), Toplanding möglich, Straße von Dieulefit
– **Montagne de Ruy** (N, einfach), Info: Gilbert/Denis Closse, Tel. 07527/4021 oder 4086
– **Montagne de Bergiès** (N, S, W, mittel – schwierig) über Séderon
– **Montage du Buc** (S, einfach) über Séderon:
Kontakt Flugschule: Centre de Vol Libre des Baronnies, Tel. 07528/5080

D/GS
Frankreich
Hautes Alpes

90 Saint-Apôtre / La Longeagne /

Das Fluggebiet von Aspres ist eines der bekanntesten in den Alpen und schon seit vielen Jahren in Betrieb. Die langen, sanften Rücken der drei Flugberge liegen auf einer Ost-West-Achse am Rande eines Nord-Süd-Tales. So gibt das Relief bereits die Hauptflugrichtungen und die Startwinde vor: Nun liegt es an den Piloten, mit der entsprechenden Wachsamkeit und Selbsteinschätzung an den Start zu gehen, wie sie das Fliegen in der Provencethermik verlangt!

Start

Saint-Apôtre:
1. S, SO, einfach, 1490 m, am Ende des Fahrweges neben dem Senderelais, direkt über Aspres. Häufig Schulungsbetrieb, im Sommer ab dem späten Vormittag starker Aufwind. Nicht bei Seitenwind starten!
2. N, mittel (nur bei schwachem Wind), ebenfalls beim Sender oder weiter westlich starten (GZ). Zugang: Aspres – La Faurie – D 428 nach Seille über den Fluß und in Seille auf den Fahrweg nach La Longeagne/St. Apôtre, zum Col de Marjories abzweigen und bis zum Relais weiterfahren.
La Longeagne:
1. Le Pré des Nonnes, S, SW, einfach, 1567 m, große Wiese am Gipfelrücken. Zugang: wie Saint-Apôtre, aber den Fahrweg direkt weiter zur Longeagne fahren, bis zum Gipfelrücken.
2. Chamoussière, W, einfach, 1555 m, liegt am westlichen Ende der Longeagne über Le Villard. Zugang: Dem Fahrweg zur Longeagne bis zum Ende folgen und in wenigen Minuten zum Start weiter.
3. La Gresière, N, NO, ca. 1300 m, im Nordhang der Longeagne eine lichte Fläche am Ende des Fahrweges, selten benutzt. Landeplatz in La Faurie. Zugang: Fahrweg zur Longeagne, aber statt zum Col des Marjories (Startplätze 1 und 2) bei der Abzweigung geradeaus weiter.
Montagne d'Aureille:
SO, einfach, 1461 m, am Gipfelfeld. Zugang: D 993 von Aspres in Richtung Valence Abzweigung nach La Haute Beaume (Schild »Vol Libre Aureille«) und dem Schild folgen, zuletzt auf schlechter Piste (blau markiert) in Richtung Gipfel (die letzten 200 Meter besser zu Fuß).

Landeplatz

1. La Tuillière/Aspres, 795 m, nichtoffizielle Wiese am Fuß des St. Apôtre neben dem Friedhof von Aspres. Nicht für GS!
2. St. Pierre d'Argençon, 800 m, Hauptlandeplatz, Windsack. Ab der Straße beschildert, für D + GS. Zugang: Straße von Aspres nach St. Pierre d'Argençon (D 993 in Richtung Valence). An der Kreuzung Schild »Vol Libre – Atterrissage«). Nach rechts abbiegen zum Landeplatz.
3. Le Villard, 820 m, nur Drachen! Für Flüge von Aureille, Longeagne und Apôtre, sehr turbulent bei W-Wind! Zugang: D 993 von Aspres in Richtung Valence bis Abzweigung nach Le Villard. Dort beschildert (Windsack).
4. Le Villard, 845 m. Nur Gleitschirme! Feld kann wegen Bepflanzungen wechseln. Nicht offiziell! Zugang: wie 3.
5. ULM-Flugplatz Le Chevalet, 822 m (Aérodrome), Landeplatz für GS + D in der nordöstlichen Ecke der Einflugschneise. Unbedingt vorher Flugbetriebsbedingungen erfragen! Nicht vom 1.7. bis 31.8. zwischen 11 Uhr und 18 Uhr anfliegen!
Zugang: von Aspres auf der D 993 in Richtung Valence 2 km bis zur Abzweigung zum Aérodrome.
6. La Faurie, 830 m, auf der linken Seite des Campingplatzes. Vorsicht Wind! Er kann sehr stark werden. Außerdem auf die Stromleitung achten. Der Platz wird von Longeagne und Apôtre angeflogen. Zugang: von Aspres nach Norden bis La Faurie. Dort zum Campingplatz (nach der Eisenbahnunterführung).

HU

zwischen 630 m und 760 m

Flug

Am Saint-Apôtre fliegt man bei Südwind und Talbrise/Thermik aus Süden, während der N-Start selten ausgeführt wird und nur bei schwachem Wind (Mistraleinfluß ist äußerst gefährlich, insbesondere auch im Tal) unbedenklich ist. Soaring mit Startüberhöhung entlang des ganzen Grates bis zur Longeagne. An der Longeagne startet man am Nachmittag bei Winden aus westlichen Richtungen. Toplanden ist möglich. Der Wind sollte nicht zu stark sein, da die Landeplätze in Villard dann Leewirbel abbekommen. In jedem Fall ist der günstigste Landeplatz dann der Hauptlandeplatz in St. Pierre.
Die Montagne d'Aureille erfordert nicht zu starken Wind aus SW – SO und Vormittagsthermik. Am Nachmittag wechselt man meist besser zur Longeagne hinüber.

Schwierigkeiten/Gefahren

Mistral, starker Ostwind, der am Saint-Apôtre einen Aufwind vortäuschen kann und vor dem Berg eine Leewalze erzeugt. Westwind bringt den Landeplätzen reichlich Turbulenzen. Im Sommer starke Thermik und Talwinde. Unerfahrene sollten nur am Vormittag und frühen Abend fliegen!

Streckenmöglichkeiten

Hauptrichtung nach Süden zum Chabre, über Laragne und zurück, wobei man sinnvollerweise je

M. d'Aureille (Aspres)

D/GS
Frankreich
Hautes Alpes

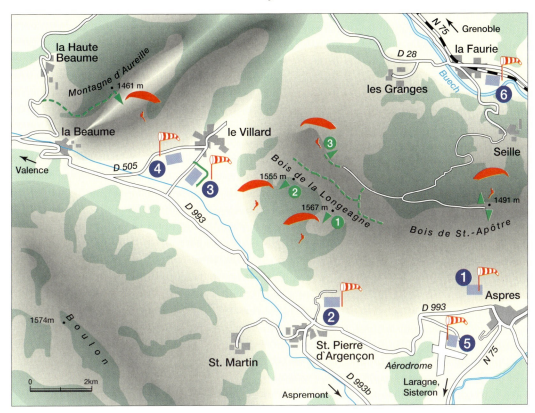

nach Sonnenstand diejenigen Talseiten benutzt, die beschienen sind. Also: Hinflug entlang der Ostseiten oder über Rocher de Beaumont, Rückflug über St. Genis – Montagne d'Aujour usw. Auch Flüge in Richtung Gap werden unternommen: beiderseits des Buech zum Cuchon, evtl. weiter in Richtung La Batie – Lac de Serre – Poncon.

Talort: Aspres-sur-Buech, 803 m
Anfahrt: Autobahn Genf – Grenoble, in Grenoble Richtung Sisteron – Digne, auf der N 75 bis Aspres. Von Süden über Aix-en-Provence – Manosque – Sisteron – Laragne nach Aspres.
Club/Treffpunkt: Air-Club du Chevalet, Tel. 09258/6756. Hier bekommt man auch jeden Morgen Wetterinfos. Treffpunkt am Aérodrome von Aspres.

Flugschule: Air Top, Plan du Buech, F-05700 Trescléoux
Tel. 09266/2920, Fax 09266/2904
Camping/Unterkunft:
– Office du Tourisme,
F-05140 Aspres-sur-Buech,
Tel. 09258/6794
– Camping de l'Ardèche,
Tel. 09258/6045
– Ferme-Auberge du Chevalet beim Flugplatz
– Camping in Seille; der Besitzer ist Marcello, Italiener, und selbst GS-Flieger, der sehr bemüht ist und jeden Morgen Wetterinfos für Flieger ausgibt
Karte: IGN, 1:25 000, Blatt 3238, est

Alternativen:
– **Montagne de Chabre** (N, S, einfach), siehe Seite 200
– **Le Clamontard/Montagne du Puy** (N, S, einfach), siehe Seite 196
– **Pic de Bure** (N, NW, NO, S, SW, mittel-schwierig) über St. Étienne-en-Dévoluy, Seilbahn von L'Enclus + 3/4 Std. zu Fuß, hochalpin
– **Montagne de Clairet** (SW, W, einfach) über Lus/La Croix Haute (Straße + 1 Std. zu Fuß)
– **Montagne d'Aujour** (SW, S, einfach), zu Fuß in 2 Std. ab Villelongue (Savournon), Kontakt: Tel. 09267/0682
– **Serre la Bouisse** (S, einfach) westlich von Serres, über den Col de Tourettes (+ Piste)
– **Charance/Cuchon** (S, SO, einfach) über Gap, Straße über Rabou + 1/2 Std.

D/GS
Frankreich
Hautes Alpes

91 Montagne de Chabre 1352 m

Dieses Segelfluggelände ist weit über die Grenzen des Landes hinaus bekannt für seine exzellenten Windbedingungen. Nicht zuletzt deshalb wurde hier ein Service der besonderen Art eingerichtet – ein Aircamp zum Mitmachen für alle Interessenten der Segelflugsportarten: Passagierflüge mit Ballon, Ultraleichtfliegern, Drachen und Gleitschirm (außerdem gibt's einen Kinderbetreuungsservice!). Die Flugschule Air Top ist international besetzt und gibt Drachen- und Gleitschirmunterricht auch in Deutsch. Achtung Gleitschirmflieger! Die Windbedingungen sind in der Saison tagsüber meist zu stark. Besser schwachwindige Tage abwarten oder am Abend fliegen! Beratung bei der Flugschule!

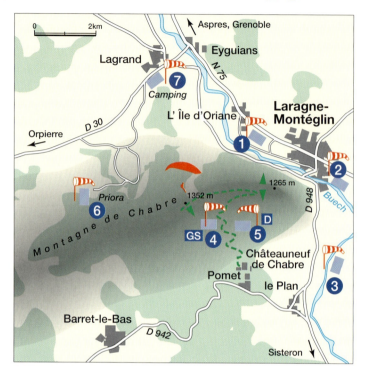

Start

1. N, S, einfach, 1265 m, am Grat des Chabre, zwei neu eingerichtete Startflächen für leichten N-Wind oder nicht zu starke Thermik von Süden.
2. S, mittel, sehr flach, 1352 m. Nicht nach Norden zu starten versuchen (Klippe)!
Zufahrt: Von Laragne-Ortszentrum (großer Parkplatz) der D 942 (Hauptrichtung Séderon) folgen (Schild: Vol Libre). Nach 500 Metern (Schild: Aire d'Atterrissage) rechts ab zum Landeplatz von Laragne. Weiter geradeaus nach Châteauneuf-du-Chabre und stets dem Schild Vol Libre folgen. Im Ort rechts in Richtung Méouges und in der Schlucht rechts aufwärts (Schild: Sîte de Chabre) auf einer kleinen Fahrstraße bis zum Beginn einer Piste (Schild: Envol de Laragne). Der Piste zu den Startplätzen folgen. Startplatz 2 befindet sich westlich oberhalb von Startplatz 1 am Ende des Fahrweges. 15 km von Laragne.
Achtung Piloten: Die Flugschule Air Top organisiert ab vier Piloten einen Pendelbus zu den Starts, Tel. 09266/2920.

Landeplatz

1. L'Ile d'Oriane, 565 m, nördlich von Laragne hinter dem Kieswerk. Vom Ortszentrum Laragne (D 942) wie zum Startplatz und nach 500 Metern rechts abzweigen (Schild: Aire d'Atterrissage) und der Straße und Beschilderung zum Landeplatz folgen.
2. Landeplatz Montéglin beim Camping Trophème, 570 m. Von Laragne (Place de la Fontaine) in Richtung Süden (Sisteron) nach Gap/Le Poët abzweigen, unter der Eisenbahn hindurch und gegenüber der Kapelle rechts (Kreisverkehr) zum Campingplatz. Der Landeplatz ist dahinter.
3. (Not-)Landeplatz Buech-Flußbett, 547 m, am orographisch rechten (westlichen) Ufer. Auf der D 942 vom Ortszentrum Laragne in Richtung Châteauneuf (wie zum Startplatz) und gleich bei dem Bauernhof La Ferme d'Abel links (östlich) auf einen Schotterweg zur Uferböschung abbiegen.
4. GS-Südlandeplatz, 940 m, enges, abfallendes Gelände in einer Waldschneise am Weg zum Startplatz.
5. D-Südlandeplatz, 735 m. Vom Weg zum Startplatz beim Gebäude Le Pomet an einer Umspannstation rechts ab (beschildert) zum Landeplatz.
6. Nordlandeplatz Priora, 700 m, beim UL-Flugplatz und Freizeitzentrum Priora. Nur für Gäste! Von Laragne auf der N 75 bis Eyguians. Dort nach Orpierre (D 30 bis) zur Abzweigung Priora.
7. Chez Guston (Camping à la Ferme) in Lagrand, ca. 600 m, kein offizieller Landeplatz. Von Laragne nach Eyguians und dort auf die D 30 in Richtung Orpierre bis zum Kreisverkehr in Lagrand. Dort gegenüber neben der Straße befindet sich beim Campingplatz die Landefläche.

HU

zwischen 325 m und 805 m

(Laragne)

Flug

Die besten Bedingungen herrschen bei leichtem Nordwind, Morgenbrise oder abendlicher Restitution. Tagsüber können in der Saison »Dustdevils« auftreten, und es kann starke, sehr ruppige Thermik herrschen (durch die großen Felsen unterhalb der Startplätze).
Achtung: Der Mistral erzeugt am Chabre ein äußerst gefährliches Wellenphänomen. Am Abend herrscht meist Westwind (Seite!). Wer die südseitigen Landeplätze anfliegt, sollte die Verhältnisse genau kennen und nicht in der Mittagszeit landen!

Schwierigkeiten/Gefahren

Mistral, starker Nord- und Westwind. Starke Sommerturbulenzen mit »Dustdevils«. Schwierige, turbulente Landeplätze tagsüber. Kein Gelände für GS-Anfänger im Sommer!

Streckenmöglichkeiten

Da der N-Wind meist zu stark für Streckenflüge ist, startet man meist nach Süden mittels Thermik, überhöht nach Norden und fliegt nach Aspres entlang des Rocher de Beaumont und zurück entlang der Westseiten des Talkessels. Auch nach Sisteron, Lure und St. Geniez bzw. nach Séderon (M. de Bergiès) wird geflogen. Die weitesten Strecken gehen nach St. André.

Talort: Laragne-Montéglin, 560 m
Anfahrt: Autobahn Genf – Grenoble. Von Grenoble auf der N 75 in Richtung Sisteron bis Laragne. Von Süden über Aix-en-Provence – Manosque – Sisteron – Laragne.
Club/Treffpunkt:
– Club Mistral, F-05300 Châteauneuf du Chabre, Tel. 09265/1040
– Bar de L'Univers in Laragne
– Camping Trophème
– Freizeitgelände Priora

Flugschulen:
– Air Top,
F-05700 Trescléoux,
Tel. 09266/2920
Organisation von Pendelbus, Ausbildung auch auf deutsch für GS und D (Herbert verlangen!)
– Espace Soleil, Savournon,
Tel. 09267/0682
Camping/Unterkunft:
– Office du Tourisme in Laragne, Anne-Cécil verlangen, sie spricht deutsch und fliegt selbst Gleitschirm, Tel. 09265/2585, 1499
– Camping Trophème,
Tel. 09265/0076
– Gîte d'étape du Mont Gardé,
F-05700 Trescléoux,
Tel. 09266/2572
– Camping La Jadère,
Tel. 09267/0507
Wetter: Wetterstation auf dem Chabre, Tel. 09265/2070
Sonstiges:
– Klettergärten in Orpierre und Sigottier sowie in Châteauneuf du Chabre und anderen Orten
– Village de l'Air im Aérodrome du Chevalet bei Aspres für Passagierflüge mit Ballon, Segelflieger, UL, Drachen und GS, sowie Kinderbetreuung; Reservierung: Tel. 04270/4646

Alternativen:
– **Mont St. Genis** (O, S, mittel) über Savournon, Info: Espace Soleil, Tel. 09267/0682
– **M. de Bergiès** (NW, N, S, mittel – schwierig) über Séderon
– **M. du Buc** (W, NW, einfach), 1 Std. zu Fuß über Séderon
– **M. de Lure** (NW – NO, mittel) über St. Vincent sur Jabron; Straße (Corne de Lure besser)
– **Autour** (SO, S, SW, einfach – mittel) über Sisteron, Straße + 1 Std.
– **St. Apôtre/Longeagne/Aureille,** siehe Seite 198
– **Le Traînon** (SO – SW, einfach), siehe Seite 202

D/GS
Frankreich
Hautes Alpes

92 Le Traînon 1654 m

Wildromantisch liegt St. Geniez in einem Hochtal zu Füßen des Traînon eingebettet. Wer den Rummel sucht, der sollte hier nicht fliegen gehen. Hier gibt's Einsamkeit und provenzalische Beschaulichkeit und nichts als Landschaft pur und einen winzigen Ort mit freundlichen Menschen!

Start

1. S, einfach, 1330 m, mit Windfahne markierter Fleck direkt neben dem Pas de l'Echelle-Fahrweg etwa 200 Meter nach dem Bauernhof am Hang (Les Rayes) am flachen Absatz. Hier kann auch gelandet werden!
2. S, einfach, 1350 m, etwas weiter oberhalb, ebenfalls neben dem Fahrweg, mit großem Windsack ausgestatteter Startplatz.
3. S, SW, mittel, 1365 m, liegt auf der höchsten Kuppe des vom Pas de l'Echelle zum Traînon ziehenden Grätchens. Über den Fahrweg bis zur Schranke. Dort parken und in 10 Min. zum Start hinüber. Hinweis: Dort kann auch nach N, einfach, gestartet werden, aber die kleine Wiese im Tälchen darunter kann bestenfalls als Notlandeplatz genutzt werden. Besser toplanden oder nach Süden umdrehen (nicht bei starkem Wind).
4. S, SW, einfach, vom Gipfel des Traînon, 1654 m, Aufstieg über den Grat von Westen in 40 Min. ab Schranke des Fahrweges (beim Startplatz 3).

Landeplatz

Wiese mit Windsack für GS oberhalb von Kirche und Friedhof von St. Geniez, auf 1150 m, direkt unterhalb des Pas de l'Echelle. Ein Fahrweg führt vom Ort direkt dort vorbei und in Richtung Pas de l'Echelle, quert den ganzen Hang unterhalb des Felsgrätchens, um auf den Fahrweg zu den Startplätzen zu stoßen.
Hinweis: Es gibt zur Zeit keinen Delta-Landeplatz. Drachenpiloten gehen meist auf Strecke oder landen top neben dem Startplatz 1.

HU

zwischen 180 m und 514 m

Flug

Gratsoaring und exzellente Startüberhöhung bei Handbrise von Süden. Keine überregionalen Winde zum Fliegen nutzen! Relativ einfaches Gelände, auch für wenig Geübte sehr empfehlenswert!

Schwierigkeiten/Gefahren

Mistral, überregionale Winde aus West und Ost. Starke Tagesthermik im Sommer beachten!

Streckenmöglichkeiten

Es kann rund um das gesamte

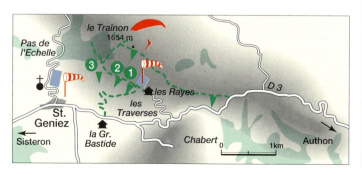

Frankreich
Hautes Alpes

Hochtal mit seinen angrenzenden Graten geflogen werden. Interessante Flüge nach Norden in Richtung Gap (über M. de Jouere – Grd. Gautière) und nach NO in Richtung Seyne und Dormillouse.

Talort: St. Geniez, 1124 m
Anfahrt: Von Grenoble auf der N 75 oder N 85 (über Gap) nach Sisteron. Im Ort am Eingang über die Buech-Brücke und auf der D 3 nach St. Geniez.
Auffahrt: Von St. Geniez in Richtung Authon und etwa 500 Meter nach dem Ort auf einer Kuppe an einem Bauernhof vorbei (La Grande Bastide), wenig danach führt links (bergwärts) der Fahrweg empor (Route Forestière de Pas de l'Echelle). Weiter, wie bei den Startplätzen beschrieben.
Club/Treffpunkt: Club Altitude, Tel. 09261/5260 oder 09268/3137 Man trifft sich an den Wochenenden im Ort im Bar-Restaurant.
Camping/Unterkunft:
– Office du Tourisme in Sisteron, Tel. 09261/1203
– Bar-Restaurant und Gîte d'étape im Ortszentrum von St. Geniez (sehr sympathisch)
– Camping Les Près hauts bei Sisteron, Tel. 09261/1969
Karten: IGN, 1:25 000, Blatt Nr. 3340, est, oder Sonderkarte Montagne de Lure, 1:50 000, Editions Didier Richard

Alternativen:
– **Montagne de Jouère** (NW, mittel), 2 Std. von Authon
– **Col des Graves** (SW, leicht), ideal für Strecke und Toplanding, 1 Std., Info: Club Altitude
– **Montagne de Lure:** Am Corne de Lure starten, viel besser als vom Gipfel! Info: Club Altitude
– **Montagne de Chabre** (N, S, einfach), siehe Seite 200
– **Montagne de Sumiou** (NO, mittel) über Valbelle; Forststraße
– **Le Cousson** (NW, einfach) über Digne, siehe Seite 206
– **L'Andran** (O, NO, einfach) über Digne, siehe Seite 206

D/GS
Frankreich
Alpes de Haute Provence
Gapençais

93 Dormillouse 2505 m

Dieser mächtige Gratrücken über dem See von Serre-Ponçon ist einer der herausragenden Flugberge der Hochprovencealpen. 1991 fand hier ein Abschnitt der GS-WM statt. Das Fluggelände – im Winter Skistation – ist bestens organisiert, aber die Auffahrten des Sesselliftes erfolgen im Sommer nur zu bestimmten Tageszeiten.

Start

1. W, NW, mittel, 2450 m, beim alten Fort unterm Gipfel, Hauptstartrichtung entlang des Gratrückens, etwa 30 Min. von der Bergstation nach N.
2. La Combe, W, SW, einfach, 2350 m, am Gratrücken etwas tiefer vor Startplatz 1, etwa 20 Min. von der Sesselliftstation; nicht bei NW-Wind!
3. Col Bas, 2200 m, nur Drachenstartplatz, südlich von der Sessellift-Bergstation, Piste von St. Jean.
4. O, einfach, ca. 2400 m, Start vom Rücken nördlich der Bergstation in Richtung Le Lauzet-Ubaye, 20 Min.
5. Plateau de la Chau, ca. 1830 m, N, SW, einfach, Start neben dem Ende eines kleinen Schlepplifts von der flachen Wiesenkuppe in Richtung St. Jean. Von dort der Piste folgend in 3/4 Std. zu Fuß oder mit dem Pendelbus der Flugschule oder per Sessellift.
6. St. Vincent-les-Forts, 1320 m, W, mittel. Startplatz vom 1.6. bis 30.9. verboten, da kein Landeplatz in dieser Zeit verfügbar ist. Ansonsten ein Starkwindstartplatz, wenn weiter oben viel Wind ist. Von der D 900 zum Col de St. Jean, Abzweigung D 407 nach St. Vincent. Der Startplatz liegt direkt über der Straße neben dem kleinen Ort auf einer Wiesenkuppe.

Landeplatz

1. Col St. Jean, 1330 m, Hauptlandeplatz. Auto nicht an der Straße parken, 10 Min. zur Station de St. Jean.
2. Les Desdiers, 1280 m, Drachenlandeplatz neben der Straße (D 207) in Richtung Seyne orographisch rechts, wenige km südlich von St. Jean-Montclar.
3. Seeufer, ca. 786 m. Beim Camping Municipal kann man nicht vom 1.6. bis 30.9. landen (Saison- und Badebetrieb). Jedoch nach 19 Uhr erlaubt. Straßenabzweigung der D 900 b nach Le Lautaret in Richtung Camping Municipal (Schild). Starke Talwinde!
4. Kleine Wiese neben der Straße zum Camping Municipal von St. Vincent-les-Forts, 900 m. Vorsicht bei starkem Wind!

HU

bis 1660 m

Flug

Je nach Startplatzwahl kann man entlang des Rückens soaren, sollte aber im Hochsommer unbedingt Talwind und Thermik beachten, die ab dem frühen Nachmittag für Gleitschirme fast unfliegbar stark werden können! Am sichersten ist dann die Landung

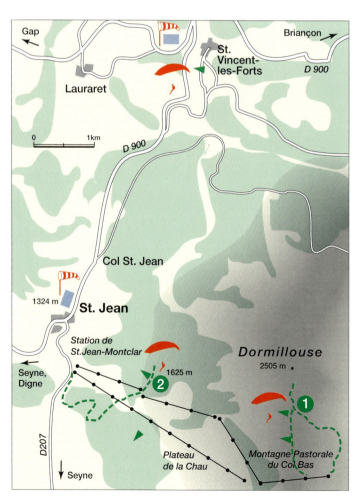

D/GS

Frankreich
Alpes de Haute Provence
Gapençais

am Col St. Jean. Der Gegenhang über Les Arnaud bildet, wenn von Süden angeströmt, starke Ablösungen über dem Landeplatz am Col aus.

Schwierigkeiten/Gefahren

Im Frühjahr und Sommer ist das Relief starken Talwinden und Thermiken ausgesetzt und dann eher für gute Deltapiloten geeignet. Stromleitungen im Seebereich und am Fort (Gipfel) beachten. Nicht bei Mistral fliegen. Im Sommer mit dem Gleitschirm besser am Vormittag und Abend fliegen!

Streckenmöglichkeiten

Die westseitigen Rinnen des Dormillouse sind thermische Kanonenrohre. Wenn dazu die Höhenwinde passen, lassen sich beachtliche Transitionen durchführen: bis Briançon im NO (Vorsicht wegen des Reliefwinds – nur bei sehr hoher Basis durchführbar!), 58 km. Man nutzt den Durancetalwind, der beachtlich hoch aufstreichen kann, an einem Tag mit schwachem Höhenwind: Dormillouse – Morgon – dann den Graten folgen – lange Querung am Point du Clocher nach Pravachel. Dort steht die Thermik auch sehr tief schon gut an. Am Roc de Serre Chapelle muß man so hoch wie möglich sein. Hier bei Argentière darf man um keinen Preis im Talwind »absaufen«, denn diese Stelle ist mörderisch! Das Tal knickt nach Norden ab, und man fliegt jetzt in der Leethermik, um nach etwa 13 km südlich von Briançon landen zu können. Dieser Flug läßt sich hervorragend auch an Frühsommerabenden durchführen. Nach St. André im SW: Zu den 3 Evechés und weiter zum Caduc und den Graten nach Denjuan und Montagne de Côte Longue folgen. Talsprung über Thoram Basse zur Montagne de Cordeuil

und zum Puy de Rent überwechseln. Talsprung zum Cret de Serre und von dort zum See von St. André, insgesamt 50 km.

Talort: St. Jean-Montclar, 1302 m
Anfahrt: AB Genf – Grenoble, weiter in Richtung Gap (N 85). Durch Gap in Richtung Sisteron (N 85) und abzweigen auf die D 900 b in Richtung Barcelonnette. Weiter nach Seyne und über den Col St. Jean zur Station St. Jean-Montclar.
Seilbahn: Die Sessellifte in St. Jean laufen ständig von Dezember bis April und 2mal täglich (8.30 Uhr und 16.30 Uhr) vom 1.7. bis 15.9. sowie 1mal täglich vom 15.9. bis 30.9.; jedes 2. und 4. Wochenende zu den übrigen Zeiten.
Club/Treffpunkt: bei der Flugschule
Flugschule: Envol,
F-04140 St. Jean-Montclar,
Tel. 09235/1524
Camping/Unterkunft:
– Office du Tourisme,
Tel. 09235/3140
– Camping St. Jean-Montclar,
Tel. 09235/0129 oder 0708 (Étoile de Neige)
– Camping auf dem Bauernhof, bei M. Barnéaud, Les Chapeliers, Tel. 09234/4111
Wetter: Tel. 03665/0204, 0205 (Départements Alpes de Haute Provence und Hautes Alpes)
Karte: IGN, 1:25 000, Blatt 3438, ET (Embrun)

Alternativen:
– **La Barrière du Bétoul** (Pra Loup), O, SO, einfach, Info: Fun Fly Espace Ubaye, Tel. 09284/1872
– **Le Soleil Boeuf** (W, einfach) über Barcelonnette: eines der thermisch anspruchsvollsten Gebiete der Alpen! Info: Fly Fun Espace Ubaye, Tel. 09284/1872
– **Tête Dure** (Col de Larche), SO, SW, einfach, über Larche im Vallée de l'Ubaye, Piste vor dem Col
– **Col de la Gardette** (S, mittel) über Chorges, Auto + 1/2 Std. zu Fuß
– **Mont Colombis** (W, O, SO, leicht), Straße von Remollon, liegt westlich des Lac de Serre-Ponçon

94 Le Cousson 1516 m / L'Andran

Zwei Fluggebiete hat der Talkessel von Digne-les-Bains zu bieten. Sie haben zwar unterschiedliche Startrichtungen, sind aber beide bestens organisiert. Von der Flugschule vor Ort können sie per Pendelbus erreicht werden. Leider hat der Cousson noch keinen guten, offiziellen Landeplatz und ist nicht immer ideal zum Fliegen, dafür können am Andran beim Sender sehr häufig gute Verhältnisse angetroffen werden.

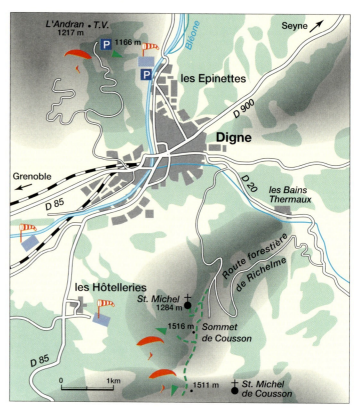

Start

1. Cousson, W, NW, mittel, 1516 m, direkt vom Gipfelrücken. Am besten am späten Vormittag oder am späten Nachmittag bei leichtem Westwind und Aufwind aus West. Zugang: Von Digne D 20 in Richtung Chaudon fahren und etwa nach 2 km bei den Thermalbädern rechts (südwestlich) auf der Forststraße bis hinauf zum Grat (Route Forestière du Vallon de Richelme). Diese Auffahrt ist ab Flugschule mit dem Pendelbus möglich (11 und 17 Uhr in der Saison)!

2. L'Andran, N, NO, einfach, ab dem Morgen durch Talwind angenehmer Aufwind am Start. Gutes Gelände auch für wenig Erfahrene, meistens fliegbare Verhältnisse, Hauptflugberg des Tales. Zugang: Von Digne in Richtung Courbons und Relais TV (Sendestation). Nach 3 km abbiegen zum Sender, dort parken und in wenigen Minuten zum Start (beschildert). In der Saison fährt der Pendelbus der Flugschule um 7.30 Uhr und 8.30 Uhr.

Landeplatz

1. Côte Plan/Les Hôtelleries, ca. 700 m, direkt in Fallinie des Cousson-Startplatzes. Nicht offiziell! Zugang: Von Digne auf der N 85 in Richtung Nice bis zur Abzweigung Centre de Gériatrie (Altersheim) du Cousson. Hier links abbiegen und dann bei einer Siedlung nochmals links und bis zum Plateau über der Siedlung hinauffahren (zuletzt zu Fuß).

2. Ausweich-Landeplatz: am Bléoneufer (Fluß), ca. 560 m. Nicht genau festgelegt, Nähe Digne bzw. N 85.

3. Parkplatz der Direction Départementale de l'Equipement, ca. 630 m. Vom großen Straßenrondell in Digne folgt man der D 900 a in Richtung Barles (Avenue Demontzey). Nach 1 km liegt links ein größerer Parkplatz – der Landeplatz. Ausweich-Landemöglichkeit ebenfalls in der Bléone auf dem Kiesbett.

HU

Le Cousson: zwischen 810 und 950 m
L'Andran: ca. 470 m

Flug

Der Cousson ist erst am Nachmittag aktiv, weil dann seine langen Westseiten beschienen werden. Eine Alternative ist ein Start nach Süden in Richtung Châteauredon, etwa 1 km südlich vom beschriebenen Startplatz (nicht offiziell!). Sehr interessante und gute Restitutionsflüge im Frühsommer. Man kann den Talkessel dann zum Andran queren und zurück.
Am Andran steht schon früh am Morgen der Wind an. Das Relief ist für Provenceverhältnisse unge-

1100 m (Digne)

D/GS
Frankreich
Alpes de Haute Provence

wöhnlich geschützt. Am Nachmittag fliegt man besser am Cousson!

Schwierigkeiten/Gefahren

Der Cousson ist sehr übersichtlich, kann aber bei auf Süd umschlagendem Wind heikel werden (manchmal abends möglich). Auch sollte er nicht bei zu starkem Wind aus NW/N beflogen werden. Der Landeplatz wird von einer E-Leitung berührt. Am Andran sollte man sich nicht auf die Westseite wagen, da dort starke Leewirbel von beiden Seiten (Talwind) vorherrschen und keine Landemöglichkeiten bestehen. Der Landeplatz liegt in der Nähe einer Stadt. Vorsicht beim Landeanflug! (Im Zweifelsfall Einweisung durch die Flugschule!)

Streckenmöglichkeiten

Am Cousson kann in Richtung M. de Coupe und Cheval Blanc bis hinauf zur Dormillouse geflogen werden (und zurück), ebenso in Richtung St. André (SO). Der Andran liegt nicht günstig für Streckenflüge und ist im Norden und Westen von problematischen Zonen (enge Täler) umgeben. Kleinere Flüge sind möglich.

Talort: Digne-les-Bains, 605 m
Anfahrt: Von Norden: Autobahn Genf – Grenoble. Dann über die N 75 (Sisteron) oder N 85 (Gap) in Richtung Digne.
Von Süden: Von Marseille oder Nice über Aix-en-Provence – Manosque nach Digne (N 96, N 85).
Club/Treffpunkt: Aile Aire Digne, 19, Chemin de Tivoli, F-04000 Digne, Tel. 09232/2093
Flugschule: Aile Air Digne, 9, Rue de Provence, F-04000 Digne, Tel. 09232/4360
Von hier starten die Pendelbusse zu den Startplätzen!
Camping/Unterkunft:
– Office du Tourisme Digne, Tel. 09231/4373
– Camping du Bourg, Tel. 09231/0487 (1.6.–30.9.)
– Camping des Eaux Chaudes, Tel. 09232/3104 (1.4.–31.10.)
– Gîte Château des Sièyes, Tel. 09231/2030
Karte: IGN, 1:25 000, Blatt 3340, est, 3341, est

Alternativen:
– **Crête de la Chau** (SW – NW, einfach – mittel) über Prads; Fahrpiste oder Pendelbus von Aile Air Digne
– **M. de Lure** (NW – NO, leicht, sehr flach, windexponiert) über St. Vincent-sur-Chabron, Straße von St. Etienne (D 113)
– **Le Traînon** (SO – SW), siehe Seite 202
– **Le Chalvet** (SW – O), siehe Seite 208
– **Montdenier/Courchon/Col d'Illoire,** siehe Seite 210
– **Crête des Selles** (S, mittel) über Barcillonnette, Fahrweg

207

D/GS
Frankreich
Alpes de Haute Provence
Verdon

95 Chalvet 1616 m (St. André)

Das Fluggebiet von St. André-les-Alpes ist durch eine inzwischen asphaltierte Straße bestens erschlossen. Die Kuppe des Chalvet gehört wohl zu den berühmtesten Fluggeländen Europas. Die Gegend ist Austragungsort zahlreicher Wettbewerbe gewesen und bestens organisiert. Jeder Gastpilot erhält alle Informationen aus erster Hand von der Flugschule in der Nähe des Sees von St. André. Darüber hinaus zählt die Thermik hier, wie überall in der Region, mit zu den stärksten Europas: Gelegenheitspiloten sollten nur am frühen Abend in den Sommermonaten ihre Geräte auspacken und starten.

Das Gelände bietet für Profis exzellente Streckenflugmöglichkeiten in der harten Provencethermik. Für Gleitschirmpiloten sind die Monate Juli/August dafür jedoch in der Regel zu stark thermisch.

Start

1. SW, einfach, ca. 1560 m und 1580 m. Zwei Startplätze: für Drachen direkt über dem Parkplatz am Ende der Chalvet-Straße im Sattel und für Gleitschirme etwa 100 Meter höher in westlicher Richtung. Gute Bedingungen ab Spätvormittag. Von Mai bis August zwischen 11 Uhr und 17 Uhr nicht für Gelegenheitspiloten geeignet und manchmal überhaupt zu windig für Gleitschirme! (Bedeckte Tage bilden eine Ausnahme!)

2. S, einfach, ca. 1530 m. Von der Straße aus in 5 Min. zum Start (etwa 800 Meter vor dem Straßenende, beschildert). Obligatorischer Landeplatz St. André (auch für GS).
GZ mindestens 4,8!

3. SO, einfach, ca. 1520 m, beschildert, von der Straße zum Chalvet. Vormittagsgelände, meist bis 11 Uhr geeignet, dann im Lee. Bei Ostwind nur bedingt geeignet.

Landeplatz

1. Moriez, 940 m, nur für Gleitschirme! Landefeld beim Camping Parapente, direkt oberhalb der Straße östlich vom Ort gelegen.
2. St. André/Les Iscles, ca. 870 m, großes Landefeld neben der Flugschule und dem Campingplatz am nördlichen See-Ende. Zufahrt von der N 202, beschildert.
3. Moriez, 950 m. Gegenhang-Landeplatz für Drachen am Fuß des Chalvet, etwa 1,5 km nach Moriez in Richtung Hyèges.

HU

zwischen 570 m und 710 m

Flug

Soaring überwiegend entlang des Rückens vom Chalvet bis zum fünf Kilometer entfernten Sommet de la Reynière (Sender), exzellente Frühsommer-Restitution über dem Talkessel von Moriez. Mit

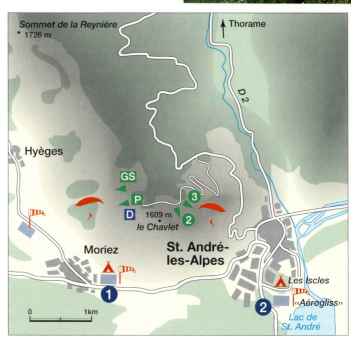

D/GS

Frankreich
Alpes de Haute Provence
Verdon

Startüberhöhung kann die östlich gelegene Crête de Serre am Abend angeflogen werden (gute GZ und nachlassender Talwind vorausgesetzt, um eine Landung in St. André zu bewerkstelligen). Die Serre-Westseiten haben bis Spätnachmittag gute Thermik.

Schwierigkeiten/Gefahren

An Saisonwochenenden extremer Flugbetrieb und entsprechende Kollisionsgefahr! Sehr starke Thermik mit bis zu 40 km/h Startwind an Sommernachmittagen; starker, sehr turbulenter Talwind von Juni bis August.

Streckenmöglichkeiten

Kleine Querung entlang des Rückens nach Norden zur Reynière. Längere Flüge nach Norden in Richtung Dormillouse (siehe Seite 204) über Cheval Blanc – Montagne de Carton – Crête de la Chau und (Schlüsselstelle!) hinüber zum Pic des Têtes.
Flüge nach Osten/Südosten über Crête de Serre – Pic de Chamatte.
Flüge in Richtung Col d'Allos über Serre – Pux de Rent – Le Laupont.
Flüge nach Digne – Cousson (siehe Seite 206) im NW und Moustiers im SW sind bei schwachen Höhenwinden möglich. Beratung in der Flugschule.

Talort: St. André-les-Alpes, 889 m
Anfahrt:
Von Norden: Grenoble – Gap – Digne – Châteauredon – Barrême – St. André.
Von Süden: Nizza (Nice) – Grasse – Castellance – St. Julien-en-Verdon – St. André (N 202). In St. André nach der Eisenbahnbrücke abzweigen zum Chalvet (vom Ortszentrum in Richtung Moriez/ Digne) nach rechts.
Club/Treffpunkt: bei der Flugschule Aérogliss oder im Zentrum von St. André (am Abend diverse Bars und Restaurants)

Flugschule: Aérogliss,
Base de Loisirs Les Iscles,
F-04170 St. André-les-Alpes,
Tel. 09289/1130, Fax 09289/0236. Pendelbus zum Startplatz und Gastfliegereinweisung (April bis Oktober)
Funkfrequenz 146.250 (nur im Notfall)
Camping/Unterkunft:
– Office du Tourisme St. André, Tel. 09289/0514
– Camping Municipal »Les Iscles«, (beim Landeplatz in St. André), Tel. 09289/9280
– Camping Parapente, beim Landeplatz Moriez, Tel. 09289/0246
– Gîte Moriez (Chez Gut), Tel. 09289/0720
– Hotel-Restaurant du Clair-Logis (etwas für Gourmets) in St. André, Tel. 09289/0405
Wetter: Météo St. Auban, Tel. 03668/1014
Karte: IGN, 1:25 000, Blatt 3441, est, 3541, ouest

Alternativen:
– **Montdenier/Courchon/ Col d'Illoire** (SW, S, SW), siehe Seite 210
– **Montagne de Lachens** (SW, W, NW, N, einfach – mittel, für GS nicht unproblematisch) über La Roque Esclapon; Straße + Piste, Info: Flugschule Tel. 09476/8334
– **Crête de Serre** (SW, W, mittel), zu Fuß in 1 1/2 Std. von St. André
– **Le Petit Cordeil** (N, einfach) über Thorame, Straße + Piste
– **Montagne du Maurel** (SO, einfach) über St. André Piste + 1/4 Std.
– **Tête du Ruch** (W, einfach) über Méailles, Fahrweg + 20 Min.
– **Diverse Flüge**, z. B. Piegut, Galetas, Col d'Allos – Le Seignus (bei Aérogliss erkundigen!)

D/GS
Frankreich
Alpes de Haute Provence

96 Montdenier 1625 m / Courchon

Die Fluggebiete rund um Moustiers und den Lac de Sainte Croix gehören zum Herzen der Provence. Vom Pavillon-Startplatz aus verläßt man 1000 Meter über den Kornfeldern der Verdonlandschaft die sanften Wiesenhänge. Die gewaltige Thermik des Südens und die Dolchklinge des Col d'Illoire katapultieren den Flieger in die bizarre Felsenlandschaft der Verdonschlucht – ein einmaliges Erlebnis und eine der schönsten Erinnerungen im Leben eines Fliegers.

Start

Montdenier:
1. Le Pavillon, NW, W, SW, leicht, ca. 1600 m. Vom Ende der Montdenier-Piste in 10 Min. zum Start (westlich ansteigen), ab 10 Uhr Aufwind. Für Anfänger im Sommer nicht nach 11.30 Uhr (Wind!).
2. Clot de la Charité, W, SW, leicht, ca. 1380 m, direkt über Venascle. 1/2 Std. absteigen vom Pavillon, wenn dort zu starker Wind herrscht. 3/4 Std. ab Venascle-Landeplatz.
Courchon:
S, SW, W, mittel – schwierig, 930 m, Thermikbeginn mittags, nur für geübte Piloten, nicht bei N/NW-Wind fliegen!
Col d'Illoire:
W, NW, mittel – schwierig, 1030 m. Nur für gute Piloten! 2 Startplätze am Grat: Am Col parken und dem Pfad 1/4 Std. folgen. Der erste Startplatz ist für 1 GS, am zweiten können 2 GS auslegen. Nur bei Gegenwind starten, nicht bei Süd- und Ostwind! Thermik ab ca. 14 Uhr.
Zusätzlicher Deltastart nach NW: Nach der Scharte gibt es eine weitere Kurve höher eine Rampe in Richtung Aiguines.

Landeplatz

1. Venascle, 950 m, Landefeld direkt hangwärts vor dem Gîte de Venascle (Buffet, Pilotentreff).
2. St. Clair, 520 m, unterhalb der Straße nach Moustiers, wenige hundert Meter nach der Abzweigung der Straße nach La Palud (200 Meter nach dem Camping St. Clair in Richtung Moustiers). Möglichst nahe der Straße landen. Der Landeplatz ist im Frühjahr sehr klein, weil große Bereiche des Feldes landwirtschaftlich genutzt werden. Fehllandungen unbedingt vermeiden!
3. Plage des Galetas, 460 m, direkt am Strand des Lac de St. Croix, unweit der Einmündung des Verdon. Im Sommer von 14 Uhr bis 18 Uhr nicht dort landen (Badegäste!).

HU

bis 1140 m

Flug

Vom Pavillon aus das vorgelagerte Relief in Richtung Verdon (Süden) umfliegen und dann in Richtung Venascle vorfliegen. Anderenfalls ist man häufig zu einer Zwischenlandung gezwungen, weil das Gelände zu flach ist. Bei reichlich Wind fliegt man vom Pavillon aufdrehend in Richtung Norden zum höchsten Kamm der Kette und kann von dort mit der Resthöhe leicht über Venascle und Moustiers gelangen. Ideale Frühsommer-Abendflüge, insbesondere auch vom Courchon möglich! Aufgrund der ergiebigen Aufwinde erreicht man dann leicht alle drei Landeplätze! An der Dolchklinge des Grates, der sich vom Col d'Illoire über den See erhebt, ist man im Sommer am Spätnachmittag am besten aufgehoben.
Außergewöhnliche Soarings über die rückwärtige Verdonschlucht hinüber zum Montdenier sind möglich.

Schwierigkeiten/Gefahren

Kein Gelände für starke Winde, aus welcher Richtung auch immer. Felsenthermik um Courchon und Col d'Illoire am Nachmittag. Letzterer darf bei Süd- und Südostwind nicht beflogen werden. Ebenso tritt man bei Nordwind nicht auf dem Courchon an. Das bei Moustiers in Richtung See ziehende Leitungswerk ist für Talquerungen vom Courchon und Montdenier zum See hin zu beachten. Wer sich in die Verdonschluchtbereiche wagt, sollte genügend Höhe mitbringen: Die Gegend ist nicht nur stark exponiert, sondern auch rotoranfällig und bietet nur den Verdon als Landeplatz.

Streckenmöglichkeiten

Kleine Strecken zwischen Montdenier und Col d'Illoire und Courchon in beliebigem Wechsel sind problemlose Spätnachmittags-

930 m / Col d'Illoire 1030 m

D/GS

Frankreich
Alpes de
Haute
Provence

ausflüge in der Sommersaison. Vom Montdenier aus kann man mit vernünftiger Basis und wenig überregionalem Wind durchaus in Richtung St. André versuchen, auf Strecke zu gehen – nach NO über Mourre de Chanier und Sommet de Pré Chauvin zum See von St. André oder direkt nach Norden in Richtung Cousson/ Digne entlang der Grate. Im SO sind die Militärbereiche der Plaine de Canjuers zu vermeiden. Im Frühjahr dagegen dürfte das westlich gelegene Plateau de Valensole hervorragend tragen.

Talort: Moustiers-Ste. Marie, ca. 630 m, bedeutender Touristenort, außerordentlich malerisch gelegen mit einer Vielzahl von Restaurants und Kneipen.
Anfahrt: Von Norden: Grenoble – Sisteron – Aix-en-Provence bis Manosque, auf der D 907 über Valensole – Riez nach Moustiers. Von Süden: AB Aix – Nice, Ausfahrt St. Maximin. Weiter auf der D 560 über Barjols – Riez nach Moustiers. Von Digne und St. André kurze Verbindungen!
Auffahrt:
Montdenier und Courchon: Moustiers in Richtung Riez verlassen bis zum Schild Sîte de Vol Libre, nach rechts abzweigen und der Piste de Venascle folgen, stets rechts haltend, in das kleine Hochtal von Venascle. Vorbei am Übungshang der Flugschule zur Kreuzung. Hier zweigt nach rechts die Piste zum Courchon ab. Geradeaus zum Gîte de Venascle oder vorher der Piste zum Montdenier folgen (neben dem Übungshang aufwärts).
Col d'Illoire:
Von Moustiers in Richtung La Salle sur Verdon bis zur Abzweigung nach Aiguines. Hinauf durch Aiguines zum Col (Scharte). Kleine Parkmöglichkeit.
Flugschule: Verdon Pasion F-04360 Moustiers-Ste. Marie, Tel. 09274/6977, 6190, oder 6205 Funksicherheitsfrequenz für Notfälle: 147.550 Alle Fliegerinfos erhältlich.

Jeden Morgen fährt von Mai bis September ca. um 8.30 Uhr ein Shuttlebus zum Startplatz am Montdenier.
Camping/Unterkunft:
– Syndicat d'Initiative in Moustiers, Tel. 09274/6784, großer Campingplatz direkt am See über der Uferstraße am Eingang der Verdonschlucht beim Landeplatz (im Juli/August schrecklich voll)
– Jugendherberge in traumhafter Lage in La Palud sur Verdon, (direkte Pistenverbindung von Venascle), Tel. 09277/3872
– Camping St. Clair beim Landeplatz unterhalb Moustiers, Tel. 09274/6715
– Gîte de Venascle beim Landeplatz, Unterkunft für Flieger, kein Telefon, aber Anmeldung über Flugschule
– Gîte de Valensole, F-04210 Valensole, Tel. 09274/6218, 6736
Club/Treffpunkt:
Jeden Morgen und Abend bei der Flugschule in Moustiers (Ortszentrum) bzw. in der Nähe der Flugschule ein Restaurant für Piloten (Flugschule fragen!)
Wetter: St. Auban, Tel. 03665/0204
Karten: IGN, 1:25 000, Blatt 3442, est; IGN, 1:50 000, Blatt 3442, Moustiers

Alternativen:
– **Le Chalvet** (SW), siehe Seite 208
– **Le Cousson/L'Andran** (NW), siehe Seite 206
– **Mont Ventoux** (NW – NO, einfach) über Sault/St. Leger, Straße zum Gipfel
– **Montagne de Lure** (NW – NO, einfach) über Jas de Madame/ St. Vincent sur Jabron bei Sisteron, Straße zum Startplatz
– **Sumiou** (NO, einfach); wie Lure, auch Auffahrt
– **Pic des Mouches/Montagne de Ste. Victoire** (S, SW, mittel) Aufstieg 1 1/2 Std. ab St. Ser
– **Le Traînon** (S, SW, siehe Seite 202)

D/GS
Frankreich
Var

97 Barre de Saint-Quinis 636 m

Der fünf Kilometer lange Soaringgrat liegt verloren mitten im Var, dem Hinterland von Toulon.
Er gehört zum besten Flugpotential der Region – insbesondere, weil er einfach zu befliegen ist und häufig gute Bedingungen aufweist.

Start

1. S, SO, einfach, 450 m, große Fläche, Windsack. Zugang: Vom Landeplatz dem Weg zum Berg und dem gelb markierten Steig zum Grat und zum Startplatz folgen (ca. 25 Min.) oder am westlichen Ende des Grates (D 554 von Forcalqueiret nach Brignoles) die steile Piste hinauf zum Grat und zu den beiden Startplätzen nehmen.
2. S, SW, mittel, 430 m, Betonrampe und Naturstart mit großem Windsack.
Zugang: Entweder mit dem Fahrzeug über die Piste wie zum Startplatz 1 oder vom Landeplatz aus nicht direkt empor, sondern weiter westlich den nächsten Weg bei den Häusern nehmen und dem anschließenden Steig folgen. Etwa 30 Min.

Landeplatz

Les Molières, 290 m, gut markiertes Gelände am Fuß des Grates mit Parkplatz am unteren Ende und Tafel/Windsack.
Zugang: Durch den Ort Ste. Anastasie in Richtung Fluß (Issole) diesen überqueren und zu den Gleisen. Vor dem Bahnübergang links (nach Westen) dem kleinen Fahrweg zwischen Issole und Bahndamm (Chemin de la Rouquette) folgen und unter der Bahn hindurch, geradeaus weiter in westlicher Richtung bis zum Landeplatz.
Notlandeplatz: Beim Hauptlandeplatz liegt 200 Meter bergwärts ein kleineres Landefeld, von Bäumen umrahmt.

HU

zwischen 140 m und 160 m

Flug

Während der Woche verboten! Nur am Wochenende fliegen! Luftraumbeschränkung R 95 A. Maximale Flughöhe: 1800 m. Im Sommer zwischen 13 Uhr und 18 Uhr sehr starker Wind (Thermodynamik) vom Meer her.

D/GS

Frankreich
Var

Schwierigkeiten/Gefahren

Mistral, Seitenwinde, starker Tageszeitenwind im Sommer.

Streckenmöglichkeiten

In der Umgebung beschränkte Landemöglichkeiten, da es sehr viele Weinanbauflächen und einige Hochspannungsleitungen gibt. Aber im Prinzip sind Streckenflüge in Richtung Norden, Nordosten und Nordwesten möglich. Darüber liegen jedoch keine näheren Infos vor!

Talort: Sainte Anastasie-sur-Issole, 300 m
Anfahrt: A 8 von Aix-en-Provence in Richtung Nice bis Ausfahrt Brignoles, weiter auf der D 554 in Richtung Toulon bis kurz vor Forcalqueiret, dort auf die D 15 nach Ste. Anastasie.
Club/Treffpunkt: Les Anges de St. Quinis, Clubsekretariat: Tel. 09424/5625, F-83136 Ste. Anastasie sowie Tel. 09490/5895 oder 9480/2460
Flugschule: Vor Ort keine; die nächste befindet sich in Signes: Envol de Provence, Domaine de Limatte, F-83870 Signes, Tel. 09490/8613
Camping/Unterkunft: Camping La Vidaresse, in Ste. Anastasie, Tel. 09472/2175
Wetter: Tel. 03665/0202
Karte: IGN, 1:25 000, Blatt 3445, ouest, 3345, est

Alternativen:

– **Cap Cicié Notre Dame du Mai** (O, SO, S, einfach), nur für Gleitschirme, 300-Meter-Flug an der Küste zwischen La Seyne-sur-Mer und Six-Fours, Auto + 10 Min. Info: Flyer, Tel. 09494/0304
– **Plateau d'Agnis** (SW, SO, schwierig) über Signes, Fahrweg, Info: Flugschule Envol
– **Mont Caume** (S, SO, mittel) über Toulon, Info: Flyer, Tel. 09494/0304
– **Le Cruvelier** (W, NW, einfach + Rampe) über Gémenos, 15 km Piste, viele Stromleitungen
– **Cruvelier 501 m** (SO, O, einfach) über Cuges-les-Pins, Fahrstraße wie le Cruvelier + 1/2 Std.
– **St. Baume** (NW, N, mittel) unweit Aubagne, zu Fuß 1 Std. ab Nazareth
– **M. Pudget** (W, NW) über Luminy, 1 Std. zu Fuß
– **Le Coudon** (SO, S) über Toulon, Info: Flyer, Tel. 09494/0304

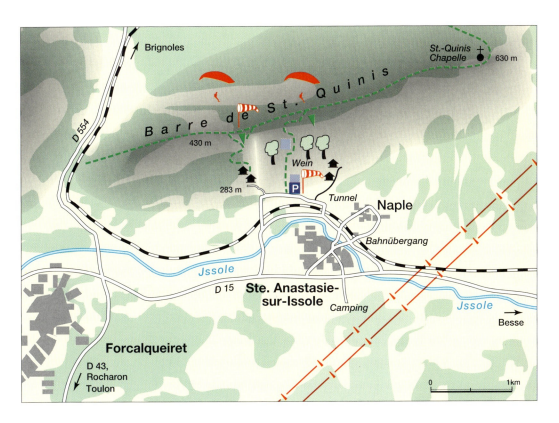

213

Frankreich
Alpes Maritimes

98 Montagne du Cheiron 1777 m

Vom kilometerlangen Felsengrat aus kann man an klaren Tagen das Meer sehen. Er bietet herrliche Flüge, aber im Frühling und Sommer auch ernstzunehmende Thermik, der man sich besser erst am frühen Abend aussetzt. Nach der Saison, oder wenn sich in Monaco die Piloten drängeln, kommt der Provence-Kenner hier auf seine Kosten.

Start

SO, S, SW, mittel. Man startet in einem Couloir unterhalb des Gipfels, ca. 1750 m. Alternativ gibt es einen flacheren Absatz, etwa 150 Höhenmeter tiefer, S, SW, leicht (ca. 1/2 Std. Abstieg).
Den Startplatz erreicht man:
1. zu Fuß ab Gréolières-les-Neiges in ca. 1 Std.,
2. von Gréolières-les-Bains in 2 Std.,
3. an Wochenenden mit dem Pendelbus des Clubs (auf der Piste zum Startplatz),
4. im Winter, bei Schneelage, mit dem Skilift von Norden (Gréolières-les-Neiges).
Bei Start nach N, NW in Richtung Skistation ist im Winter Vorsicht geboten: Rotoren durch südseitige Thermik. In der Regel wird jedoch nach Süden geflogen.

Landeplatz

Wiese mit Windsack am Ortseingang von Gréolières, 790 m, östlich unterhalb der Straße.

HU

zwischen 800 m und 960 m

Flug

Beliebig entlang des langen Felsgrates. Vorsicht wegen der starken Thermik und Turbulenzen im Frühling und Sommer! Besser am frühen Abend fliegen (sehr gute Restitution). Das Relief wird vom Meer her durch die Gorge du Loup direkt angeströmt.

Schwierigkeiten/Gefahren

Mistral, Ostwind (Lombardei), Thermik und Turbulenzen.

Streckenmöglichkeiten

Zielrückflüge entlang des gesamten Grates.
Flüge nach Lachens im Westen und zum Plateau de Caussols im Süden, ebenso ins Vartal nach Norden/Nordwesten. Beste Zeit: Spätsommer und Vorfrühling, wenn die Winde gemäßigter wehen.

Talort: Gréolières-les-Bains, 850 m
Anfahrt:
Von Süden: A 8 Nice – Aix-en-Provence, Ausfahrt Cagne-sur-Mer. Weiter auf der D 36 nach Vence und auf der D 2 über Col de Vence nach Gréolières.
Von Norden: N 85 Digne – Castellane – Grasse und auf die D 2 nach Gréolières abzweigen (vor dem Pas de la Faye).

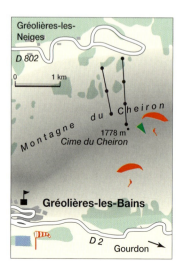

Auffahrt: Von Gréolières mit dem Allradfahrzeug über die Skipiste zum Start. Der Club organisiert an den Wochenenden einen Pendelbus zum Startplatz – Piloten melden sich bei Guy Gleury in der Vieille Auberge in Gréolières, Tel. 09359/9819. Er ist Vizepräsident des Clubs.
Der kleine Skilift geht nur bei Schneelage im Winter. Ansonsten: Aufstieg zu Fuß!
Club/Treffpunkt: Gréo Finesse Max, La Vieille Auberge, Place Pierre Merle, F-06620 Gréolières, Tel. 09359/9819.
Die Pension verfügt über sechs Zimmer. Guy Gleury informiert Piloten aus erster Hand über das Fluggelände.
Flugschulen: Keine im Ort, am nächsten: Ascendances Côte d'Azur, 4, Rue Caroline, F-06100 Nice, Tel. 09209/1616
Cumulus, 32. Av. Prince de Galles, F-06400 Cannes, Tel. 09338/2492
Camping/Unterkunft: In Gréolières gibt es ein Touristenbüro (Provence Accueil).
Karte: IGN, 1:25 000, Blatt 3642, ouest

Alternativen:

– **Plateau de Caussols** (SO, S, einfach) über Goudon, mehrere Startplätze für GS und D, ideal am Vormittag und wenn höhere Startplätze in Wolken sind. Info: Club, Tel. 09309/6969, Auberge de Gourdon
– **Montagne de Lachens** (SW, W, NW, N, einfach – mittel) über La Rogue Esclapon, anspruchsvolles Gelände. Info: Tel. 09476/8334 (Flugschule), Straße und Piste
– **Le Kennedy** (O, SO, S, Rampen) über Grasse; für GS gilt GZ 5 als Minimum! Straße
– **Mont Gros** (S, O, W), siehe Seite 218

GS
Frankreich
Alpes Maritimes

D/GS

Frankreich
Alpes
Maritimes
Mercantour

99 Pic de la Colmiane 1800 m

Eingebettet zwischen Tinée- und Vésubietal liegt über dem Col St. Martin diese Skistation, die als Fluggebiet mit außergewöhnlich vielen Sonnentagen bekannt ist. Gleichzeitig verbindet sich hier die starke Thermik des französischen Südens mit dem Relief der Hochalpen und den engen, oft schwer landbaren Tälern dieser Region.
Wer hier zum Fliegen geht, sollte große Erfahrung mitbringen und sich vor dem Start bei der örtlichen Flugschule beraten lassen. Hier gibt es Basishöhen bis über 4000 Meter! Eine unvergeßliche Landschaft belohnt den Vorsichtigen ...

Start

Pic de la Colmiane:
NW, W, einfach, 1790 m, direkt vom Gipfelrücken neben der Station. Zu erreichen per Sessellift (fährt vom 1.7. bis 31.8. und im Winter) oder in 1/2 Std. von der Skistation La Colmiane.
Mont Raya, gegenüber Colmiane. (2 Startplätze mit Rampen):
1. SO, mittel, 1700 m, von der Straße in 10 Min. über die Millefonts-Alm zum Start.
2. S, mittel, 1790 m, Straße + 5 Min. zum Start.
Die Mont-Raya-Startplätze sind über eine Forststraße (Richtung Col du Veillos) von St. Dalmas-Valdeblore aus erreichbar. Über die Flugschule eine Mitfahrgelegenheit erfragen!

Landeplatz

1. GS: La Boline, 1015 m, Wiese mit Windsack unmittelbar nach dem Ort in Richtung St. Dalmas südöstlich der Straße. Vorsicht wegen zwei Hochspannungsleitungen und starker Sommerturbulenzen.
2. D/GS: Le Serret, 1230 m, Wiese und Übungshang neben dem Campingplatz von St. Dalmas, südlich des Ortes. Zu erreichen über einen Fahrweg.
3. D/GS: La Roche, 1175 m, Feld zwischen La Bolline und St. Dalmas. Zu erreichen über einen Fahrweg. Nur im Winter und im Sommer nach der Heuernte!
4. D/GS: Soum del Pra, 1280 m, längliches Feld zu Füßen des Pic de la Colmiane im Einschnitt neben St. Dalmas, unterhalb der Straße zur Skistation.

HU

zwischen 510 m und 775 m

Flug

Aufwind ab dem späten Vormittag. Sehr früh tragen die Flanken der gegenüberliegenden La Balma de Frema sowie des Mont Raya. Nicht bei Mistraleinfluß starten wegen starker Leethermik! Im Sommer tagsüber sehr starke Aufwinde. Besser am frühen Abend fliegen!

Schwierigkeiten/Gefahren

Im Frühjahr und Sommer sehr starke Turbulenzen, Aufwinde und Talwinde. Für Gelegenheitspiloten vollkommen ungeeignet! Das Fluggelände ist gut bei leichter Höhenströmung aus SW/W und

D/GS

Frankreich
Alpes Maritimes
Mercantour

schwachem Mistral, aber absolut zu vermeiden bei Lombardwind (O/NO) und starkem Mistral! Die Täler Tinée und Vésubie sind eng und sehr schwierig einzulanden! Die sommerlichen Talwinde sind sehr anspruchsvoll.

Streckenmöglichkeiten

Achtung: Wer im Seealpenrelief auf Strecke gehen will, sollte ein vollkommen autarker Pilot mit optimaler Ausrüstung sein und bei der lokalen Flugschule vorher Rat und Hilfe suchen. Landungen sollten in jedem Fall besser in Reliefhöhe, auf den riesigen Alpflächen der Berge, als in den engen Tälern erfolgen (außer am Abend). Interessante, sehr anspruchsvolle Flüge führen nach Osten zum Col de Tende und Vallée de la Roya sowie nach Nordwesten zum Col de Larche bzw. über den Col de Restefond ins Haut Ubaye (Barcelonnette). Die restlichen Seealpenstationen Auron, Isola und Valberg können erreicht werden; bei schwachen Höhenwinden sind Zielrückflüge möglich.

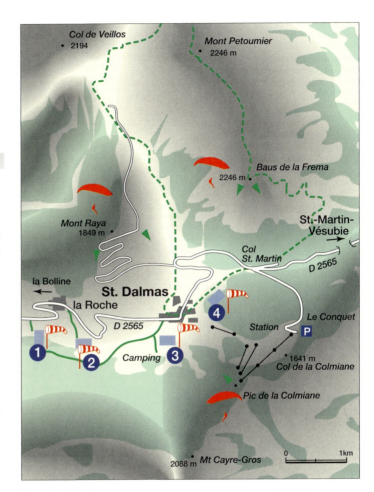

Talort: Commune de Valdeblore (St. Dalmas etc.)
Anfahrt: Von Süden: N 202 von Nizza (Nice) Richtung Entrevaux/ St. André bis zur Abzweigung der D 2205 ins Vallée de Tinée. Weiter von dort auf der D 2505 nach St. Dalmas-Valdeblore.
Von Norden: Grenoble – Briançon – Carcelonnette – Col de Restefond – St. Etienne de Tinée – St. Sauveur – St. Dalmas.
Im Winter ist der Col de Restefond gesperrt!
Club/Treffpunkt: Les Ecureuils Volants (Die Fliegenden Eichhörnchen), Tel. 09302/8350
Flugschule: Ecole de Vol Libre de la Colmiane, Residence Azur Mercantour, F-06420 La Colmiane, Tel. 09302/8388

Camping/Unterkunft:
– Office du Tourisme: in La Roche Valdeblore, Tel. 09302/8859, in La Colmiane, Tel. 09302/8459
– Camping St. Dalmas, Tel. 09302/8490 (ganzjährig)

Alternativen:
– **La Balma de Frema** (S, SW, einfach) über St. Dalmas, ab Col St. Martin ca. 2 1/2 Std.
– **Brec du Pétoumier** (W, SW, einfach), Aufstieg wie oben oder Forststraße La Raya – Col du Veillos und ca. 1 1/4 Std. ab Col
– **Col du Veillos** (S, leicht), Fahrweg wie oben, Info: Flugschule
– **Cime de la Berchia** (S, einfach, hochalpin) über Auron, Seilbahn von St. Etienne de Tinée
– **Las Donas** (O, NO, N, einfach), über Auron, Info: Tel. 09223/3052
– **Las Menas** (S, SO, einfach, hochalpin) über Isola 2000; größter HU der Seealpen nach St. Etienne de Tinée (ca. 1800 m!)
– **Le Clos Tête du Dévers** (S, SO, einfach) über La Condamine de Beuil (Valberg), Straße + 1/4 Std., Info: Tel. 09302/3401
– **Col de Tende** (S, SO, einfach) sowie diverse Flüge im Vallée de la Roya, Info: Bureau des Guides, Tende, Tel. 09304/6264

D/GS
Frankreich
Alpes Maritimes

100 Mont Gros 686 m (Monaco)

Fast siebenhundert Meter über den Wolkenkratzern von Monaco/Monte Carlo zu fliegen und das Meer unter sich zu haben, ist eine seltene Faszination. Nach einer im wahrsten Sinne des Wortes langen Reise gelangt man hier am Ende des Alpenbogens an. Und gleichzeitig ist diese Tour auch der Schlußpunkt meines Buches und seiner kleinen Auswahl. In den letzten Jahren hat es sich eingebürgert, Monaco über die grauen Tage um die Jahreswende zu besuchen. Leider ist daraus eine Heimsuchung geworden, und es wimmelt in dieser Zeit nur so von Piloten. Der Luftraum ist zu dieser Zeit überfüllt, und viele unliebsame Dinge können geschehen. Darum empfehle ich dringend, dieses Fluggebiet um die Jahreswende zu meiden. In der Nebensaison hingegen ist es hier wunderschön. Die Flugbestimmungen sind mit hohen Auflagen verbunden – zu Recht! Wer sie respektiert, kann die Faszination des vollkommen bizarren Kontrastes zwischen dem Blau des Meeres und der lauten, schillernden Weltstadt am Uferstreifen in vollen Zügen genießen.

Start

1. S – W, einfach, 680 m, große Startfläche auf der Kuppe, mehrere Windsäcke. Vom Parkplatz in wenigen Minuten zu erreichen.
2. O, NO, mittel, 665 m, bei Gegenwind einfach. Vom Startplatz 1 hinab auf die Rückseite.
Zugang: Von Roquebrune – Cap Martin auf der Hauptstraße (N 7) abbiegen in Richtung Autobahnanschluß, auf die D 2564 und 8 km hinauf nach La Turbie. Am Ortseingang in Richtung La Peille/Mont Agel zur Gabelung, auf der D 153 geradeaus (Mont Agel). In Kehren hinauf zum Col de l'Arme, vorbei am Drachen-Startplatz und am Monte-Carlo-Golf-Club rechts halten, unter den Stromleitungen rechts weiter, dann ca. 1,5 km abwärts. Bei einer weiteren Gabelung wieder rechts dem Schild »Vol Libre« folgen. Steil abwärts und steil wieder hinauf bis zum Ende des betonierten Fahrweges beim Parkplatz.
Achtung Piloten: Der Club organisiert ab Bahnhof (Gare SNCF) Roquebrune täglich im Halbstundentakt ab 10 Uhr eine Navette (Pendelbus). Oder auf Anfrage, Hotel Westminster,
Tel. 09335/0068.

Landeplatz

1. Plage du Golf Bleu. Meeresniveau, 300 Meter langer, leicht halbmondförmiger Strand.
Zugang: In Roquebrune von der N 7 beim Schild Gare SNCF abzweigen und zum Parkplatz beim Bahnhof hinunter. 5 Min. zum Strand (Schild Golf Bleu).
2. Notlandeplatz, 270 m, große Fläche neben dem Sportplatz von Beausoleil über dem Ort, in Fallinie zum Col de l'Arme.

HU

zwischen 665 m und 680 m

Flug

Der Mont Gros ist kein Fluggelände für Anfänger. Piloten sollten Start und Landung beherrschen und rechtzeitig erkennen können, wann der Wind ungünstig wird, um nicht über unlandbares Gelände verblasen zu werden.
Das Fluggelände eignet sich bei Thermik und Meerbrise, ohne Störungseinfluß durch überregionale Winde. Bei unterschiedlichen Windrichtungen findet sich Aufwind an unterschiedlichen Ecken des Geländes. Nicht zu weit übers Meer und über Monaco hinausfliegen, weil vielleicht der Weg zum Landeplatz nicht mehr ausreicht!

Überfliegen verboten:
– Mont Agel-Gipfelbereich (Militäranlagen)
– Grundstück des Fürsten von Monaco (zwischen Mont Gros und Col de l'Arme neben der Höhenstraße)
– Sendeanlagen von Radio Monte Carlo
– Vom 1.5. bis 31.5. darf an Wochenenden und Feiertagen erst nach 18 Uhr am Golf Bleu gelandet werden.
– Vom 1.6. bis 30.9. darf generell nur nach 18 Uhr am Golf Bleu gelandet werden
– Vom 1.10. bis 31.10. darf nicht vor 10 Uhr gestartet werden
Bei Wind aus Nordosten (Hochdruck), der die Seebrise überlagert, befindet man sich westlich des Vista Aéro-Hotels im Lee, und wenn der NO-Wind stärker durchdrückt, muß vom Meer her angelandet werden (nicht zu weit nach Westen abdriften!).
Wasserbergungen kosten 500 FF. Die allgemeine Funkfrequenz ist 143.900.
Hinweis: Am Mont Gros häufig Autoeinbrüche.

Schwierigkeiten/Gefahren

Nicht bei Mistral und Starkwind starten, egal, in welche Richtung! Stark besiedeltes Relief mit Häusern und Leitungen, keine vernünftigen Notlandemöglichkeiten vorhanden! Bei starkem Flugbetrieb extreme Kollisionsgefahr, insbesondere, wenn viele Drachen (selten) in der Luft sind und »kleinräumige« Bedingungen herrschen!

Streckenmöglichkeiten

Wenn man alle Regeln einhält, gibt es trotzdem für sehr gute Piloten Möglichkeiten, nach Norden und Westen zu gelangen: Der weiteste Flug ging nach Isola 2000 in den Seealpen (mit einem Drachen).

D/GS

Frankreich
Alpes Maritimes

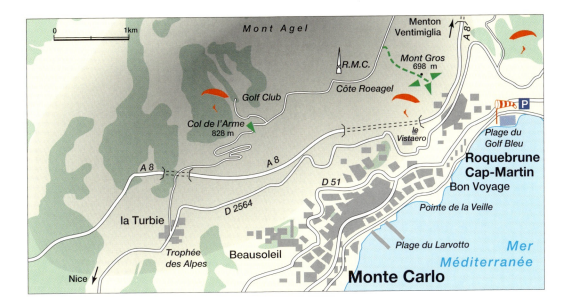

Interessant ist die Strecke nach Eze und zurück (ca. 11 km). Es wurden im Frühling Startüberhöhungen bis zu 2000 Meter erflogen! Das nördliche Hinterland erfordert jedoch wegen seiner problematischen Täler eine ausreichende Ausgangshöhe und sorgfältig geplante Flüge. Eine schöne Strecke führt über St. Agnès nach Sospel (Mont Agaisen) und über den Col de Brouis in Richtung Tende. Im Nordwesten gelangt man über die Chaîne de Ferion – Brec d'Utelle ins Tinéetal und in die Hohen Seealpen (Valberg).
Im Westen bildet das Varstal eine ernste Hürde, da es breit und kaum landbar ist. Nur mit viel Glück und sehr hoher Basis ließe sich Grasse (Kennedy) erreichen!

Talort: Roquebrune/Cap Martin, 78 m
Anfahrt: Von Norden: Rheintalautobahn Chur – Bellinzona – Chiasso – Como – Richtung Milano bis Lainate – Torino – Umfahrung – A 6 in Richtung Savona/Genua/Monaco bis Abzweigung Cuneo (SS 20) – Col de Tende – Ventimiglia. Dort Autobahn Richtung Nice bis Ausfahrt Roquebrune – Cap Martin (oder auf der Küstenautobahn bis Savona).
Von Westen: AB Aix – Nice – Menton (A 8) bis Ausfahrt 57 (La Turbie) und auf der D 2564 nach Roquebrune.
Club/Treffpunkt: Club des Hotel Westminster. Die GS-Flieger treffen sich an den Wochenenden beim Landeplatz oder am Bahnhof, wo der Pendelbus startet. Ansonsten: Club Voltige in Monaco, Tel. 09325/4176
Flugschulen:
– Ascendance Côte d'Azur Alticoop, 4, Rue Caroline, F-06100 Nice, Tel. 09209/1616
– Cumulus 32, Av. Prince de Galles, F-06400 Cannes, Tel. 09338/2492
Camping/Unterkunft:
– Office du Tourisme Roquebrune/Cap Martin, Tel. 09335/0287
– Hotel Westminster, Tel. 09335/0068
– Hotel Mirasol, Wochentarife für Piloten, Tel. 09335/0039
– Camping Fleur du Mai in Val Gorbio, Tel. 09357/2236
– Camping Municipal Menton, Tel. 09335/8123
– Hotel Le Platane, Tel. 09335/0527
Wetterauskunft: Automat 03668/0404
Karte: IGN, 1:25 000, Blatt 3742, est

Alternativen:
– **Col de l'Arme** (SO, S, schwierig) über Beausoleil, wie Mont Gros
– **Eze** (O, SO, einfach, aber Landeplatz sehr klein), Straße von Eze zum Start
– **Roc d'Ormea** (Col du Berceau), S, mittel, heikel bei Seitenwind, nur bei Brise nach Süden, 1100 Höhenmeter zum Strand von Menton, nach Castellar + 2 Std.
– **Cime des Cabaneilles** (W, einfach; O, mittel) über Peille, Fahrstraße über Col de la Madone
– **Ventimiglia/Italien** (SO, O, mittel)
– **Vallée de la Roya**
– **La Cagourine** über Tende
– **La Riba de Bernou, Le Charjol,** Col de Tende, Info: Tel. 09304/6264
– **La Colmiane** (NW, einfach), siehe Seite 216
– **Ospedaletti** (siehe Führer)

Literaturangaben

Bücher:

- **Alpines Gleitschirmfliegen**
Schwarzer, Klaus,
Odyssee Verlag,
München, 3. Aufl. 1989

- **Ein Tag mit den Wolken. Flugberge Frankreichs**
Guenay, Oliver,
Odyssee Verlag,
München, 1989

- **500 Flugmöglichkeiten im Bündnerland und Wallis**
Lötscher, Urs,
im Selbstverlag der Volair AG,
Küsnacht, 1992

- **Flugberge der Ostalpen**
Lissmann, Elfie,
Bruckmann Verlag,
München, 1989

- **Flugberge in Tirol**
Schwarzer, Klaus,
Odyssee Verlag,
München, 1990

- **Gleitschirmfliegen**
Peter, Carsten; Schlager, Toni,
Bruckmann Verlag,
München, 6. Aufl. 1996

- **Gleitschirm-Paradies Schweiz**
Lötscher, Urs,
im Selbstverlag der Volair AG,
Wolfenschiessen, 1990

- **Guida ai Voli**
Segantini, D.; Giovannini, G.
Ed. Colibri,
Trento, 1993

- **Guide franco-suisse de parapente**
Red.: Duport, J., Démory, G.,
Edition D. Seidler,
Genève, 1989

- **La folle histoire du parapente**
Murillo, Xavier,
Edition Denoël,
Grenoble, 1990

- **Léman-Montblanc Parapente**
Gentil, Mueller, Redard, Stefano,
Edition Franck,
Annecy, 1989

- **Les visiteurs du ciel**
Aupetit, H.,
Editions Rétine,
Ivry-sur-Seine, 1989

- **Mit dem Gleitschirm im Sarcatal und Alto Garda**
Guenay, O., in: Sarca-Kapriolen über dem Gardasee,
Odyssee Verlag,
München, 2. Aufl. 1988

- **Ne partez pas sans aile**
Gindre, M.; Deschenaux, R.,
Imprimerie Plancher,
Cluses, 1989

- **Sîtes du vol libre de France**
FFVL, Catalogue,
Gap, 1987

- **Sîtes du vol libre de France**
FFVL, Catalogue,
Gap, 2. Aufl. 1990

- **Thermik-Flugführer Frankreich**
Müller, W.,
Gasser Verlag,
Chur, 1991

- **Thermik-Flugführer Norditalien**
Red. Gleitschirm im
Gasser Verlag,
Chur, 1991

- **Thermik-Flugführer Schweiz, Band I – II**
Müller, W. u. a.,
Gasser Verlag,
Chur, 1990

- **Un'ala per volare**
Porta, D.,
Edizioni Albatros,
Valmadrera, 1991

- **Voli in parapendio**
Porta, D.,
Edizioni Albatros,
Valmadrera, 1987

Zeitschriften:

Cross Country
Red.: 1, Rue de la Petite Fin,
F-21121 Fontaine-Les Dijons,
Tel. 080741722

Delta & Parapendio
Red.: Via Industriale 21,
I-25086 Rezzato,
Tel. 0302/791580

Fly and glide
Top Special Verlag,
Gustav-Heinemann-Ring 212,
81739 München

Gleitschirm
Red. im Gasser Verlag,
Postfach 68, CH-7007 Chur,
Tel. 081/235216
Fax 081/221452

Parapente Magazine
Red.: 7, Rue de Lille,
F-75007 Paris,
Tel. 0142603565

PPM-Parapente mensuel
Red.: Cours Villarceau,
F-77150 Lésigny,
Tel. 0160023921

Kleines Pilotenwörterbuch

Deutsch	Englisch	Französisch	Italienisch	Slowenisch
Abstieg	descent	descente	discesa	sestop
Anfängerschirm	beginner's paraglider	voile d'initiation	vela d'iniziazione	padalo za začetnike
aufdrehen	to thermal up	pomper	salire con la termica	
Aufstieg	ascent	monteé	salita	vponz
Baum	tree	arbre	albero	
bedeckt	overcast	couvert	coperto	pretežno oblacno
Beinstrecker	foot rest	cale-pied	pedalino	
Berg	mountain	montagne (mont)	montagna (monte)	hrib
beschleunigen	to accelerate	accelérer	accelerare	
in Betrieb	working	ouvert	aperto	obratuje
bewölkt	cloudy	nuageux	nuvoloso	oblačno
böig	gusty	rafalé	a raffiche	
Bremsen	brake lines	commande de freins	tiranti del freno	zavore
Drache	hangglider	deltaplane	deltaplano	zmaj
Einklapper	tuck, collapse	fermeture	chiusura	stransko zapiranje
Eintrittskante	leading edge	bord d'attaque	borda d'attacco	vstopna linije
eng	narrow	étroit	stretto	ožek
Feld	field	champ	campo	polje
Felsen	rock	rocher	rocca	stena
Feuerwehr	fire police	pompiers	pompieri	gasilci
Fläche	surface	surface	superficie	površina
Flügelende	wing tip	bout d'aile	estremità alare	zadnja linija
Fluggebiet	flying site	sîte de vol	sito di volo	področje za prosto letenje
Fluglehrer	flight instructor	moniteur	istruttore	ucitelj jadralnega padalstva
Flugschule	flying school	école de vol libre	scuola di volo libero	šola jadralnega padalstva
Fluß	river	rivière, fleuve	fiume	reka
Fremdenverkehrsamt	tourist office	office du tourisme (syndicat d'initiative)	ufficio di turismo (azienda di cura e soggiorno)	turistična pisarna
Funkgerät	radio	radio	radio	radijska naprava
gefährlich	dangerous	dangereux	pericoloso	nevaren
Gegenwind	headwind	vent de face	vento di fronte	proti vetru
geschlossen	closed	fermé	chiuso	zaprto
Geschwindigkeit	speed/velocity	velocité	velocità	hitrost
Gewicht	weight	poid	peso	teza
gewittrig	thunderstormy	orageux	burrascoso	nevihtno
Gleitschirm	paraglider	parapente	parapendio	jadralno padalo
Gleitschirm auslegen	to unfold the glider	déplier le parapente	estendere il parapendio	priprava padala
Gleitzahl	glide ratio	finesse	finessa	finesa
Grat	ridge	arête	cresta	gorski greben
Handschuhe	gloves	gants	guanti	rokaviče

Kleines Pilotenwörterbuch

Deutsch	Englisch	Französisch	Italienisch	Slowenisch
Hang	slide, slope	pente	pendio	pobočje
Haupttragegurte	riser	élevateur	bretelle	nosilni trakovi
heiter	clear	ciel clair	senza nuvole	jasno
Helm	helmet	casque	casco	čelada
Hilfe	help	aide	aiuto	pomoč
Hindernis	obstacle	obstacle	ostacolo	ovira
Hochleister	performance glider	voile de performance	vela di alta prestazione	jadralno padalo z visokimi sposobnostmi
Hochplateau	high plateau	haut-plateau	alto piano	visokogorska planota
Hochspannungsleitung	high voltage	ligne à haute tension	linea di alta tensione	žlca z viscro napetostjo
Hubschrauber	helicopter	hélicopteur	elicottero	helikopter
Kabel	cable	câble	cavo	kabl
kalt	cold	froid	freddo	mrzlo
Karabiner	carabiner	mousqueton	moschettone	
Kehre	turn, band	lacet	giro	ovinkasta cesta
Kreuzverspannung	cross bracing	croisillons	tiranti incrociati	
kurz	short	court	corto	kratek
Landung	landing (area)	atterrissage	atterraggio	pristajalno mesto
lang	long	long	lungo	dolg
Lee	leeward side	sous le vent	sotto vento	zavetrje
Leinen	suspension lines	suspentes	fascio funiculare	vrvice
leicht	easy	facile	facile	lahek
links	left	à gauche	a sinistra	levc
Luv	windward side	côte au vent	orza	pobocni veter
Naht	sewing/stitching	couture	cucitura	šiv
Negative/Vrille	negative spin	vrille à plat	vite	negativni obrat
Notfall	emergency case	cas d'urgence	caso di emergenza	nesreča
Notlandung	emergency landing	atteraut forcé	atteagio di emergenza	zasilni pristanek
Ohren anlegen	making big ears	faire les oreilles	mettere le orecchie	delati ušesa
Paß	saddle	col (pas)	passo, colle	
problemlos	without difficulties	sans problèmes	senza problemi	težav
rechts	right	à droite	a destra	desno
Regen	rain	pluie	pioggia	dež
regnerisch	rainy	pluvieux	piovoso	deževno
Rettungsschirm	reserve chute	parachute de secour	paracadute di emergenza	rezervno padalo
Rinne	couloir	couloir	canalone	žleb
Rotor	rotor	rouleaux	rotore	rotor
Rucksack	rucksack	sac à dos	sacco	nahrbtnik
Rücken	back	dos	dosso	gorski hribet
Rückenwind	tailwind	vent d'arrière	vento di dietro	veter od zadaj
Schlucht	gorge	gorge	gola	soteska
Schnee	snow	neige	neve	sneg
Schraubglied	maillon-screw carabiner	maillon	moschettone a ghiera	
schwierig	difficult	difficile	difficile	težek

Kleines Pilotenwörterbuch

Deutsch	Englisch	Französisch	Italienisch	Slowenisch
See	lake	lac	lago	jezero
Segel	wing	voile	vela	padalo
Seilbahn	cable car	téléphérique	funivia, telecabina	gondolska žičnica
Seitenwind	crosswind	vent à travers	vento laterale	stranski veter
Sitzgurtzeug	seat harness	sellette	seggiolino	sedež
Sonne	sun	soleil	sole	
Sonnenbrille	sun glasses	lunettes solaires	occhiali da sole	sončna očala
Stall	stall	decrochage	stallo	stall
Start	take off	décollage	decollo	štartno mesto
steil	steep	raide	erto	strm
Steilspirale	spiral dive	spirale engagée	spirale	
Straße	road	route	strada	cesta
Straßenkarte	road map	carte routière	carta stradale	avtokarta
Streckung	aspect ratio	allongement	estensione	razdalja
Tal	valley	vallée	val (valle)	dolina
Tuch	fabric	tissue	tessuto	blago
Vorschriften	rules	réglement	prescizioni	predpisi
Wald	forest	forêt	foresta	gozd
warm	warm	chaud	caldo	toplo
Weg	path	chemin	cammino	pot
weit	wide	large	ampio	širok
Wettervorhersage	weather forecast	prévisions	previsioni del tempo	vremenska napoved
Wiese	meadow	pré	prato	travnik
Wind	wind	vent	vento	veter
Wind, schwacher	smooth wind	vent faible	vento moderato	
Wind, starker	strong wind	vent fort	vento forte	mocan veter
Windsack	windsack	manche à air	manica di vento	vetrna vreča
Wolken	clouds	nuages	nuvole	oblaki
Zelle/Kammer	cell	caisson	cassone	celica
Zufahrt, Zugang	access	accès	accesso	dostop
Zuladung	charge	charge à l'air	caricamento	obremenitev
Kann man hier fliegen?	Is it possible/allowed to fly in this area?	Est-ce qu'on peut voler ici sans problème?	È possibile di volare qui senza autorizzazione?	Ali lahko tukaj letim?
Vielen Dank für Ihre Hilfe!	Many thanks for your help!	Merci beaucoup pour votre assistance!	Tante grazie per la vostra assistenza!	Najlepsa hvala za vašo pomoč!
Was muß ich beachten?	What do I have to care for?	Qu'est-ce qu'il faut regarder?	Che cosa devo osservare?	Na kaj moram paziti, ko tukaj letim?
Wir wollen gerne wiederkommen!	We would like to come back here again!	On voudrait bien revenir ici!	Vogliamo con piacere rivenire un' altra volta!	Radi bomo znova prisli!
Wo gibt es einen Campingplatz/eine Unterkunft?	Where can I find a camping/a guest house?	Où est-ce qu'on peut trouver un camping, une gîte/une auberge?	Dove c'è un' albergo/ un campeggio?	Kje lahko dobim prenočišče kje je camp?/ gostišče?
Wo liegt das Fluggebiet ...?	Where can I find the flying site ...?	Où est-ce que je peux trouver le sîte de...?	Dove si può trovare la zona di volo di...?	Kje področje za prosto letenje...?

Zur kurzen Information

Deutschland
Gleitschirmfliegen offiziell seit April 1987. Organisiert beim Deutschen Hängegleiterverband seit 1990, vorher Deutscher Aeroclub und Deutscher Hängegleiterverband. Etwa 30 000 Gleitschirmlizenzen im Sommer 1995. Viele Deutsche haben den österreichischen Schein (Grundschein).

Österreich
Gleitschirmfliegen offiziell seit September 1986. Heute 5000 Sonderpilotenscheine und etwa 14 000 Grundscheine (geschätzt). Die Flugschulen sind selbständig organisiert. Zuständige Behörde ist das Bundesministerium für Verkehr als Oberste Zivilluftfahrtbehörde.

Slowenien
Keine Informationen über den Rechtsstatus des Gleitschirmfliegens vorhanden. In der jungen Republik gibt es ca. 1200 GS-Flieger und einige GS-Hersteller sowie eine Schule. Ausländische Lizenzen werden anerkannt.

Italien
Nach wie vor ungeklärter Rechtsstatus für ausländische Gastpiloten. Unterschiedliche Rechtspraxis der Provinzen. Wenig Restriktionen in Südtirol und im Trentino. Der Aero Club d'Italia in Rom hat wenig Überblick.
Geflogen wird seit 1986. Es gibt einige wenige Flugschulen und Clubs. Lizenzen werden (offiziell) noch nicht anerkannt. Es gibt angeblich ca. 8000 Piloten. Vermutlich sind es mehr.

Schweiz
Es gibt 16 000 aktive Gleitschirmpiloten. Organisiert ist das GS-Fliegen beim Schweizer Hängegleiterverband (SHV) und beim Schweizer Aeroclub. In Zukunft wird nur noch der SHV zuständig sein.

Frankreich
Es gibt ca. 30 000 Gleitschirmpiloten (vermutlich sind es mehr). Organisiert sind sie bei der FFVL und der FFP (Fédération Française de Vol Libre und Fédération Française de Parachutisme). Geflogen wird seit 1985 (offiziell). Als offizielle Geburtsstätte des Gleitschirmfliegens gilt Mieussy in Savoyen, seit im Juni 1978 der legendäre Flug von Bettemps und Bossons mit Flächenfallschirmen stattfand.
Telefon: innerhalb Frankreichs nicht »0«, sondern »16« vorwählen. Aus dem Ausland die Landesvorwahl und dann die achtstellige Rufnummer.

Sonstiges
In der Sommersaison halten sich in den Alpen Gastflieger verschiedener Nationen auf, die nicht zu den Alpenländern gehören: Holländer, Belgier, Dänen, Tschechen, Engländer, Norweger, Spanier, Polen, zusammengenommen etwa 10 000 Gastpiloten pro Saison, möglicherweise mehr. In jährlichen internationalen Wettbewerben, wie dem Worldcup und den Länder-Nationals, treffen sich die besten Gleitschirmpiloten aller Nationen. In den Alpenländern finden insgesamt pro Jahr etwa 100 bis 120 Wettbewerbe statt.
Über sechzig Gleitschirmhersteller konkurrieren um Marktanteile bei den Flugschulen und Piloten. Es gibt mehrere Messen, auf denen Gleitschirme ausgestellt werden (Aero, Induga etc.).

Impressum

Eine Produktion des Bruckmann-Teams, München

Layout und Satz:
4M GmbH, Gräfelfing bei München
Kartenkonzeption und Ausführung:
4M GmbH, Gräfelfing bei München
Umschlaggestaltung: Uwe Richter
Lektorat:
Jutta Hemminger, Britta Mümmler
Herstellung: Peter Schneider

Gedruckt auf chlorarm gebleichtem Papier

Die Deutsche Bibliothek – CIP-Einheitsaufnahme

Guenay, Oliver:
Die schönsten Fluggebiete der Alpen für Gleitschirm- und Drachenflieger: Deutschland, Österreich, Schweiz, Frankreich, Italien, Slowenien/Oliver Guenay. – Aktualisierte Neuausgabe. – München: J. Berg bei Bruckmann, 1996 (Outdoor-Führer)
ISBN 3-7654-2851-5
NE: HST

Aktualisierte Neuausgabe 1996
(c) 1994, 1996 F. Bruckmann KG, München
Alle Rechte vorbehalten
Gesamtherstellung: Bruckmann, München
Druck: Gerber + Bruckmann, München
Printed in Germany
ISBN 3-7654-2851-5

Bildnachweis:
Robert Bösch: S. 74/75, 132, 166;
Jacques Derolland: S. 215;
Ulrich Grill: S.30;
Egon de Jori: S. 108/109;
Markus v. Mallinckrodt: S. 63;
Franz Osterhammer: S. 11;
François Perraudin: S. 120/121;
Matthias Pinn: S. 22;
Jürgen Schreiber: S. 61;
Martin Sigel: S. 163;
Ivan Stuffleser: S. 106.

Alle anderen Aufnahmen stammen von Oliver Guenay.

	Name	Windrichtung	Pilotenniveau	Besonderheit
DEUTSCHLAND				
1.	Kampenwand	NW, W	II – III	nicht bei NO und Süd!
2.	Hochries	N, NW, W	II – III	nicht bei NO und Süd!
3.	Wallberg	NW, W, SW	II – III	nicht bei NO und Süd!
4.	Brauneck	S, SO, N, NO, O	alle	N nur Drachen (Rampe) Leezonen bei Talwind!
5.	Wank	SO – SW	II – III	gefährlich bei NW – NO
6.	Tegelberg	NW – O	alle	nicht bei S; O nur Profis!
7.	Nebelhorn	SW, S	alle	nicht bei N, föhngefährdet
8.	Mittag	NO, SO, NW	alle	nicht bei W und S
9.	Hochgrat	NW, SW	II – III	enges Relief: Landeplatz!
ÖSTERREICH				
10.	Schöckel	N, NO	alle	CTR Graz
11.	Gerlitzen	SW – SO	II – III	GZ!; nicht bei W und N!
12.	Tschiernock	SO – SW	II – III	GS besser vom Gipfel; nicht bei N!
13.	Goldeck	NO – NW, W, S, SO	II – III	GS Wind und Relief beachten!
14.	Emberger Alm	SO – SW	II – III	Normalstart flach für GS, besser höher!
15.	Planai	O – N (Gipfel)	alle	Anfänger nur Mittelstation; Strecke vom Krahbergzinken (SW; 3/4 Std.)
16.	Stoderzinken	SO – SW, N, NW	II – III	Vorsicht bei N und O!
17.	Loser	SO – SW, O	II – III	sehr kompl. Relief: Talwinde und See!
18.	Krippenstein	NW, W, NO, O	II – III	nicht fliegen bei O und S!
19.	Zettersfeld	SW – SO	alle	nicht fliegen bei N; große Vorsicht bei starkem Talwind!
20.	Thurntaler	W, S, SO	alle	nicht bei N; Talwind beachten!
21.	Fulseck	NW – SW, O	alle	O nur D und III; föhngefährdet
22.	Schmittenhöhe	SW – SO, NW	alle	Sommer dichter Luftverkehr; nicht bei N
23.	Wildkogel	SW – SO, N	alle	Talwind; N und Leethermik beachten!
24.	Choralpe	SW, W, SO, O, NO	alle	nicht bei S!; SO, O nur Könner (III)
25.	Hohe Salve	alle außer NO	alle	oft föhngeschützt, Gipfel aber windexponiert!
26.	Unterberghorn	N, NO, O, W, NW	alle	Anfänger nur Mittelstation; Vorsicht bei S, SW; Niederhauser Tal vermeiden
27.	Dalfaz-Alm	W, SW	alle	föhn- und N-gefährdet
28.	Arbiskopf	O, SO, S	alle	andere Richtungen möglich, aber nur Profis, nicht bei S und W!
29.	Hafelekar/Seegrube	S, SW	II-III	Flughafen Innsbruck; im Sommer meist unfliegbar; föhn- und N-gefährdet
30.	Kreuzjoch/Elfer	SO, S und O, NO	alle	Kreuzjoch Winter und Frühjahr; Elfer im Sommer (Talwindrichtung)
31.	Härmelekopf	W, SW	alle	nord- und föhngefährdet
32.	Schneefernerkopf	SW	III (II)	hochalpin; sehr windexponiert; ausschließlich bei ruhigster Witterung!
33.	Neunerköpfle	W, NW	alle	Sommer vielbeflogen; nicht bei O und S
34.	Jöchelspitze	SW – SO	alle	Talwind! N- und föhngefährdet
35.	Venetberg	N, NO; SO – SW	II – III	Talwind; starkwindexponiert, Landeanflug!
36.	Predigberg	W	alle	nicht bei S und N!
37.	Hochjoch	W – S	II – III	Landeplatz schwierig; Talwind! Nicht bei N und S
38.	Niedere	SO – SW, NO – NW	alle	stark beflogen, nicht bei O (selten)

	Name	Windrichtung
SLOWENIEN		
39.	Vitranc	NO – NW
40.	Stol	SO – SW
41.	Lijak	SO – SW
42.	Krvavec	SO – SW
ITALIEN		
43.	Roßkopf	SO – SW
44.	Plose	W, SW
45.	Hochmuter/Klammeben	SW, S und W, S
46.	Seceda	SW – SO
47.	Col Rodella	SW, S, SO, O
48.	Rifugio Dolada	S
49.	Monte Avena	S, SW
50.	Bassano/Marostica	SO – SW
51.	Monte Baldo	W, SW
52.	Dosso del Sabion	S, W
53.	Mottolino/Costaccia	SW – NW und O, NO, SO
54.	Monte Croce di Muggio	SO – SW
55.	Piana di Vigezzo	S, SW
56.	Rif. Torino/Le Pavillon	SO – SW
57.	Ospedaletti	SO – SW
SCHWEIZ		
58.	Hoher Kasten/Ebenalp	N – W, SW, SO
59.	Chäserrugg/Hinterrrugg	S, W
60.	Gotschnagrat/Jakobshorn	N, SO – SW und N, O, W und W
61.	Rothorn/Piz Scalottas	S, SW und O, W
62.	Piz Corvatsch	W, SO – NO, NW
63.	Cimetta	SO – SW
64.	Gumen	S
65.	Rigi	O, NO, S, SW, W
66.	Haldigrat	SO – SW, N, NW
67.	Brunni/Fürenalp	SO – SW
68.	Planplatten	W, SO, S
69.	Niederhorn/Luegibrüggli	W – S
70.	First	S, SW
71.	Männlichen	O, W, NW

Piloten:
 I Anfänger
 II Selbständiger Hobbypilot
 III Profi und Streckenflieger